SÉRIE TEORIA E PRÁTICA DAS ARTES VISUAIS

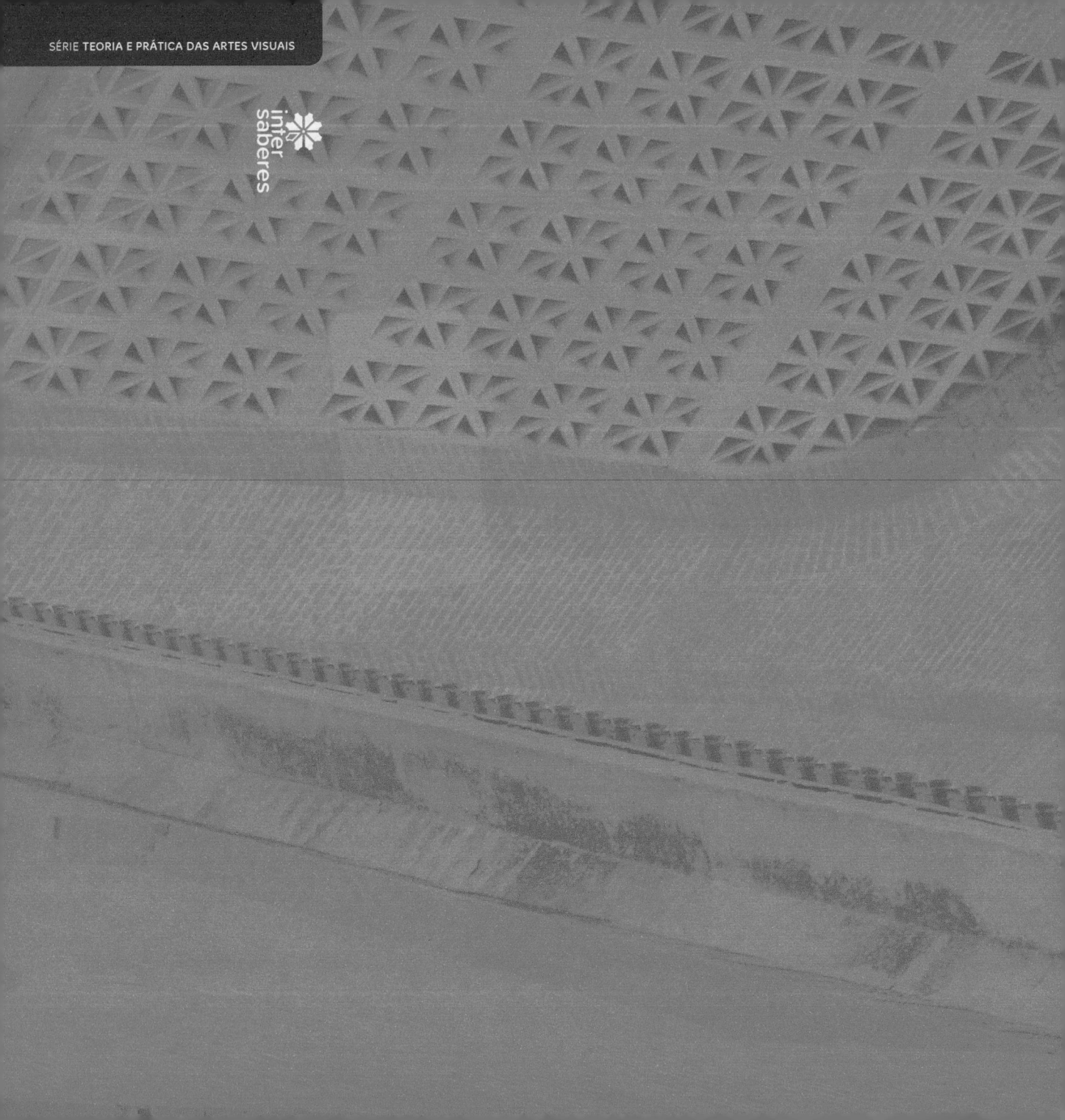

Diálogos sobre arquitetura e conceitos patrimoniais
Mônica Defreitas Smythe
Danielly Dias Sandy

Rua Clara Vendramin, 58 · Mossunguê · CEP 81200-170 · Curitiba · PR · Brasil
Fone: (41) 2106-4170 · www.intersaberes.com · editora@intersaberes.com

Conselho editorial
Dr. Alexandre Coutinho Pagliarini
Drª Elena Godoy
Dr. Neri dos Santos
Dr. Ulf Gregor Baranow

Editora-chefe
Lindsay Azambuja

Gerente editorial
Ariadne Nunes Wenger

Assistente editorial
Daniela Viroli Pereira Pinto

Preparação de originais
Gilberto Girardello Filho

Edição de texto
Monique Francis Fagundes Gonçalves

Palavra do Editor

Capa
Sílvio Gabriel Spannenberg (*design*)
Cristiano A Costa/Shutterstock (imagem)

Projeto gráfico
Conduta Design (*design*)
JAQUELINE NUNES MARTINS/ Shutterstock (imagem)

Diagramação
Conduta Design

Equipe de *design*
Sílvio Gabriel Spannenberg

Iconografia
Maria Elisa Sonda
Regina Claudia Cruz Prestes

Dados Internacionais de Catalogação na Publicação (CIP)
(Câmara Brasileira do Livro, SP, Brasil)

Smythe, Mónica Defreitas
 Diálogos sobre arquitetura e conceitos patrimoniais/Mónica Defreitas Smythe, Danielly Dias Sandy. Curitiba: InterSaberes, 2022. (Série Teoria e Prática das Artes Visuais)

 Bibliografia.
 ISBN 978-65-5517-183-9

 1. Arquitetura – História 2. Monumentos – Conservação e restauração 3. Patrimônio cultural – Proteção I. Sandy, Danielly Dias. II. Título. III. Série.

22-104365   CDD-363.69

Índices para catálogo sistemático:
1. Arquitetura e patrimônio histórico 363.69
Cibele Maria Dias – Bibliotecária – CRB-8/9427

1ª edição, 2022.
Foi feito o depósito legal.
Informamos que é de inteira responsabilidade das autoras a emissão de conceitos.
Nenhuma parte desta publicação poderá ser reproduzida por qualquer meio ou forma sem a prévia autorização da Editora InterSaberes.
A violação dos direitos autorais é crime estabelecido na Lei n. 9.610/1998 e punido pelo art. 184 do Código Penal.

Sumário

Prefácio 11
Apresentação 13
Como aproveitar ao máximo este livro 17

1. Fundamentos da arquitetura 21
    1.1 A arquitetura como o espaço que habitamos 24
    1.2 A linguagem da arquitetura 27
    1.3 Arquitetura como construção: *firmitas* 38
    1.4 Arquitetura como funcionalidade: *utilitas* 47
    1.5 Arquitetura como experiência estética: *venustas* 52

2. A arquitetura e o tempo – Parte I 63
    2.1 Reflexões iniciais sobre a história da arquitetura 66
    2.2 Rudimentos da arquitetura 68
    2.3 Arquitetura greco-romana 76
    2.4 Idade Média 83
    2.5 Arquitetura no Renascimento 88

3. A arquitetura e o tempo – Parte II 103
    3.1 Considerações iniciais sobre a arquitetura na América pré-colombiana ... 105
    3.2 Maias, astecas e incas 107
    3.3 O Brasil pré-colombiano e a herança dos povos originários 120
    3.4 Arquitetura barroca na Europa 125
    3.5 Arquitetura no Brasil colonial e no Brasil barroco 127

4. A arquitetura e o tempo – Parte III 137
    4.1 Arquitetura historicista 140
    4.2 Arquitetura do ferro 142
    4.3 Os novos edifícios do século XIX 143

  4.4 Arquitetura moderna ... 145
  4.5 Arquitetura contemporânea ... 161
5. **Diálogos e reflexões sobre arte e arquitetura** ... **177**
  5.1 Arquitetura como espaço expositivo: museus contemporâneos e artes visuais ... 179
  5.2 Arquitetura como interlocução: quando as linguagens se complementam ... 188
  5.3 Arte na cidade: vivências no espaço público ... 194
  5.4 O espaço como conceito e a experiência arquitetural: diálogos e perspectivas ... 202
  5.5 Reflexões sobre arte, arquitetura e cidade ... 207
6. **Bens arquitetônicos como patrimônio histórico** ... **219**
  6.1 Conceito de patrimônio e sua origem ... 222
  6.2 Reconhecendo os diferentes tipos de bens patrimoniais ... 228
  6.3 Patrimônio arquitetônico ou edificado ... 238
  6.4 Salvaguarda patrimonial ... 244
  6.5 Processo de tombamento ... 249

Considerações finais ... 263
Referências ... 267
Bibliografia comentada ... 281
Respostas ... 287
Sobre as autoras ... 289

Dedicamos este livro a todos os amantes da arquitetura e fiéis protetores do patrimônio histórico e cultural.

Agradecemos a todos os incentivadores e envolvidos no processo de produção deste livro: nossas famílias, nossos amigos e nossas equipes de trabalho. Agradecemos, também, à equipe da Editora InterSaberes pela seriedade e pelo comprometimento com a produção de livros e materiais acadêmicos de qualidade.

Paul Valéry dizia: "os caminhos da poesia e da música se cruzam". Para mim, os caminhos da arquitetura, da escultura e da poesia se cruzam também. Aí nascem as obras de arte.

Oscar Niemeyer

Prefácio

Com linguagem simples e eloquente, as autoras levam o leitor a uma viagem pela história da arquitetura, desde a Antiguidade até os dias de hoje, abrangendo sua relação inevitável com as artes.

O objetivo é introduzir o leitor no conhecimento do que é arquitetura e sua interação com o ser humano no que diz respeito aos aspectos funcionais e estéticos e, por que não dizer, em relação aos sentimentos humanos de bem-estar, conforto e segurança.

Arquitetura, espaço, percepção visual, cor e arte se transformam, com o passar dos anos, em patrimônio cultural e histórico porque o ser humano vivencia a arquitetura como uma escultura que é visitada por dentro e isso faz com que ele grave em seu cérebro memórias perceptivas inesquecíveis. Projetos arquitetônicos que geralmente têm um grande impacto sobre a percepção visual humana são aqueles que trazem uma bagagem estética elevada. O homem ama o belo porque o belo faz bem aos seus sentidos. A arquitetura fala com o visitante sensibilizando-o com sentimentos diversos. O arquiteto não pensa apenas na função, ele quer transmitir uma mensagem. Ele usa o espaço, a forma, a cor e os materiais de revestimento para transmitir essas mensagens. Mensagens de poder, imponência, luxo, segurança, limpeza, leveza, beleza estética e artística... elementos que se juntam para sensibilizar. Do abrigo básico ao espaço elaborado, tudo é arquitetura, tudo é função e forma com adição do elemento estético e do conjunto de informações de ordem cultural, histórica, social, econômica e psicológica.

A arquitetura carrega, por si só, as memórias do tempo em que foi construída, não só pelos materiais utilizados na época mas também pelas funções com as quais foi idealizada e para as quais foi utilizada, bem como pelo fato de ser "cenário de acontecimentos históricos marcantes" (Colin, 2000 p. 85).

Com relação à interação da arquitetura contemporânea com as artes visuais, principalmente no que diz respeito aos espaços públicos de exposição de obras de arte, podemos dizer que ela cada vez mais se transforma em obra de arte visitável. Construções com formas fluidas e exóticas convidam o visitante a participar de experiências sensoriais com grande número de efeitos tecnológicos e transformam-se em ícones locais por serem também elas mesmas obras de arte arquitetônicas. Esse aspecto peculiar das construções contemporâneas que abrigam e expõem obras de arte constitui-se em um diferencial que permite transformar seus eventos de exposição em verdadeiros espetáculos de arte, o que intensifica ainda mais a relação da arquitetura com as artes visuais. Com isso, novamente encontramos as experiências sensoriais como características da vivência arquitetural.

Quando a arquitetura se transforma em parte fundamental de nossa história, ela também se transforma em patrimônio histórico como um acervo vívido e fundamental. Como sintetizam as autoras, "O patrimônio histórico nutre culturalmente um povo, confere-lhe sentido e identidade".

Foi com grande satisfação e alegria que aceitei escrever o prefácio para este livro. Ao lê-lo, transportei-me para a época de estudante na Faculdade de Arquitetura, e minhas lembranças das aulas de História da Arte e Arquitetura afloraram como se fossem lembranças agradavelmente recentes. Meu desejo é que você também, prezado leitor, se deleite com as palavras habilmente escritas nestas páginas e compreenda melhor o que é arquitetura e sua importância em nossa vida.

Boa leitura!

Susan Moritz
Arquiteta

Apresentação

Falar sobre arquitetura e patrimônio histórico é tocar em temas que se relacionam com nossa existência no espaço e no tempo. Por conta da forma como nos organizamos como grupo social, utilizamos as ferramentas e os materiais disponíveis e, assim, construímos objetos e edificações para atender às nossas necessidades básicas. Pensamos em formas que pudessem abrigar a vida, mas não só isso. Mesmo imaginando, planejando, construindo e organizando o espaço – e transformando o ambiente natural –, o resultado foi a transformação de algo abstrato (o pensamento) em algo concreto e palpável, fato que implicou a busca de matéria-prima, estrutura, forma, escala, cor, funcionalidade e sentido.

A arquitetura, assim como a arte, é profundamente relacionada à existência humana. Por meio das materializações dessa existência, tornam-se possíveis a constatação, a compreensão e a construção de um pensamento histórico. O patrimônio, consequentemente, forma-se com base nas realizações humanas que adquirem importância histórica.

Pallasmaa (2012, p. 16-17) – escritor e pesquisador da arquitetura, do espaço, das cidades e das pessoas – afirma que a arquitetura "domestica o espaço ilimitado e o tempo infinito", e isso torna possível o espaço habitável, tolerável e compreensível para a humanidade. Estabelecemos, desse modo, a dimensão humana no espaço, construindo nossa identidade por meio das produções materiais que realizamos no lugar em que vivemos.

Construir, além de ser uma necessidade básica, porque serve de abrigo e proteção, é um ato social, porque diz respeito à forma como o homem se relaciona em sociedade. Mas não se trata somente de proteção e vivência em uma coletividade, tampouco apenas do mundo material – feito de tijolos, pedras, madeira, cimento etc. –, mas também de um universo sensível relacionado à nossa capacidade de perceber e de nos relacionar com os objetos estéticos. No contato com a arquitetura, desenvolve-se a experiência estética.

Sob essa perspectiva, pensar a arquitetura é compreender possibilidades de organização espacial e construção material da vida, tanto na escala das pequenas habitações como na escala urbana. Por meio das transformações da arquitetura ao longo do tempo, podemos fazer a leitura histórica da humanidade.

Nesse sentido, este livro foi produzido com o objetivo de que o leitor conheça mais sobre arquitetura e patrimônio histórico, temas desenvolvidos ao longo de seis capítulos.

No primeiro capítulo, explicaremos fundamentos básicos da arquitetura, com a finalidade de instruir o leitor para a compreensão de aspectos teóricos da arquitetura e seus recursos técnicos, funcionais e estéticos. Abordaremos a origem da arquitetura, os conceitos essenciais relativos ao espaço arquitetônico, os elementos de sua linguagem e as dimensões da arquitetura como construção, funcionalidade e forma, adentrando no campo da experiência estética. Além disso, apresentaremos aspectos de sua forma e de seu conteúdo.

No segundo capítulo, refletiremos sobre a arquitetura construída ao longo da história, relacionando arquitetura e tempo, com foco nas obras do Ocidente. Iniciaremos com a arquitetura da Mesopotâmia e do Egito e prosseguiremos com a da Grécia Antiga. Analisaremos a herança das construções romanas e, por fim, a arquitetura dos períodos da Idade Média e do Renascimento europeu.

No terceiro capítulo, enfocaremos a cultura e a arquitetura das antigas civilizações da América, mais especificamente dos maias, dos astecas, dos incas e dos povos originários do Brasil, propondo reflexões acerca dessas sociedades e de sua herança cultural. Trata-se de um olhar sobre nossas próprias raízes, com a intenção de compreendê-las, valorizá-las e, ao mesmo tempo, promover o entendimento de que somos descendentes desses povos, que costumam ser considerados sob um olhar ainda colonizador. Também examinaremos o tema da arquitetura barroca da Europa, avaliando a influência da Reforma e da Contrarreforma. Para finalizar, voltaremos nossa atenção para a arquitetura no Brasil colonial e no Brasil barroco.

No quarto capítulo, partiremos da arquitetura europeia que se configurou após o barroco, em que houve uma mistura de estilos de períodos anteriores e se produziu uma arquitetura historicista, tanto na Europa como na América. Em seguida, abordaremos a arquitetura do ferro, influenciada fortemente pela produção industrial de materiais, decorrente da Revolução Industrial e de seus novos processos de produção de bens de todos os tipos. Analisaremos, em seguida, o início da modernidade na arquitetura e a arquitetura no mundo contemporâneo ocidental.

No quinto capítulo, a arquitetura será contemplada em seu diálogo com as artes visuais. Primeiramente, enfocaremos a arquitetura como espaço expositivo, explorando a arquitetura de alguns museus de arte. Na sequência, observaremos como as linguagens da arquitetura e das artes visuais podem se conectar, mas mantendo a integridade de cada uma delas. A cidade também será abordada, mas como espaço expositivo, imiscuindo-se nas vivências do espaço público. Apresentaremos, ainda, o hibridismo e as perspectivas de novas experiências proporcionadas por artistas, com ênfase no espaço como conceito. Por fim, faremos algumas considerações de caráter mais reflexivo sobre a arte, a arquitetura e a cidade, propondo alguns modos possíveis de nos relacionarmos com o espaço e convidando o leitor a pensar sobre as diversas formas de percepção e relação com o espaço.

No sexto e último capítulo, trataremos da arquitetura como bem patrimonial, aprofundando-nos na origem do conceito de patrimônio e em suas classificações. Evidenciaremos que todo patrimônio se torna histórico. Daremos ênfase ao patrimônio imóvel e trabalharemos com a relação entre o patrimônio e o desenvolvimento sustentável em diferentes esferas. Com isso, buscaremos fomentar no leitor uma consciência patrimonial e o sentimento de pertença em relação ao seu local e entorno, tendo em vista a preservação do patrimônio histórico. Além disso, abordaremos a educação patrimonial com vistas a conscientizar o leitor sobre a importância de melhor conhecer os bens patrimoniais.

Esperamos que a leitura deste livro seja uma aventura cheia de surpresas e absorção de novos conhecimentos.

Como aproveitar ao máximo este livro

Empregamos nesta obra recursos que visam enriquecer seu aprendizado, facilitar a compreensão dos conteúdos e tornar a leitura mais dinâmica. Conheça a seguir cada uma dessas ferramentas e saiba como estão distribuídas no decorrer deste livro para bem aproveitá-las.

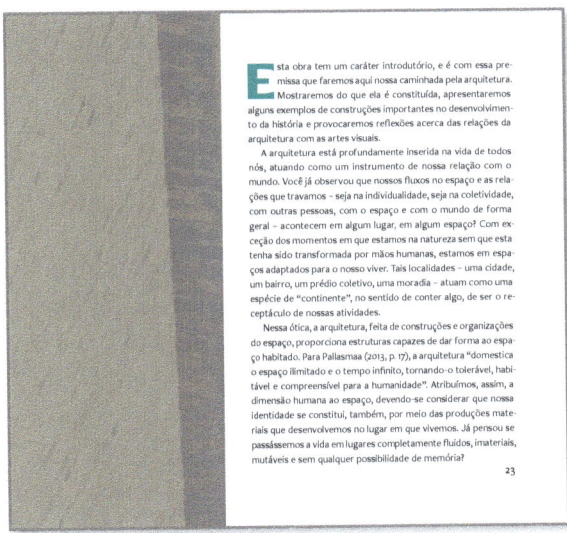

Introdução ao capítulo

Logo na abertura do capítulo, você é informado a respeito dos conteúdos que nele serão abordados, bem como dos objetivos que as autoras pretendem alcançar.

Síntese

Você conta, nesta seção, com um recurso que o instigará a fazer uma reflexão sobre os conteúdos estudados, de modo a contribuir para que as conclusões a que chegou sejam reafirmadas ou redefinidas.

Atividades de autoavaliação

Com estas questões objetivas, você tem a oportunidade de verificar o grau de assimilação dos conceitos examinados, motivando-se a progredir em seus estudos e a se preparar para outras atividades avaliativas.

Atividades de aprendizagem

Aqui você dispõe de questões cujo objetivo é levá-lo a analisar criticamente determinado assunto e a aproximar conhecimentos teóricos e práticos.

Bibliografia comentada

Nesta seção, você encontra comentários acerca de algumas obras de referência para o estudo dos temas examinados.

Fundamentos da arquitetura

Mónica Defreitas Smythe

A arquitetura, como todas as artes, está intrinsecamente envolvida com questões da existência humana no espaço e no tempo; ela expressa e relaciona a condição humana no mundo. A arquitetura está profundamente envolvida com as questões metafísicas da individualidade e do mundo, interioridade e exterioridade, tempo e duração, vida e morte.

(Pallasmaa, 2013, p. 17)

Esta obra tem um caráter introdutório, e é com essa premissa que faremos aqui nossa caminhada pela arquitetura. Mostraremos do que ela é constituída, apresentaremos alguns exemplos de construções importantes no desenvolvimento da história e provocaremos reflexões acerca das relações da arquitetura com as artes visuais.

A arquitetura está profundamente inserida na vida de todos nós, atuando como um instrumento de nossa relação com o mundo. Você já observou que nossos fluxos no espaço e as relações que travamos – seja na individualidade, seja na coletividade, com outras pessoas, com o espaço e com o mundo de forma geral – acontecem em algum lugar, em algum espaço? Com exceção dos momentos em que estamos na natureza sem que esta tenha sido transformada por mãos humanas, estamos em espaços adaptados para o nosso viver. Tais localidades – uma cidade, um bairro, um prédio coletivo, uma moradia – atuam como uma espécie de "continente", no sentido de conter algo, de ser o receptáculo de nossas atividades.

Nessa ótica, a arquitetura, feita de construções e organizações do espaço, proporciona estruturas capazes de dar forma ao espaço habitado. Para Pallasmaa (2013, p. 17), a arquitetura "domestica o espaço ilimitado e o tempo infinito, tornando-o tolerável, habitável e compreensível para a humanidade". Atribuímos, assim, a dimensão humana ao espaço, devendo-se considerar que nossa identidade se constitui, também, por meio das produções materiais que desenvolvemos no lugar em que vivemos. Já pensou se passássemos a vida em lugares completamente fluidos, imateriais, mutáveis e sem qualquer possibilidade de memória?

1.1 A arquitetura como o espaço que habitamos

A palavra *arquiteto* é a junção de *tecton* – em grego, "um artífice ligado à construção de objetos por junção de peças, como um carpinteiro" (Colin, 2000, p. 21) – com o prefixo *arqui*, que indica superioridade, resultando no equivalente a "grande carpinteiro". Já o significado etimológico da palavra *arkhitékton* remete à ideia de "arquicriador", que era como os gregos denominavam o mestre de obras (Gympel, 2000). Conceitos como os de *construção* e *cria*ção estão implícitos no trabalho do arquiteto. Mas como se processa essa criação? O que exatamente construímos ao dar forma a um material? O que nos diz a forma das construções? E quanto à experiência estética na arquitetura, ela se dá apenas no contexto das grandes obras consagradas ou podemos tê-la na vivência das tradições regionais da arquitetura popular? Com base nesses questionamentos, vamos, então, fazer algumas considerações e, aos poucos, construiremos juntos a noção de arquitetura e seu lugar em nossa vida.

Construir é, em primeiro lugar, uma **necessidade básica**, porque serve de abrigo e proteção; é, também, um **ato social**, pois diz respeito à forma como o homem se relaciona em sociedade.

Muitas ideias e reflexões acerca da arquitetura foram propostas. Nessa temática, há uma complexidade intrínseca, conectada não apenas ao universo material – feito de tijolos, pedras, madeira, cimento etc. –, mas também a um universo sensível, ligado às sociabilidades, às emoções e a aspectos sensoriais envolvidos na percepção do espaço e das formas arquiteturais. Nesse sentido, a seguir, apresentaremos o que alguns autores, pesquisadores da área e arquitetos pensam sobre o assunto.

Ao longo da história, muitos conceitos e reflexões sobre a arquitetura foram formulados. Zevi (2002, p. 24) relaciona a arquitetura à existência de uma obra que tenha espaço interior, ou seja, "o que não tem espaço interior não é arquitetura". Dessa maneira, uma escultura, por exemplo, não é arquitetura porque, apesar de ser um objeto tridimensional, não tem um espaço interior – mais especificamente, que possa ser habitado ou vivenciado.

Strickland (2003, p. X) ressalta que "mais do que um abrigo contra a tempestade, a arquitetura tem simbolizado conceitos morais e a predominância da mente. Grandes construções são ideias que se tornaram tangíveis". Logo, para além de uma estrutura física, a arquitetura representa um pensamento prévio, isto é, a transfiguração do que a mente produz de forma abstrata para um estado concreto.

Para Alonso Pereira (2010, p. 14), a arquitetura "brinca com espaços de três dimensões", dinamizando-os mediante a variável "tempo". Já Walter Gropius (citado por Roth, 2017, p. 85) destaca a importância de conhecermos plenamente a essência de um objeto para que ele funcione de maneira adequada; assim, na arquitetura, o objeto "deve corresponder a seu propósito, ou seja, desempenhar sua função num sentido prático, devendo, portanto, ser funcional, confiável e barato".

Essas são apenas algumas das diversas abordagens sobre o tema. Resumindo, podemos considerar que a arquitetura trabalha com a construção e a organização do espaço para abrigar a vida humana em suas variadas necessidades. Mas não fiquemos apenas nessa perspectiva, que pode soar como estritamente formal e prática. Existe também a experiência sensível que ocorre quando nossos sentidos entram em contato com a arquitetura; atentemos, porém, para o fato de que nosso objeto é diferente de produções artísticas como a pintura, a escultura, o desenho, a fotografia e a *performance*, que são obras que vemos ou com as quais nos relacionamos segundo nossa escolha. Com relação à arquitetura, não podemos optar por não visualizá-la ou não interagir com ela – não é possível não termos contato com a arquitetura ou não estarmos cercados por ela. Nessa ótica, a arquitetura – diferentemente do que possa parecer a princípio, já que temos a tendência a privilegiar o aspecto visual – relaciona-se com todos os nossos sentidos. Com efeito, todas as pessoas precisam lidar com a arquitetura, mesmo havendo, como observa Roth (2017), as que não podem ver pinturas ou ouvir música, como é o caso de pessoas cegas ou surdas.

Agora, reflita: Existe diferença entre as construções que são arquitetura e as que não são? Quais são as imagens que vêm à sua mente ao pensar na palavra *arquitetura*? Pare um pouco antes de continuar. Surgiram imagens de construções, de modo geral? Talvez prédios, museus, lugares distantes? Edifícios específicos da cidade onde você mora que adquiriram significado ao longo da história? Um edifício já nasce como "arquitetura"?

Apenas para incrementar nossas reflexões, vamos lembrar que a Torre Eiffel, quando foi construída, era para ser um monumento temporário, que seria desmontado depois de um tempo. Na época, o ferro era um material industrial destinado a construções sem qualquer apelo estético – pontes, estações de trem, fábricas etc. –, e a Torre Eiffel foi considerada por muitos como algo tão feio que foi qualificada como a "vergonha de Paris". Bem, não é preciso dizer mais nada. Dessa forma, é importante não sermos tão rígidos nas classificações e nos conceitos referentes ao significado da arquitetura, tendo em vista que há várias abordagens possíveis; além disso, nossa cultura e seus símbolos são vivos e podem sofrer transformações.

Seja a construção que vai proteger o ser humano, seja a que vai atender a seus anseios estéticos ou espirituais, a arquitetura acontece quando o homem dá forma ao mundo em que vive. Assim, podemos concluir que

> A construção satisfaz, em primeiro lugar e de um modo diferente de todas as outras artes, uma das necessidades básicas da humanidade – a segurança. As construções constituem uma proteção contra as variações climatéricas e contra o perigo representado pelos animais selvagens. Onde o homem vive existem casas, cabanas, tendas. Mas a construção responde também às necessidades da alma e do espírito: as "quatro paredes" e o "tecto sobre a cabeça" separam os homens do meio ambiente que os rodeia, criando dimensões próprias, humanas. (Gympel, 2000, p. 6)

Independentemente das mais diversas crenças que possam existir (ou mesmo da ausência de crenças), é possível identificar momentos em que o homem se pôs a pensar em sua existência, sua finitude e sua condição humana, o que resultou em determinadas construções. Nesse contexto, não podemos deixar de pensar nas construções relacionadas à vida e à morte, as quais são manifestações importantes para entendermos a cultura material desde os tempos mais remotos da humanidade.

Muito antes do surgimento da escrita, cujos primeiros registros remontam a 3000 a.C., o homem já deixava vestígios de sua passagem pelo mundo por meio de objetos, pinturas, esculturas e modificações do ambiente. Mediante intervenções no espaço, seja para organizar sua vida no dia a dia, seja para marcar lugares de rituais sagrados, foram deixados inúmeros vestígios de que a humanidade desenvolvia uma relação sensível com o mundo. Suas emoções e seus sentimentos, pensamentos e desejos, bem como sua compreensão de mundo, tornavam-se, então, formas tangíveis.

O que antes era apenas o mundo natural foi se transformando, por meio das intervenções dos grupos humanos, em um mundo com adaptações. E, assim, o ambiente natural foi dando lugar a caminhos, pedras organizadas, estradas, moradias, templos, mercados, edifícios, praças, pontes, viadutos, arranha-céus... até chegarmos às grandes cidades que hoje conhecemos.

O que fizemos com nosso ambiente natural? O mundo está mais seguro e mais rico em termos culturais. Temos mais qualidade de vida e há formas de comunicação, transporte e produção extremamente evoluídas. Acumulamos conhecimento e muitas possibilidades de vivermos com mais conforto e dignidade, se fizermos uma comparação com a vida simples e precária das primeiras aldeias. Contudo, não podemos pensar apenas do ponto de vista de que dominar a natureza é o que fizemos de melhor, tampouco que tais conquistas nos levaram a um mundo mais humanizado e justo. A arquitetura nos revela muito a respeito de nós mesmos, e olhar para nossas construções é, igualmente, olhar para nosso modo de vida e nossos valores. O que aconteceu com o meio ambiente? As cidades que criamos são sustentáveis? Todos têm acesso ao conforto ou às mínimas condições de vida que é possível usufruir hoje em dia? O que podemos dizer dos gigantescos templos do consumo, os *shopping centers*, cuja arquitetura propicia algo como uma cidade dentro da cidade, com o objetivo de consumir?

Retomaremos algumas dessas questões ao longo dos capítulos, mas, para começar, é importante mantermos nosso olhar atento aos vários aspectos inerentes ao tema.

1.2 A linguagem da arquitetura

A arquitetura, como já mencionamos, existe em decorrência de necessidades humanas relacionadas à forma de se estar no mundo. Não se trata, entretanto, de um objeto apenas utilitário, pois também envolve uma qualidade estética, que estimula nossos sentidos por meio das formas com as quais nos relacionamos. Desse modo, existem as formas que constituem o objeto arquitetônico e há uma linguagem estruturada mediante um conjunto de elementos que se articulam entre si, resultando em uma comunicação organizada e expressiva. Por meio da percepção dessas formas, constituímos nossa leitura

Figura 1.1 – Favela da Rocinha, Rio de Janeiro

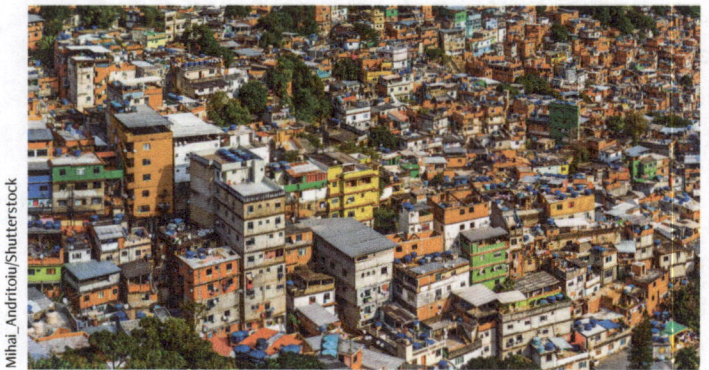

Figura 1.2 – Cidade de São Paulo

de mundo. Passamos pelas ruas, entramos nas casas e em prédios, circulamos por uma infinidade de lugares. Os espaços, as cidades e as construções têm volume, tamanho, textura, ritmo, cor e forma. Observe as Figuras 1.1 e 1.2, que são distintas entre si e expressam a cultura de determinada população. O que essas cidades nos dizem? Certamente nos falam dos materiais de que são feitas, da forma como as construções estão implantadas na terra, da quantidade de pessoas que vivem nesses espaços, das sociabilidades, das condições de vida e econômicas, entre outros aspectos. Você já observou sua cidade de uma certa distância, em que é possível apreender suas cores? Tem alguma cor que se sobressai? Ela tem uma paleta de cores?

De acordo com os materiais disponíveis, com a tecnologia construtiva, com a disponibilidade de pigmentos e até com as conjunturas culturais e as condições climáticas, as populações constroem suas cidades, estabelecendo seu aspecto visual.

Para Rasmussen (1998), os elementos visuais e suas relações podem ser configurados da seguinte maneira:

- Diferenciamos o que é **sólido** e o que é **vazio** (na Figura 1.3, no exemplo do Templo da Rainha Hatshepsut, no Egito, podemos ver espaços cheios e espaços vazios formados pelas colunas e pelos espaços entre elas. Na Figura 1.4, o volume suspenso é o cheio, enquanto o vazio é a parte entre o solo e o volume suspenso).
- Vemos sua **cor** (na Figura 1.4, no exemplo do Museu de Arte de São Paulo – Masp, a cor é um fator essencial para fazer a distinção entre os volumes. Já nas Figuras 1.3 e 1.5, a cor é natural e resultante das pedras utilizadas nas construções).

Figura 1.3 – Templo de Hatshepsut, Egito

Figura 1.4 – Museu de Arte de São Paulo (Masp), projeto da arquiteta Lina Bo Bardi

Figura 1.5 – Catedral de Milão, Itália

Figura 1.6 – Desenho de um capitel com a indicação das relações de proporção entre as partes

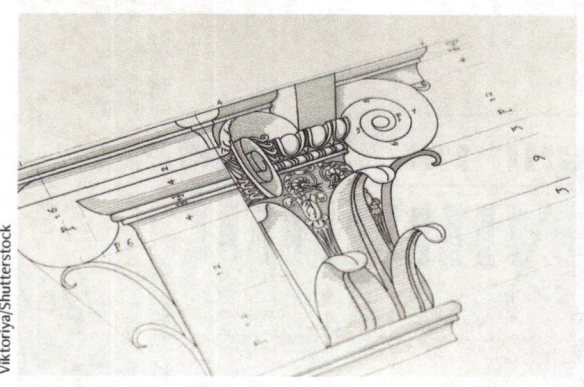

Figura 1.7 – La Grande Motte, França

- Avaliamos sua **escala**, isto é, seu tamanho em relação ao tamanho humano e ao entorno (veja como é monumental a escala da Catedral de Milão, na Figura 1.5. A escala não tinha o foco sobre a estatura humana, já que a função maior de um templo, na época em que foi construído, era justamente a proximidade com o divino, considerado muito maior que a condição humana. O aspecto simbólico da superioridade divina é representado pela escala monumental).
- Fazemos a leitura da **proporção**, que equivale à relação formal de uma parte com as outras partes e o todo (na Figura 1.6, vemos o desenho de um capitel mostrando as relações entre as partes. Assim como esse elemento arquitetônico, é possível ver em várias edificações a existência de uma relação entre as partes).
- Percebemos o **ritmo** em suas mais variadas partes (com exceção da Figura 1.8, todas as demais expostas neste ponto do texto apresentam um ritmo, seja de forma mais contínua, seja com intervalos menos regulares, como na Figura 1.5. Já na Figura 1.7, as formas das janelas brincam com nosso olhar, em uma cadência na qual a curva está ora de um lado, ora do outro).
- Sentimos as **texturas** de seus materiais, que podem ser percebidas na proximidade com o tato, ou mesmo com o olhar, que pode sugerir as qualidades dos materiais.
- Vemos **luz** e vemos **sombra**. Todos os edifícios têm áreas de luz e sombra, mas a arquitetura pode trabalhar com isso de acordo com a forma do edifício, as aberturas ou a orientação solar.

Para a leitura da arquitetura, relacionamo-nos com todos esses elementos, característicos de uma linguagem não verbal. A expressão diz respeito à forma concreta com a qual estabelecemos uma relação, como um suporte físico de significados que apreendemos e compreendemos.

A forma na arquitetura[1] é o que vemos e percebemos ao percorrer e vivenciar um espaço. Quando observamos, por exemplo, a Pirâmide do Museu do Louvre (Figura 1.8), cuja forma é um volume simples – pirâmide de base quadrada –, a leitura é imediata e está relacionada a uma forma geométrica. Por sua vez, a leitura é mais complexa ao observarmos a Igreja São Francisco de Assis (Figura 1.9), na Pampulha,

---

1   Colin (2000) classifica a forma arquitetônica em três categorias: 1) forma volumétrica; 2) forma espacial e 3) forma mural. Utilizamos aqui a organização estabelecida pelo autor para tratarmos da leitura da forma arquitetônica.

Figura 1.8 – Pirâmide do Museu do Louvre, Paris

Figura 1.9 – Igreja São Francisco de Assis, na Pampulha, região de Belo Horizonte em que se destacam as curvas da igreja projetada por Oscar Niemeyer

região de Belo Horizonte, em que se destacam as curvas sinuosas da igreja, as quais têm, em vez de linhas retas, várias curvas que se sucedem, em uma organização orgânica, como um desenho feito a mão livre. Note que tais volumes são apreendidos observando-se a construção a partir do lado de fora. A esse volume total da obra Colin (2000) denomina **forma volumétrica**.

Apreendemos a **forma espacial**, segundo o autor, observando o espaço contido e moldado pela arquitetura. Desaparecem as "relações exteriores" (Colin, 2000, p. 52), ou seja, são as partes materiais de um edifício que envolvem o espaço interno, moldando-o. É o "lugar-continente" (Colin, 2000, p. 56), isto é, o lugar que contém – pessoas, objetos, eventos. Não se trata de um espaço vazio, mas de um espaço que cria características físicas, psicológicas e poéticas (este último no sentido de podermos fruir o objeto arquitetônico em suas qualidades estéticas). Os espaços que sentimos nos envolver quando entramos nos edifícios correspondem à forma espacial.

As partes que compõem um edifício – paredes, teto, piso – "criam uma nova escala para as atividades humanas" (Colin, 2000, p. 57). Quando observamos, por exemplo, a escada em caracol do Museu do Vaticano (Figura 1.10), que se desenrola em torno de um eixo vertical, vemos que o percurso criado por ela faz a pessoa caminhar em círculos. A noção do espaço pode se tornar um pouco desorientadora e sem um foco definido, a não ser com a atenção focada no próprio caminhar.

Bem diferente é a experiência nas escadarias da Igreja Bom Jesus do Monte, em Braga, Portugal (Figura 1.11). Ali, o transeunte se vê diante de um longo percurso ascendente em linha reta, sendo a caminhada entrecortada por pequenos patamares que proporcionam um descanso ao longo do trajeto. A igreja ao alto é o ponto final e o ponto focal do percurso.

Na obra de Ludwig Mies van der Rohe (Figura 1.12), arquiteto alemão do período moderno, observamos uma sucessão de planos: o plano do piso, os

Figura 1.10 – Escada em espiral do Museu do Vaticano, Roma, Itália

Figura 1.11 – Igreja de Bom Jesus do Monte, Braga, Portugal

Figura 1.12 – Interior do Pavilhão de Barcelona, Espanha

Figura 1.13 – Interior do Palácio de Versalhes, Galeria dos Espelhos, França

planos das paredes de pedra (a marrom e a cinzenta ao fundo), o plano da parede de vidro, os quais se encontram em uma simples linha reta, sem mais delongas. A ausência de qualquer tipo de ornamento arquitetural (curvas, janelas, gesso, colunas, cornijas, entre outros) propicia uma experiência espacial baseada na objetividade e na clareza. Compare esse interior com o interior barroco do Palácio de Versalhes, em que tudo é excesso (Figura 1.13). Que grande diferença de atmosfera! A informação proporcionada pelas linhas retas e pelos planos geométricos é muito clara. O mesmo não ocorre no espaço barroco, cujos interiores são, geralmente, repletos de informação, em uma mistura de linguagens (arquitetura, pintura e escultura) que causa um efeito de movimento e a sensação de sermos levados por um turbilhão de imagens, curvas, cores, além da luminosidade e suntuosidade do dourado. A Galeria dos Espelhos de Versalhes cria um microcosmo carregado de informações. As janelas formam uma sequência de cheios e vazios, em cujos intervalos há esculturas douradas (a cor predominante). Há, também, acabamentos decorativos na junção da parede com o teto, que, por sua vez, é repleto de pinturas. Dele pendem lustres de cristal trabalhados, criando um excesso de informações visuais. Essa sensação fica ainda mais intensa nos interiores das igrejas barrocas brasileiras.

Perceba, então, como a arquitetura vai trabalhando com o espaço. A obra de Mies permite que o observador tenha uma experiência racional com o espaço. As formas são claras e simples. É perfeitamente possível sabermos o que é piso, o que é parede, o que é vidro, bem como identificarmos o espaço de circulação e o espaço de estar. Nenhuma informação distrai nossa atenção ou nos leva para outro lugar imaginário. No espaço barroco, constitui-se um microcosmo repleto de informações visuais, propiciadas pela sequência de cheios e vazios, pelas esculturas douradas, pelos acabamentos decorativos, pelas pinturas e pelos lustres de cristal. Novos espaços para a imaginação se abrem dentro do espaço.

Um último exemplo da forma espacial é a proporcionada pelo espaço interior do Museu de Guggenheim, construído em 1997, já com uma estética contemporânea. Existe um espaço delimitado, porém a leitura é fragmentada e inconstante. Há vários materiais utilizados, os cheios e vazios não têm um ritmo sequenciado. É a ideia do espaço tradicional desconstruído. Diferentemente do que ocorre no espaço moderno, o espaço contemporâneo desconstrutivista está em constante movimento.

Além da forma volumétrica e da forma espacial, há detalhes como a textura, a cor e as características dos materiais que compõem superfícies como paredes, janelas, coberturas, bem como sua relação com o que está à volta, características nominadas por Colin de **forma mural**. Trata-se da superfície da arquitetura, ou seja, da roupagem, da casca, da matéria de que é feita, daquilo que separa o interior do exterior e que, basicamente, corresponde à parede, ao muro, à cerca, à colunata, ao vidro. Enquanto as formas volumétrica e espacial estão relacionadas com o espaço arquitetural, a forma mural diz respeito ao modo como a arquitetura se apresenta ao nosso olhar. A forma mural acontece tanto em uma escala pequena como em prédios isolados.

O *hostel* para estudantes[2] localizado em Havre, na França (Figura 1.14), foi feito com *containers*, uns sobre os outros, compondo-se casas modulares. Vamos observar aqui os vários aspectos da forma. Como resultado, os *containers* continuam sendo *containers*. Não existem quaisquer elementos ou imagens que buscam camuflar as características do elemento original. A forma volumétrica de cada um deles

Figura 1.14 – *Hostel* **para estudantes feito de** *containers*, **Havre, França**

Igor Plotnikov/Shutterstock

é percebida isoladamente; ao mesmo tempo, o agrupamento dos volumes proporciona uma ideia de conjunto. A forma espacial é padronizada de acordo com a forma do *container*, assim como a forma mural é submetida, intencionalmente, ao aspecto dos *containers*, com algumas adaptações para torná-los habitáveis.

Tal como a leitura das formas, o conteúdo da arquitetura é igualmente plural. O **conteúdo formal**[3] corresponde ao significado das formas que vai além do tamanho, da cor, da textura e do que podemos deduzir e compreender de sua materialidade. De acordo com Colin (2000, p. 75), "Ao falarmos de conteúdo estamos, em primeiro lugar, acusando certa capacidade que tem a arquitetura de representar para as pessoas algo mais que sua simples presença". Esse "algo mais" está relacionado à expressão de aspectos subjetivos representados pela obra arquitetônica. A arquitetura encerra um conjunto de informações de ordem cultural, histórica, social, econômica e psicológica. Por sua vez, a intenção poética é aquela que faz com que uma obra tenha a capacidade, por meio de suas características formais, de surpreender, comover, alcançar uma dimensão subjetiva que nos chega pelos sentidos. Existe algum

2 *Hostel*: espécie de hotel.

3 Recorremos aqui, unicamente com o propósito de facilitar a compreensão do tema, à divisão proposta por Colin (2000): conteúdo formal, conteúdo histórico, conteúdo social e conteúdo psicológico.

edifício capaz de suscitar em você esse tipo de sensação? Você já parou para pensar o que existe nele em termos formais? Ampliando esse questionamento, podemos ponderar sobre o que leva pessoas a fazer longas viagens (muitas vezes, entre continentes) para "ver" determinados edifícios.

Há também o **conteúdo histórico**, já que a arquitetura guarda a memória de seu tempo. Tanto pela técnica utilizada como pelos materiais, pela maneira de organizar os espaços e pelo próprio estilo, a arquitetura carrega conteúdos históricos e, dessa forma, relaciona-se com o tempo e o espaço. O valor histórico de um edifício é conferido primeiramente por ser produto de determinada sociedade; depois, por ser "cenário de acontecimentos históricos marcantes" (Colin, 2000, p. 85) e, por fim, quando se trata de monumentos e memoriais com a finalidade de indicar acontecimentos históricos e políticos.

Outro conteúdo presente na arquitetura é o **conteúdo social**, o qual diz respeito às funções sociais, ou seja, aos usos dos espaços em sociedade, considerando-se as relações sociais estabelecidas. Esse conteúdo é intrínseco à arquitetura porque mostra a forma como a sociedade se estrutura e como ocorrem as relações de homens e mulheres. Se tomarmos a casa colonial brasileira como exemplo, vamos identificar o conteúdo social ao observarmos as moradias. Entre os tipos de moradia, dois deles eram os mais comuns: o sobrado e a casa térrea. Mesmo sendo construídos com base no mesmo primitivismo tecnológico, "habitar um sobrado significava riqueza e habitar casa de 'chão batido' caracterizava pobreza" (Reis Filho, 1987, p. 28). Porém, a questão não residia apenas no fato de a residência ter um ou dois andares, e sim no que significava essa diferença. Os habitantes dos sobrados utilizavam o andar superior para morar, enquanto o andar térreo era reservado aos negros escravizados e aos animais ou servia de cocheiras, estrebarias ou armazéns.

Por fim, o **conteúdo psicológico** corresponde à possibilidade de a arquitetura suscitar as mais variadas emoções. Segundo Colin (2000, p. 104), "as formas arquitetônicas, através da história, sempre serviram para representar os sentimentos, sobretudo no que se refere a orientações emocionais coletivas". Se considerarmos a característica da escala, que acaba por diminuir o tamanho do homem em relação ao edifício, podemos citar os edifícios religiosos, os edifícios governamentais, os arranha-céus e, hoje em dia, os *shopping centers*, além de templos religiosos de novas cepas do cristianismo.

1.3 Arquitetura como construção: *firmitas*

Começaremos esta seção mencionando três elementos propostos por Vitrúvio[4], *firmitas*, *utilitas* e *venustas*, a fim de esclarecer os princípios básicos da arquitetura. Vamos considerar a leitura que Roth (2017) faz desses elementos. *Firmitas* diz respeito à firmeza ou estrutura e se relaciona com a qualidade técnica da arquitetura, ou seja, com sua concretude, que é decorrente dos materiais com que é feita. O elemento *utilitas* se vincula à funcionalidade, ou seja, à qualidade utilitária da arquitetura, de servir para determinado fim. Por fim, *venustas* se refere ao deleite, sendo a qualidade estética da arquitetura associada à forma, que é o que percebemos por meio de nossos sentidos.

Firmitas corresponde ao caráter concreto da arquitetura por meio do uso de materiais – é o que torna possível "edificar". Toda arquitetura contém uma estrutura, a qual possibilita que uma edificação fique "de pé" e tenha "firmeza". A lógica do pensamento arquitetônico encontrou as formas mais diversas de se manifestar nas várias partes do mundo desde que foram construídos os primeiros abrigos. Os materiais utilizados eram pedra, madeira, barro, terra, cascalho, folhas, galhos e tudo o que a natureza pudesse oferecer, sendo empregados basicamente em sua forma natural, ou seja, sem grandes transformações ou intervenções. Para se tornarem rígidos, bastava apenas secá-los ou juntá-los, de modo que cumprissem sua finalidade. Em períodos posteriores, novos materiais entraram em cena, como ferro, vidro, cimento, concreto, aço e concreto armado, até chegarmos à utilização na atualidade de materiais como plásticos, aglomerados, argila expandida e fibra de carbono. Além destes, existem os materiais resultantes das novas tecnologias construtivas, como aerogel de sílica, concreto biorreceptivo, madeira transparente, solo estabilizado, espuma de alumínio (Haus, 2017), tijolos inteligentes e concreto sustentável.

Ao longo da história, considerando as classes dominantes e as populares, temos uma série de distinções: por exemplo, quanto a técnicas e sistemas construtivos, à mão de obra, à origem da matéria-prima, a investimentos, a conceitos projetuais e a aspectos formais, assim como no que se refere a relações com movimentos artísticos e arquitetônicos.

---

4   Arquiteto romano que viveu no século I a.C., responsável pelo primeiro tratado sobre arquitetura, importante até os dias de hoje.

É importante percebermos que as obras normalmente estudadas nos livros de história da arquitetura ou da arte – que amparam e exemplificam os movimentos artísticos – baseiam-se em obras arquitetônicas feitas pela dita elite econômica. Sobre as diferenças de arquiteturas, vejamos a observação de Zucon e Braga (2013, p. 155):

> É essencial que jamais percamos de vista, na concepção relativista que as ciências humanas impõem ao pesquisador, que nenhum tipo de habitação é efetivamente 'melhor' ou 'pior' que outro. Esses são conceitos construídos ou impostos por convenções sociais que têm as moradias da elite como referência. Assim, mesmo em comunidades cuja condição econômica é precária – evando a soluções arquitetônicas simples e, muitas vezes, improvisadas, como as favelas –, as habitações devem ser compreendidas como parte de um processo social, histórico e cultural, no qual o "olhar do outro" também acaba por tomar parte e influenciar na consolidação de um imaginário idealizado e/ou preconceituoso.

Quanto aos espaços em que vivem pessoas, todos eles são expressividades de grupos que utilizam e habitam essas construções, uns com mais recursos que outros, sempre significando que ali vive um grupo social que tem a própria história e cultura.

Sobre a terminologia *arquitetura popular*, Weimer (2012, p. XLI) entende que se trata daquela "que é própria do povo e por ele é realizada". Com isso, reconhecemos que na arquitetura popular: as construções são feitas dentro de determinada cultura; os conhecimentos técnico e formal são transmitidos pela experiência prática; são utilizadas técnicas e materiais locais; há uma base na tradição construtiva e cultural; há um conhecimento desenvolvido na coletividade.

Nessa dinâmica existe um conhecimento adquirido de forma "espontânea". A arquitetura erudita – e que, nos dias de hoje, é uma arquitetura autoral –, estudada nos livros clássicos de história da arquitetura, é o fio condutor dos movimentos arquitetônicos e está relacionada às produções realizadas pelas classes dominantes. A esse respeito, é esclarecedora a citação a seguir sobre as culturas popular e erudita:

> a cultura popular é pensada sempre em relação à cultura erudita, à alta cultura, a qual é de perto associada tanto no passado como no presente às classes dominantes. De fato, ao longo da história a cultura dominante desenvolveu um universo de legitimidade própria, expresso pela filosofia, pela ciência e pelo saber produzido e controlado em instituições da sociedade nacional, tais como a universidade, as academias, as ordens profissionais (de médicos, advogados, engenheiros e outras). Devido à própria natureza da sociedade de classes em que vivemos, essas instituições estão fora do controle das classes dominadas. Entende-se então por cultura popular as manifestações culturais dessas classes, manifestações diferentes da cultura dominante, que estão fora de suas instituições, que existem independentemente delas, mesmo sendo suas contemporâneas. (Santos, 2006, p. 54-55)

Posta essa reflexão, em sua visão, leitor, de que forma essas diferenças afetariam uma construção? As questões econômicas se refletem, de fato, nas manifestações culturais a ponto de haver uma estética relacionada a diferentes grupos sociais?

Sobre a utilização de materiais, é fácil perceber que eles determinam, na grande maioria das vezes, a forma da edificação. Segundo Weimer (2012, p. XLI), há uma "vinculação estreita com a natureza, em virtude das limitações econômicas". Assim, quando existem limitações econômicas, o edifício segue estritamente o que é possível e determinado pelo material, e a mão de obra é mais restrita. Conforme Zucon e Braga (2013, p. 153, grifo do original), no contexto da arquitetura popular,

> As moradias [...] também eram feitas pelas mãos do próprio dono, com a matéria-prima disponível na região, atendendo às necessidades climáticas e respeitando os referenciais culturais e as condições socioeconômicas do indivíduo, da família e da comunidade. Essas são características comuns ao que podemos definir como *arquitetura popular*.

Na arquitetura erudita, há um afastamento "das condições ecológicas na exata medida em que aumentam os recursos econômicos disponíveis para sua realização" (Weimer, 2012, p. XLI). Isso significa que, no caso da arquitetura erudita, trata-se de um projeto em que são investidos mais recursos financeiros, e a relação entre projeto, materiais e mão de obra não encontra limitações no que tange à exploração de novas possibilidades. Quando não existe restrição econômica, há uma liberdade muito maior na relação matéria-prima/custo, no sentido de que pode haver um conceito arquitetônico sem que o material seja um fator condicionante, isto é, o processo criativo do objeto arquitetônico pode se desvincular de processos tradicionais de construção e de concepção.

O que ocorre, na realidade, é um conjunto de fatores. Por exemplo, uma oca indígena, feita com os recursos que a natureza oferece, mantém sua configuração ao longo do tempo. Isso se dá não apenas por conta das condições econômicas – as quais nem podem ser pensadas, nesse exemplo, segundo a ótica das sociedades urbanizadas –, mas principalmente por uma questão cultural. A relação de proximidade com a natureza vivenciada pelos povos indígenas é determinante para sua visão de mundo e sua forma de viver.

No exemplo da Figura 1.15, vemos uma oca indígena brasileira feita de uma estrutura inicial de ripas de madeira, bambu ou taquara amarradas. Ela recebe uma cobertura de palha ou de folhas secas de bananeira, por exemplo, que são os materiais disponíveis e compatíveis com essa estrutura e que determinam a forma da construção.

Figura 1.15 – Oca indígena brasileira

FOERTHMANN, Heinz. **Colocação de palha**. Mato Grosso, 1944. 1 Negativo, p&b, 35 mm. Descrição obtida através do próprio álbum. Museu do Índio/FUNAI, Brasil.

Figura 1.16 – Detalhe do Templo de Netuno, Roma, Itália

Lucamato/Shutterstock

Figura 1.17 – Palácio do Planalto, Brasília

© Niemeyer, Oscar/AUTVIS, Brasil, 2022.
R.M. Nunes/Shutterstock

Outro exemplo de arquitetura popular são as casas de pau a pique[5] de nossa arquitetura, que leva em conta as condições climáticas, a escassez de materiais e de recursos financeiros, a forma de utilização do espaço, o uso a que se destina a construção, bem como a questão cultural, que resulta em determinada solução formal.

Em condições climáticas completamente diferentes das nossas, temos o exemplo dos iglus, construções provisórias adaptadas ao clima gelado do Polo Norte, cujo material construtivo e estruturante é o gelo.

Há de se observar não apenas o material de que são feitas as edificações, mas também os **sistemas construtivos**. Existem soluções estruturais utilizadas desde as primeiras manifestações da arquitetura e que permanecem até os dias atuais. É o caso do sistema pilar e viga, empregado tanto no dólmen pré-histórico como nos edifícios da arquitetura egípcia e greco-romana (Figura 1.16). Com o mesmo sistema, mas no âmbito de outra abordagem formal, temos o Palácio do Planalto (Figura 1.17), em Brasília, projetado

---

5   Construções feitas de estrutura de bambu, cipó ou troncos de madeira e preenchidas de barro.

por Oscar Niemeyer, em que vemos uma sequência de pilares sobre os quais assenta um plano horizontal.

Outro importante sistema construtivo, utilizado pelos romanos, teve como base o **arco**, que trouxe novas possibilidades estruturais para a arquitetura. O arco já existia como elemento arquitetônico, mas foi em Roma que ele se popularizou, permitindo a criação de uma arquitetura com grandes áreas internas e possibilitando a composição de espaços fechados e cobertos para grandes grupos de pessoas.

Figura 1.18 – Aqueduto de Segóvia, Espanha

Com o arco, tornou-se possível a construção de grandes estruturas urbanas, como aquedutos[6] (Figura 1.18), esgotos, termas e grandes edifícios de entretenimento, como é o caso do Coliseu de Roma, entre outros. Assim, grandes cidades se estruturaram, propiciando espaços para as multidões.

O arco significou um grande impacto na arquitetura. Para Strickland (2003, p. 20),

> O arco e sua prole – a abóbada e a cúpula – revolucionaram a arquitetura. Um lintel de pedra sobre duas colunas raramente cobre uma distância como 4,5m, mas um arco pode cobrir 46m. [...] Em combinação com o concreto, que podia ser moldado em qualquer forma e proporção, o arco permitia aos romanos cercar enormes espaços e explorar plenamente o potencial dessas novas formas e materiais.

Esse simples elemento possibilitou um grande avanço no que se refere à cobertura de grandes espaços internos e às grandes construções em geral. Um exemplo é o Pantheon (Figura 1.19), que tem como cobertura não um arco propriamente, mas um domo no formato de meia esfera, como

---

6 Estruturas que servem para levar água encanada por um longo percurso para as cidades.

se pegássemos um arco e girássemos, obtendo como resultado uma forma redonda tridimensional equivalente a uma meia esfera.

Nas catedrais góticas da Idade Média, o arco utilizado para a construção das igrejas adquiriu outra configuração. Foi empregado o arco gótico ou arco em ogiva, o qual tem uma quebra na parte superior (como uma flecha apontando para cima), conforme pode ser visto, por exemplo, na Catedral de Saint-Etienne de Metz, na França (Figura 1.20). Esse arco em ogiva possibilitou um enorme ganho em altura, como nunca havia sido possível antes. Mas há um detalhe essencial a ser compreendido, que é o objetivo dessa altura imensa. Esse tipo de informação espacial – com um interior vertical, que aponta para cima e cujas paredes são feitas praticamente só de pilares preenchidos de vitrais coloridos com imagens bíblicas – teve todo um sentido nesse período. Relacionado à configuração de um ambiente elevado, envolvente, o espaço, simbolicamente,

Figura 1.19 – Antiga pintura (de W. H. Bartlett e E. Challis, Florença) do Pantheon

Figura 1.20 – Interior da Catedral de Saint-Etienne de Metz, Lorraine, França

leva ao alto e à ideia de espiritualidade, tão premente da Idade Média.

As soluções construtivas podem nascer da observação da natureza. Um exemplo é o contraforte da arquitetura da Idade Média (Figura 1.21)[7], cujo princípio se assemelha ao contraforte natural de uma árvore com raízes tabulares (que se assemelham a grandes tábuas), em que o peso da estrutura vertical é descarregado na estrutura diagonal e a percorre até ser descarregado e distribuído no plano horizontal do chão.

Em termos de importância estrutural, há, ainda, dois materiais que foram largamente explorados na arquitetura e que são usados atualmente: o ferro e o concreto. Como material construtivo, o **ferro** surgiu no contexto da Revolução Industrial, sendo utilizado em pontes, fábricas e grandes armazéns, que não eram considerados arquitetura. A obra de maior destaque dessa época é a Torre Eiffel. Em termos visuais, o ferro proporciona o surgimento de uma nova linguagem e, com ele, a arquitetura, que antes era focada nas fachadas dos edifícios, deixou de depender de pesadas paredes para que um edifício se estruturasse. Além disso, o ferro tinha a vantagem de ser produzido industrialmente, era maleável, mais leve que blocos de pedra e permitiu – com o aperfeiçoamento da técnica – a construção de "esqueletos" que serviam para a construção de edifícios cada vez mais altos.

Já o **concreto**, material plasticamente moldável, teve seu uso aperfeiçoado ao longo do tempo e também possibilitou uma nova linguagem, pela liberdade permitida em termos construtivos. O concreto

Figura 1.21 – Fachada posterior da Catedral de Notre-Dame, Paris, França

---

7   Observe, na Figura 1.21, os arcobotantes (que saem das paredes e se encontram com os contrafortes) e os contrafortes na parte exterior da construção, sustentando e transferindo para o chão todo o peso das paredes.

Figura 1.22 – Pavilhão de Portugal, do arquiteto português Álvaro Siza Vieira

Radu Bercan/Shutterstock

Figura 1.23 – Capela Bosjes, Ceres, África do Sul

Wirestock Creators/Shutterstock

de hoje é bem diferente do concreto rudimentar utilizado na Antiguidade pelos romanos[8], tornando-se um material essencial na arquitetura a partir do século XX.

São exemplos de uso do concreto o Pavilhão de Portugal (Figura 1.22), construído por ocasião da Expo 98, que conta com uma finíssima cobertura, proporcionada pelo concreto estruturado por cabos de protensão (cabos esticados e cobertos pelo concreto), e a Capela Bosjes, na África do Sul (Figura 1.23). A forma Curva é estruturada primeiramente por uma malha de ferro, a qual depois recebe a mistura de concreto, criando-se uma espécie de casca. Atualmente, há vários outros tipos de materiais, considerando-se aspectos como facilidade de uso, conforto térmico, rapidez de construção, respeito ao meio ambiente, entre outros.

---

8 "Os romanos descobriram que, misturando uma cinza vulcânica encontrada nas proximidades do Vesúvio chamada pozolana com cal hidratada (que entra em proporção variável, de 25 a 45%), obtinham um aglomerante que endurecia sob a água. Esse material, atualmente encontra-se em desuso. Sua reação de endurecimento se dava por processo químico e produzia um material resistente sob a água" (Cimento.org, 2022).

1.4 Arquitetura como funcionalidade: *utilitas*

Antes de existir concretamente, a arquitetura começa a surgir no pensamento. Para isso, é preciso dar o ponto de partida, que consiste em definir o objetivo principal da edificação, ou, mais especificamente, sua **função**. O que você imagina ante a afirmação de que um edifício é funcional? A princípio, é um edifício que "funciona", não é mesmo? Ou seja, que serve adequadamente para as atividades a que se destina. Mas é preciso entender o que significa exatamente "funcionar bem".

No caso do Arco de Tito[9] (Figura 1.24), por exemplo, será que se trata de uma arquitetura funcional? Ele serve adequadamente à atividade a que se destina? Em primeiro lugar, temos de recorrer ao ponto de partida de sua construção: os arcos do triunfo romanos eram monumentos construídos para celebrar a conquista, pelo Império Romano, de terras ou regiões. Não aconteciam atividades utilitárias nesse edifício; sua função principal era concretizar visualmente a vitória dos romanos, registrando que eles haviam passado por ali, como uma forma de demarcação do território. Portanto, sim, essa construção corresponde à função a que se destinou.

Quando utilizamos a classificação das funções, devemos lembrar que elas servem apenas

Figura 1.24 – Arco de Tito, Roma, Itália

ansharphoto/Shutterstock

---

[9] Os arcos do triunfo, feitos pelos romanos em várias regiões do Império Romano, serviam como monumentos, como o nome sugere, para celebrar o triunfo diante da conquista.

para uma compreensão básica do que significam essas funções. A esse respeito, Roth (2017 p. 10, grifo do original) menciona que

> poucos edifícios (além de fábricas e outras estruturas industriais) têm um tipo de processo interno que pode determinar a forma de maneira tão direta e utilitária. A maior parte das atividades humanas não pode ser quantificada ou reduzida assim a uma espécie de fórmula mecânica. O arquiteto americano Louis I. Kahn acreditava que "quando você cria um edifício, cria uma vida. Ele vem à vida, e você realmente cria uma vida. Ele conversa com você. Quando você tem **tão somente** a compreensão da função de um edifício, ele não se torna um ambiente de vida".

Assim, para esclarecermos melhor as questões relacionadas à utilidade dos edifícios, vamos considerar três funções, classificadas segundo Colin (2000, p. 41): a função **pragmática**, a função **semântica** e a função **sintática**. A seguir, vamos exemplificar cada uma delas, mas ressaltando o fato de que essa distinção serve mais para fins de estudo, visto que quase sempre as funções se misturam, isto é, um edifício é uma mistura de funções.

1.4.1 Função pragmática

A função pragmática se refere às qualidades da arquitetura do ponto de vista prático. No caso da arquitetura, corresponde à **atividade que o edifício abriga em seu sentido prático**. Desse modo, este deve servir adequadamente ao uso que lhe foi destinado.

Por exemplo, uma igreja é diferente de uma escola, de um mercado, de um hospital, de um parque, de um teatro, de uma moradia. O que as pessoas vão fazer em cada um desses espaços? Que condições o edifício deve oferecer? Uma escola, por exemplo, deve ter um ambiente saudável, com salas de aula confortáveis em termos acústicos e de temperatura, janelas para ventilação e boa iluminação. Ainda, deve contar com um pátio para o intervalo dos estudantes e banheiros em quantidade suficiente. Não faz sentido uma escola ter salas de aula úmidas e escuras ou sem ventilação, tampouco estar localizada em um terreno ao lado de uma indústria poluente e barulhenta.

Outro exemplo que podemos citar é o edifício de um teatro, que deve apresentar um tamanho compatível com seu uso, ser de fácil acesso na chegada e na saída, contar com bons espaços de circulação, assentos confortáveis e uma excelente acústica, além de temperatura e ventilação adequadas e saídas de emergência. Nesse caso, não há necessidade de janelas, já que os espetáculos requerem iluminação especial.

Dessa forma, cada concepção obedece a funções pragmáticas das quais não se pode fugir e que, caso não existam, inviabilizam o uso do edifício. Embora tais elementos sejam de cunho prático, são eles que fazem um edifício funcionar de maneira adequada. Assim, há critérios obrigatórios para que pessoas possam utilizar satisfatoriamente determinado espaço, considerando-se o uso a que foi destinado.

1.4.2 Função semântica

A função semântica na arquitetura diz respeito às **qualidades simbólicas** da arquitetura, isto é, está relacionada ao significado da arquitetura e à sua qualidade de comunicar algo por meio de seu aspecto formal.

Tomando como exemplo a Catedral de Brasília (Figura 1.25), projetada pelo arquiteto brasileiro Oscar Niemeyer, verificamos que existe uma função pragmática por se tratar de uma igreja, cujo espaço interno precisa abrigar pessoas. Dessa maneira, ela corresponde à sua função pragmática porque atende ao requisito de ser um espaço para a reunião de pessoas. Porém, atende igualmente à função semântica, pois percebemos que suas formas expressam e comunicam determinadas informações. Sendo um espaço sagrado, existe uma cruz no alto do edifício, que não deixa dúvidas acerca de sua função. Afora isso, aspectos formais evidenciam mais qualidades desse edifício. Por exemplo, sua forma circular configura um espaço único em que cabem muitas pessoas. Os pilares de concreto têm uma forma que se abre no alto em direção ao céu, como mãos unidas e abertas. Além disso, as paredes,

Figura 1.25 – Catedral de Brasília

© Niemeyer, Oscar/AUTVIS, Brasil, 2022.
Cacio Murilo/Shutterstock

como acontecia nas catedrais góticas, são feitas de vidros coloridos. Por fim, vê-se uma torre sineira que, embora seja separada do edifício principal, é um elemento que caracteriza as igrejas.

A leitura das qualidades simbólicas e comunicacionais de um edifício se faz por meio da observação de seu aspecto formal, não se devendo esquecer que o conhecimento de um repertório arquitetônico vai colaborar para que mais elementos e informações façam parte dessa leitura e do entendimento das informações que um edifício pode conter.

Outro edifício que podemos tomar como exemplo é a biblioteca da cidade de Tianjin, China. Ele atende à função utilitária por meio de aspectos como tamanho, iluminação, ventilação, circulação, acesso e locais para armazenar os livros. Contudo, um edifício não é feito exclusivamente com base em sua função pragmática; considera-se, também, sua função semântica. Nesse sentido, D'Ornelas (2017) cita Winy Maas, cofundador do escritório holandês que assina o projeto, segundo o qual a biblioteca é "uma espécie de sala de estar urbana", sendo descrita ainda como "uma espécie de caverna".

Expressões como *caverna*, *sala de estar urbana*, bem como a menção às curvas, são usadas para indicar para possíveis significados do edifício. O termo *caverna* certamente não remete à ideia de escuridão, e sim de lugar protegido, passível de uma interioridade, da gestação do conhecimento, de acesso a um mundo silencioso, talvez longe da dispersão e do movimento da cidade.

No edifício visto do exterior (Figura 1.26), é possível notar uma forma semelhante a um olho, que dialoga com a forma esférica – um auditório – presente no interior do edifício e responsável por, com a aparência de uma íris, reforçar a impressão de que estamos vendo um olho gigante.

Figura 1.26 – Biblioteca Binhai, em Tianjin, na China, vista pelo lado de fora

1.4.3 Função sintática

A função sintática se refere à **relação do edifício com o lugar**. Considerando-se que a sintaxe diz respeito à relação dos objetos entre si, a função sintática do edifício é sua "relação com a cidade, com o terreno ou sítio onde está implantado. Todo edifício representa um papel na paisagem, seja esta artificial, construída, culturalmente carregada, seja uma paisagem natural, agreste" (Colin, 2000, p. 41). Se tomarmos o exemplo da biblioteca citada, veremos que ela também comporta essa função, já que causa impacto em seu entorno, invariavelmente.

Como exemplo de função sintática, podemos mencionar a Torre Eiffel (Figura 1.27). Sua função pragmática é a de menor relevância, destacando-se a função sintática – a torre se relaciona de forma intensa com a cidade, podendo ser avistada de vários e distantes lugares – e a função semântica – a torre é um monumento que simboliza como nenhum outro a cidade de Paris.

Ressaltamos que a classificação das funções é algo flexível, pois ocorre uma mistura de funções. Conforme o raciocínio de Roth (2017), uma indústria teria a função utilitária como a predominante, mas também poderia carregar a função simbólica, mesmo que em menor escala. Um edifício religioso caracteriza o contrário, já que, embora tenha a função utilitária pelo fato de conter pessoas em seu interior, apresenta a função simbólica como sua característica principal.

A arquitetura está profundamente ligada à vida, uma vez que esta acontece dentro daquela. Nossa casa não é

Figura 1.27 – Torre Eiffel, Paris, França

simplesmente uma sobreposição de paredes, telhado, portas e janelas. Desejamos sempre tornar nossos espaços (e o mundo) mais "palatáveis". Que o lugar onde vivemos possa falar de nós mesmos e de nossas escolhas, daquilo que valorizamos, bem como de nosso jeito de estar no mundo.

1.5 Arquitetura como experiência estética: *venustas*

Chegamos ao terceiro elemento da arquitetura proposto por Vitrúvio: *venustas* ("beleza", em latim), que se relaciona à "beleza" da arquitetura e ao deleite, uma qualidade subjetiva e ligada diretamente à percepção dos aspectos formais da arquitetura. Para Roth (2017), esse elemento contém certa complexidade, porque na experiência estética todos os sentidos estão envolvidos. A arquitetura, dessa forma, nos convida a aguçar nossa percepção, e essa experiência pode mobilizar sensações de prazer ou de desconforto.

1.5.1 Forma e beleza

A beleza não é um conceito universal. Ela existe a partir do olhar específico de uma cultura e tem como base determinados referenciais visuais. A **forma** da arquitetura é, essencialmente, o que nos chega por meio de nossos sentidos. A escala da obra (tamanho), a textura, a transparência, a sensação de peso ou leveza, a cor, a temperatura, a sonoridade, o ritmo, os cheios e vazios, enfim, nossa relação com o espaço se dá quando nosso corpo se combina com o espaço por intermédio de nossos canais sensoriais. Como descreve Manguel (2001, p. 31-32), "cada obra de arte se expande mediante incontáveis camadas de leitura, e cada leitor remove essas camadas a fim de ter acesso à obra nos termos do próprio leitor. Nessa última (e primeira) leitura, nós estamos sós".

Com base nessa premissa, o que seria para você um edifício belo ou agradável considerando-se seu aspecto formal? Em sua cidade, o que existe de belo em termos de arquitetura? Quais são as construções de relevância histórica ou arquitetônica? Por que saímos de nossas casas e de nossas cidades para apreciarmos determinada obra de arquitetura?

A arquitetura não é feita, portanto, apenas de uma estrutura sólida, nem de uma solução técnica primorosa com materiais adequados para que atenda satisfatoriamente à função a que se destina. Ela é feita de algo a mais, que perpassa nossos gostos construídos culturalmente, os valores percebidos a partir do aspecto visual da arquitetura, as relações com nosso repertório visual e, de forma determinante, nossos sentidos. Nessa ótica, para Colin (2000 p. 48), independentemente da relação da arquitetura com o conceito de *beleza*, a **preocupação com a forma** seria o fator mais importante da tríade vitruviana, por ser aquilo que distingue a arquitetura de uma simples construção.

1.5.2 A diferença entre arquitetura e uma simples construção

Roth (2017) conta uma história interessante a respeito do entendimento de que a arquitetura é algo a mais, demonstrando que a sabedoria popular trata de fazer a distinção, de maneira simples, do que é ou não arquitetura. A história fala de um fabricante de peças metálicas que construía estruturas para estábulos e oferecia ao comprador uma ampla variedade de portas ornamentais com aparência histórica para encaixar na entrada – estilos colonial, mediterrâneo, clássico, entre tantos outros. Após uma tempestade que assolara muitos estábulos da região, o representante da fábrica telefonou para os clientes para saber como estavam tais estruturas. Um cliente, cuja porta no estilo colonial fora levada pelo vento enquanto o estábulo em si havia permanecido intacto, respondeu: "O edifício está bem, mas a arquitetura se foi".

O elemento sem nenhum interesse visual, cuja função era básica e estritamente funcional, não era reconhecido como arquitetura. Já o objeto que trazia uma informação formal – que comunicava algo a mais – era arquitetura.

Nessa perspectiva, também é importante considerarmos a arquitetura popular. Seu valor reside justamente no fato de representar uma cultura, contendo aspectos específicos que a caracterizam. Ainda, existem conjuntos compostos por várias pequenas partes arquiteturais, como é o caso de bairros e regiões de cidades, cujo interesse arquitetônico é destacado pela ideia do todo.

Assim, a beleza adquire diferentes conotações a partir da ótica de diferentes culturas e de acordo com diversos momentos históricos. Porém, a **expressão estética** – que se concretiza na forma arquitetônica durante o processo de elaboração do projeto – revela a relação com um objeto, de maneira que, nesse caso, entram em ação tanto os processos sensoriais com que apreendemos uma informação formal quanto nossa sensibilidade diante de elementos visuais.

Chegamos, assim, à forma da arquitetura, que vai além da funcionalidade e da estrutura ou técnica que a faz ficar de pé. É justamente o modo como se estrutura a forma da arquitetura que a coloca no campo das artes. Basta observarmos que não é a função nem a firmeza estrutural que faz com que milhares de pessoas queiram conhecer a Torre Eiffel, na França, a Ópera de Sidney, na Austrália, o Taj Mahal, na Índia, o Bairro de Alfama, em Lisboa, o Masp, em São Paulo, ou a cidade de Paraty, no Estado do Rio de Janeiro.

A forma é o que nossos sentidos percebem imediatamente, antes de qualquer reflexão. Nas palavras de Colin (2000, p. 51): "A forma de um edifício é, pois, sua silhueta, sua massa, sua cor e textura, seu jogo de luzes e sombras, a relação e disposição de seus cheios e vazios". São tais aspectos que, estimulando nossos sentidos, proporcionam a experiência estética em face de uma obra de arquitetura.

Síntese

Neste capítulo, vimos como a arquitetura está profundamente inserida em nossa vida, atuando como um instrumento de nossa relação com o mundo. Nas cidades em que vivemos, nos bairros, em nossas casas, temos contato o tempo todo com o espaço e a materialidade da arquitetura. Pallasmaa (2013, p. 17) assim resume a magnitude do significado da arquitetura em nossa vida: ela "domestica o espaço ilimitado e o tempo infinito, tornando-o tolerável, habitável e compreensível para a humanidade". Atendendo a nossas necessidades básicas, mas também sendo instrumento de um ato social, não nos relacionamos com a arquitetura apenas no contexto de uma abordagem formal e de ordem prática; há também o sensível, que envolve a dimensão estética.

Além disso, enfocamos a linguagem da arquitetura e seus elementos que, articulados entre si, resultam em uma forma de comunicação organizada e expressiva. A forma da arquitetura concretizada por meio de materiais contém características que propiciam a expressão e, consequentemente, nossa leitura de mundo. Aspectos como cheios e vazios, cor, escala, proporção, ritmo, texturas, luz e sombra são as ferramentas da linguagem da arquitetura.

O primeiro contato com a arquitetura envolve observarmos sua forma, que não se limita a uma abordagem qualquer, já que a arquitetura não apresenta apenas uma forma externa. Assim, consideramos três leituras formais: a forma volumétrica, a forma espacial e a forma mural, cada uma proporcionando um olhar específico sobre a construção.

Três conceitos foram utilizados para orientar os estudos da arquitetura, com base em Vitrúvio: *firmitas*, *utilitas* e *venustas*, relacionados respectivamente à estrutura e ao fato de a arquitetura ser feita de materiais; à funcionalidade, que é a qualidade utilitária da arquitetura; e à experiência estética, associada à forma, ao que percebemos por meio de nossos sentidos.

Por fim, abordamos a ideia de conteúdo formal, conceito que vai além da forma e nos permite a construção de sentidos acerca da arquitetura com base em sua capacidade de representar e significar algo. Vinculado à expressão de aspectos subjetivos, esse componente da arquitetura encerra um conjunto de informações de ordem cultural, histórica, social, econômica, psicológica etc.

Dessa forma, nosso espaço vai se transformando no percurso do tempo e no espaço, havendo as necessidades básicas atendidas pela arquitetura, mas também uma intenção formal expressiva. No próximo capítulo, faremos um breve passeio pela arquitetura ao longo do tempo.

Atividades de autoavaliação

1. Considerando os fundamentos básicos da arquitetura e os conteúdos estudados neste capítulo, analise as assertivas a seguir:

    I) A arquitetura atua como um instrumento de nossa relação com o mundo, já que nossos fluxos e nossas relações acontecem em um espaço organizado para tal.

    II) Podemos entender que a arquitetura trabalha com a construção e a organização do espaço para atender exclusivamente à nossa necessidade de segurança contra a natureza selvagem.

    III) O progresso, o domínio da natureza e o consequente crescimento das cidades são sempre positivos, porque, quanto mais o mundo se torna adaptado às pessoas, melhores se tornam as condições de vida no planeta para a humanidade e para todos os seres vivos.

    IV) Construir é uma necessidade básica porque serve de abrigo e proteção, sendo também um ato social porque diz respeito à forma como o homem se relaciona em sociedade.

    V) A construção satisfaz, em primeiro lugar, a uma das necessidades básicas da humanidade, que é a segurança, mas responde também ao que podemos chamar de *necessidades da alma e do espírito*, criando, com isso, dimensões próprias do que é humano.

    Agora, assinale a alternativa que apresenta as assertivas corretas:

    a) I, IV e V.
    b) I, II e IV.
    c) II, III e V.
    d) I e V, apenas.
    e) Todas as assertivas estão corretas.

2. Relacione cada conceito à respectiva definição:

   I) *Firmitas*
   II) *Utilitas*
   III) *Venustas*
   IV) Forma volumétrica
   V) Forma espacial
   VI) Forma mural

   ( ) É a forma que corresponde à superfície da arquitetura, ou seja, a roupagem, a casca, a matéria de que é feita e aquilo que separa o interior do exterior.
   ( ) Diz respeito à firmeza ou estrutura e refere-se à qualidade técnica da arquitetura, ou seja, à sua concretude, que é decorrente dos materiais com que é feita.
   ( ) Corresponde ao espaço contido e moldado pela arquitetura, é o lugar-continente, que cria características físicas, psicológicas e poéticas e nos envolve.
   ( ) Relaciona-se à ideia de funcionalidade, isto é, à qualidade utilitária da arquitetura de servir para determinado fim.
   ( ) É a forma que vemos de fora e que corresponde ao volume total da obra.
   ( ) Diz respeito ao deleite, sendo a qualidade estética da arquitetura relacionada à forma, que é o que percebemos por meio de nossos sentidos.

   A seguir, assinale a alternativa que apresenta a sequência obtida:

   a) I, III, IV, VI, V, II.
   b) II, IV, V, VI, I, III.
   c) VI, I, V, II, IV, III.
   d) III, V, VI, IV, II, I.
   e) IV, VI, I, II, V, III.

3. Com relação aos fundamentos da arquitetura, indique se as assertivas a seguir são verdadeiras (V) ou falsas (F):

   ( ) As moradias que podem ser definidas como arquitetura popular têm como característica o fato de serem feitas pelas mãos do próprio dono e utilizarem a matéria-prima disponível na região, atendendo às necessidade climáticas e respeitando os referenciais culturais e as condições socioeconômicas do indivíduo, da família e da comunidade.

( ) O arco foi um elemento arquitetônico largamente utilizado pelos gregos, permitindo, entre vários tipos de construção – por exemplo, aquedutos, pontes, termas –, a edificação das basílicas, templos com grandes áreas cobertas que permitiam a reunião de muitas pessoas em seu interior.

( ) O concreto é um material plasticamente moldável e possibilitou uma grande liberdade formal na arquitetura moderna, como é o caso dos edifícios de Oscar Niemeyer construídos em Brasília.

( ) Com relação à função da arquitetura, a única que deve realmente ser considerada é a função pragmática, que melhor caracteriza uma obra de arquitetura.

( ) A arquitetura apresenta também uma qualidade relacionada à experiência estética, em que nossos sentidos são estimulados por meio das formas com as quais nos relacionamos.

( ) Em se tratando de uma linguagem da arquitetura, devemos lembrar que ela se estrutura por meio de um conjunto de elementos que se articulam entre si, resultando em uma forma de comunicação organizada e expressiva.

Agora, assinale a alternativa que corresponde à sequência obtida:

a) V, F, V, F, F, F.
b) V, F, V, V, V, V.
c) V, V, F, F, F, F.
d) V, V, F, V, F, F.
e) F, F, V, V, F, F.

4. Com relação às funções da arquitetura, relacione corretamente as colunas:

I) Função pragmática
II) Função semântica
III) Função sintática

( ) Refere-se à relação do edifício com o lugar, considerando-se que essa função implica o estudo da relação dos objetos entre si.

( ) Diz respeito às qualidades simbólicas da arquitetura, ou seja, à sua capacidade de comunicar, por meio de seu aspecto formal.

( ) Tem relação com as qualidades da arquitetura do ponto de vista prático, isto é, com a atividade que o edifício abriga, de modo a servir adequadamente ao uso a foi destinado.

A seguir, assinale a alternativa que corresponde à sequência obtida:

a) II, I, III.
b) III, I, II.
c) I, II, III.
d) II, III, I.
e) III, II, I.

5. Assinale a alternativa que indica corretamente os elementos da linguagem da arquitetura e suas relações visuais:
    a) Ponto, linha, plano, cor e composição.
    b) Volume, cor, escala, ponto, linha e plano.
    c) Sólido e vazio, cor, escala, proporção, ritmo, textura, luz e sombra.
    d) Ponto, linha, plano, cor, composição e perspectiva.
    e) Proporção, perspectiva, luz e sombra, plano, linha e cor.

Atividades de aprendizagem

Questões para reflexão

1. Com base no que foi estudado, pesquise dois edifícios de diferentes partes do mundo que você considere interessantes visualmente e analise as relações entre o aspecto visual relacionado aos materiais, o período em que foram construídos e a cultura em que estão inseridos.

2. Identifique quais edifícios de sua região podem ser considerados exemplares da arquitetura popular e quais aspectos o levaram a enquadrá-los nessa categoria.

3. Com base nos conceitos de Vitrúvio (*firmitas*, *utilitas* e *venustas*), escolha três edifícios em que cada uma dessas qualidades se encontra presente de forma mais acentuada. Explique o que você observou em cada um deles, de modo que possa justificar suas escolhas.

Atividade aplicada: prática

1. Passeando por sua cidade, escolha um edifício de que goste e faça uma análise de sua arquitetura tendo em vista os elementos da linguagem da arquitetura. Em seguida, com base nas funções da arquitetura – pragmática, semântica e sintática –, selecione três edifícios em que seja possível identificar cada uma delas de forma mais marcante e pense em maneiras de aplicar esses conceitos. Por fim, registre suas considerações.

2

A arquitetura e o tempo – Parte I

Mónica Defreitas Smythe

A própria definição de arquitetura exige que ultrapassemos o puro objeto, e reconheçamos os valores e o **mundo** *que o edifício torna visível. [...] distinta da simples construção, a arquitetura reenvia-nos às origens, aos princípios fundamentais e às leis originais e éticas que atravessam uma sociedade.*

(Brandão, 1999, p. 27, grifo do original)

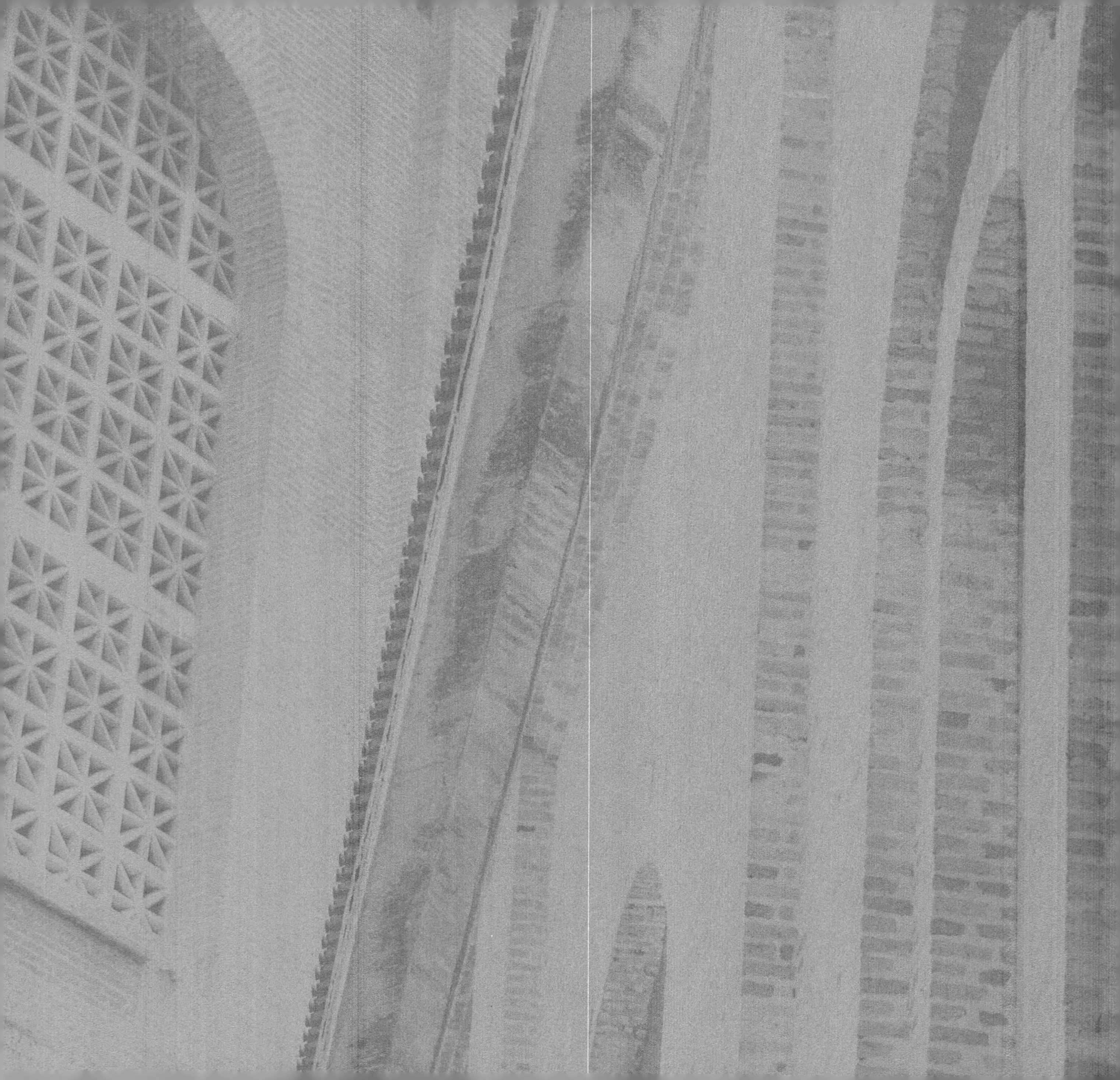

A arquitetura, relacionada ao nosso viver, vincula-se ao lugar em que é construída, tendo como suporte a terra sobre a qual assenta sua estrutura. Por meio de materiais e técnicas, ela configura espaços e dá formas ao viver, às percepções e subjetividades do ser humano em determinado tempo e espaço.

> Segundo Cristian Norberg-Schulz (1980), a relação entre os seres-humanos está enraizada no espaço existencial, a partir de uma necessidade de colher relações vitais no mundo circundante para dar sentido e ordem a um mundo de eventos e ações. Além disso, a Arquitetura é antes de tudo um espaço entendido não somente como um meio físico, mas também como a materialização de uma ideia, um saber, cria ordem dentro da sociedade, e se configura em um eficiente mecanismo para a produção de sentido, exibição, controle e orientação das intenções (CRIADO BOADO, 2015, p.6, p.25). (Pacheco, 2017, p. 34)

Portanto, as construções nos revelam questões sociais, culturais e subjetividades dos povos que as conceberam e materializaram. Nesse sentido, os conteúdos abordados neste capítulo serão breves apontamentos sobre a arquitetura na história. Sabemos que é impossível tratar aqui de cada período da história da arquitetura; não é esse nosso objetivo. Enfocaremos, dessa forma, algumas obras da arquitetura ocidental que se tornaram significativas em razão de seu valor histórico, social, cultural e/ou estético. Destacaremos, também, algumas cidades que apresentaram transformações importantes, representando o lugar de novos valores e criações arquitetônicas.

2.1 Reflexões iniciais sobre a história da arquitetura

Quando nos deparamos com a história, levamos em conta que as leituras e os relatos são feitos sob um olhar construído culturalmente. Assim, a arquitetura é sempre a manifestação de pessoas inseridas em um contexto cultural e envolve toda uma forma de utilização do espaço e expressões culturais específicas. Tudo o que "pensamos, fazemos ou sentimos é cultural, não 'nasceu conosco'" (Zucon; Braga, 2013, p. 15), de modo que, quando observamos os artefatos de culturas diversas da nossa, as diferenças são apenas "formas distintas de ver o mundo" (Zucon; Braga, 2013, p. 15). É como disse Ruth Benedict a respeito da definição de *cultura* (citada por Laraia, 2005, p. 69): "uma lente através da qual o homem vê o mundo".

Nesse sentido, conforme o exposto por Zucon e Braga (2013, p. 15),

> Se refletirmos, por exemplo, sobre as noções que os grupos sociais têm acerca de arquitetura, mais especificamente de moradias – construções que mudam em relação à forma, ao material de que são feitas, às técnicas construtivas, entre outros fatores –, perceberemos que em cada região, e de acordo com cada cultura, não só o produto final (a casa) é diferente, mas a interpretação e o entendimento daqueles que observam as construções também são diversos.

Considerar essa forma de observar o mundo ao nosso redor nos faz compreender que todas as manifestações culturais devem ser levadas em conta e respeitadas, percebendo-se valor e beleza na diversidade. Embora tenhamos uma profunda relação com o lugar e com a cultura que nos deram a base de como entendemos o mundo, quando estudamos as manifestações de arte e arquitetura de diferentes povos, devemos ter em mente que nosso olhar é sempre condicionado ao que herdamos culturalmente, ou seja,

> [os indivíduos] herdam um conjunto de conhecimentos e experiências que foram adquiridos e transmitidos em um longo processo cumulativo ao longo das gerações e agem de acordo com seus padrões culturais. Essa herança condiciona nossa visão de mundo, identificando-nos, por um lado, com aqueles que compartilham de nossos referenciais e, por outro, distanciando-nos de grupos com os quais não temos aparente afinidade. (Zucon; Braga, 2013, p. 16)

A passagem do tempo e as consequentes mudanças estruturais da sociedade – ligadas a condições de moradia, trabalho, inovações tecnológicas, espiritualidade, entre outros aspectos – afetam diretamente a vida. Como consequência, ocorrem transformações também no campo expressivo, como é o caso das linguagens das artes e da arquitetura, que trabalham com o que está latente no mundo. Dessa maneira, como explica Ostrower (1989, p. 294-295), "ao mudar a vida mudam os valores e nossas representações desses valores e, assim, mudam os estilos. [...] O estilo de uma época é sempre uma decorrência desse desenvolvimento, cristalizando certos valores e dando-lhes forma expressiva concreta". A autora relaciona as mudanças da vida e as transformações sociais às mudanças de valores, que, com efeito, afetam o artista em um nível subjetivo.

Os processos de criação se desenrolam a partir do que o artista percebe do mundo e de como tais informações o afetam, e isso vai se refletir na forma como ele trabalhará com esse conteúdo. A respeito do fazer artístico e do processo que dá origem à obra de arte, Ostrower (1989) observa que a concepção e a definição do estilo acontecem em um momento anterior ao trabalho com a obra. Esse processo nasce de aspectos bastante subjetivos do fazer artístico:

> O estilo não se manifesta apenas na configuração das imagens, resultado final do trabalho artístico. Muito antes, desde a concepção da obra, em profundas regiões onde os valores pessoais se entremeiam ao próprio consciente e às decisões voluntárias, já se encontram os enfoques que irão determinar a conduta do artista em todo o seu fazer. A imaginação de um tema, a escolha do formato apropriado ou de materiais e técnicas viáveis, até o próprio modo de trabalhar, as hesitações, as dúvidas e descobertas, as ordenações formais e as próprias referências ordenadoras, tudo está impregnado por

considerações estilísticas. Intuitivas na maioria das vezes, sem precisar alcançar o nível do consciente, tais considerações irão orientar integralmente o fazer artístico. (Ostrower, 1989, p. 295)

Dadas as relações entre arte e arquitetura, bem como a existência na arquitetura da criação e da manifestação estilística, assim como de subjetividades, consideramos que os processos criativos se aplicam nos dois casos: arte e arquitetura.

Para finalizar estas reflexões iniciais, cabe questionar se nós, homens e mulheres ocidentais do século XXI, investiríamos o mesmo tempo, os mesmos recursos, financeiros e humanos, para mandarmos erigir um túmulo piramidal de 140 m de altura (o equivalente à altura de um prédio de 40 andares). Certamente, isso não faria sentido, mesmo que existam pessoas com recursos para tal. Nossos valores são outros; vemos o mundo de outra forma, e o que era vital para povos da Antiguidade não é vital para nós. Embora existam as classificações das obras de arte e de estilos – arte pré-histórica, arte egípcia, arte grega, medieval, renascentista e assim por diante –, é importante atentarmos para o fato de que os artistas da Antiguidade não produziram obras de arte e arquitetura como as entendemos atualmente. Essas manifestações – que chamamos hoje de *arte* – faziam parte da vida, ou seja, as obras de um carpinteiro, de um pintor, de um escriba, de um mestre de obras, por exemplo, eram ofícios aprendidos e atendiam a questões vinculadas às demandas do dia a dia.

2.2 Rudimentos da arquitetura

Afirmar que a arquitetura é uma atividade essencialmente humana pode, a princípio, parecer óbvio, mas é importante observarmos que, em determinado momento da Pré-História, passou a existir a predisposição para o homem construir objetos e abrigos. Benevolo e Albrecht (2002) utilizam o termo *prontidão* para caracterizar o momento em que a humanidade passou a desenvolver soluções para os desafios que a natureza impunha. Tais soluções foram surgindo ao longo de milênios, ao mesmo tempo que se desenvolviam o pensamento abstrato, a linguagem, as diversas formas de interação social e os lugares em que as pessoas habitavam.

Antes de existirem as cidades, havia as pequenas povoações, santuários e aldeias. De acordo com Mumford (1982, p. 11), antes da aldeia, existia "o acampamento, o esconderijo, a caverna, o montão de pedras; e antes de tudo isso, houve certa predisposição para a vida social que o homem compartilha, evidentemente, com outras espécies animais". Os avanços surgiram da capacidade do homem em inovar. Isso fez com que suas habitações pudessem variar de acordo com as especificidades de cada grupo e conforme o clima e o padrão cultural. Desse modo, considerando desde os mais simples construtores até os profissionais mais especializados, podemos afirmar que, pouco a pouco, o homem se empenhou "em dar forma a tudo que o cerca" (Rasmussen, 1998, p. 33).

Figura 2.1 – Stonehenge, Reino Unido

Drone Explorer/Shutterstock

Os menires, assim como outras estruturas pré-históricas, como os dolmens, ou estruturas mais complexas, como a organização circular encontrada em Stonehenge (Figura 2.1), mostram que havia um pensamento abstrato e uma capacidade imaginativa para que existissem esses monumentos. Benevolo e Albrecht (2002, p. 36) entendem ter sido essa capacidade a responsável por fundar a atividade projetual (da arquitetura), porque passou a haver uma "realidade existente" e uma "realidade imaginada". Nesse momento, as "imagens mentais" passaram a se concretizar no "universo físico", permitindo o acúmulo de artefatos de acordo com o que era possível em termos de cálculos e pensamento, devendo-se lembrar que toda essa transformação da vida humana levou milhares e milhares de anos!

As construções não surgiram para servir apenas como abrigo e proteção, mas também como forma de interação social e de busca de respostas para questões espirituais relacionadas à vida e à morte. Isso causou impactos nas construções que eram realizadas. De acordo com Mumford (1982, p. 13),

> Em meio às andanças inquietas do homem paleolítico, os mortos foram os primeiros a terem uma morada permanente: uma caverna, uma cova assinalada por um monte de pedras, um túmulo coletivo. Constituíam marcos aos quais provavelmente retornavam os vivos, a intervalos, a fim de comungar com os espíritos ancestrais ou de aplacá-los. [...] A cidade dos mortos antecede a cidade dos vivos. Num sentido, aliás, a cidade dos mortos é precursora, quase o núcleo, de todas as cidades vivas.

Isso não é curioso? Mas faz todo o sentido, já que os mortos permaneciam na terra, permitindo que esse lugar ganhasse um significado. E, assim, o lugar desconhecido adquiria um valor afetivo, contendo a marcação simbólica e, ao mesmo tempo, física – a pedra fincada no chão. Nesse contexto, três construções são significativas: o menir, a caverna e a cabana, que Alonso Pereira (2010) qualifica, respectivamente, como símbolos físicos da **arte** (o menir), do **abrigo** (a caverna) e da **racionalidade construída** (a cabana).

O **menir** é um bloco de pedra monolítico cravado no solo verticalmente, sendo o monumento pré-histórico mais simples e primitivo, além de ser dos mais antigos de que se tem registro. Ele não tem uma função prática, mas uma **função simbólica**, que é, essencialmente, **comunicar**. O menir marca um local, identifica a passagem do homem, registra um acontecimento e impõe-se como uma **forma artificial**, visto que é uma obra produzida pelo homem, e não pela natureza. Com ele, é estabelecido um "lugar". Tornar a pedra em um marco, diferenciando-a do que há em volta, exigiu um planejamento: definir onde ela deveria ficar e como seria executada sua "construção".

Note que o significado dos menires não é tão simples! Conforme Humphrey e Vitebsky (2002, p. 147), "a pedra vertical é talvez a forma mais simples de arquitectura fúnebre". Tais formas estavam relacionadas, assim, a um significado sagrado, contendo um sentido mais profundo de quem o construiu e da consciência de si. Significavam um ato de criação e comunicação, da consciência do tempo.

Podemos compreender que, sendo concretizado o pensamento por meio de uma forma – o menir –, já havia a noção de passado, presente e futuro, entendendo-se o nascimento, a vida e a morte como algo com começo, meio e fim. Expressando-se simbolicamente por meio dessas estruturas, esse homem dizia algo de si, de sua forma de estar e de se sentir no mundo, deixando uma "marca" no território.

Além dos menires, existe também o **dólmen**, cuja estrutura consiste em dois apoios verticais e uma pedra sobreposta horizontalmente. Tal estrutura seria, durante milhares de anos, um princípio estrutural básico, utilizado como técnica construtiva de importantes civilizações, como o Egito e a Grécia.

Por sua vez, a **caverna** é um abrigo natural cuja função está associada, em um primeiro momento, a um aspecto prático diretamente ligado à proteção, mesmo não sendo propriamente uma construção resultante de uma ação humana. Em várias das cavernas onde vestígios da passagem de homens foram encontrados, também havia pinturas e objetos relacionados a possíveis rituais. Segundo Ostrower (1989, p. 301), muitos desses locais eram de difícil acesso, podendo exigir "travessia de túneis e riachos subterrâneos", e sem condições de habitação. Nesse sentido, a caverna foi importante porque proporcionou um local seguro ao ser humano que se deparava, naquele momento, com a "dimensão de sua consciência" (Ostrower, 1989, p. 298), ou seja, ele "se percebe e sabe da própria condição humana" (Ostrower, 1989, p. 298), deixando registros nesses locais – as pinturas rupestres.

Já o surgimento da **cabana** (a racionalidade construída) representa uma forma de transpor para uma construção artificial o abrigo que a caverna, como elemento natural, proporcionava. A cabana inaugura o conceito de *edificação*, o qual contém implícita a **funcionalidade** (Alonso Pereira, 2010). Com isso, chegamos finalmente à ideia que é a base da arquitetura!

É possível entendermos, em primeiro lugar, que a arquitetura sempre concretiza uma necessidade e sempre tem uma função prática e objetiva; depois, que essa concretização é feita de acordo com um modo operante e um repertório visual e conceitual de determinada cultura (Alonso Pereira, 2010). Construir, nessa ótica, é uma artificialidade porque, por meio da transformação do espaço, interfere na paisagem natural. Além disso, também representa a existência de uma construção que contém significados e possibilidades comunicacionais, o que simboliza, em termos concretos, o homem como ser cultural.

Na sequência, veremos alguns exemplos da arquitetura de duas civilizações que deixaram importantes contribuições: a mesopotâmica, localizada na Ásia, e a egípcia, na África. Ambas "são consideradas o berço da história e da arquitetura ocidentais" (Fazio; Moffett; Wodehouse, 2011, p. 34) e eram civilizações urbanas que contavam com estruturas públicas, ruas, praças, casas e demais construções que configuravam uma cidade.

A arquitetura e a arte produzidas nesses dois lugares se encontram profundamente conectadas a uma cultura e a uma região específicas. Não havia templos egípcios fora do Egito ou zigurates de tijolos de barro fora da Mesopotâmia – daí a conexão com o território.

A Mesopotâmia se encontrava no local onde hoje é o Iraque, na região entre os rios Tigre e Eufrates. Mais antiga que a civilização egípcia – desenvolvida a partir de 4500 a.C. –, marcou o limiar entre a pré-história e a história, quando teve início a escrita, e demarcou também o surgimento da primeira cidade reconhecida como tal. Porém, quando falamos em arte e arquitetura do Egito e da Mesopotâmia, lembramo-nos das pirâmides, das esfinges, das múmias ou mesmo da pintura características do Egito. Até hoje, centenas de pessoas visitam esse país diariamente para conhecer ao vivo sua arte e arquitetura. Mas e a Mesopotâmia?

O Egito contava com a pedra, disponível na região, como matéria-prima. Resistente à passagem do tempo, esse material permitiu que as obras monumentais egípcias chegassem até nós. O mesmo não aconteceu com a Mesopotâmia, onde, pela escassez de pedras, foram utilizados basicamente tijolos de barro em sua arquitetura. Em virtude da fragilidade desse material, poucos edifícios dessa civilização sobreviveram ao tempo, havendo algumas poucas ruínas. O fato de não terem restado exemplares da arquitetura não significa que a civilização mesopotâmica seja menos importante que a egípcia. Ambas criaram a escrita e construíram cidades e grandes monumentos que simbolizavam poder.

O edifício mais característico é o zigurate, construção escalonada em cujo topo há um templo (Figura 2.2). De acordo com Strickland (2003, p. 7), "Os mesopotâmios inventaram a arquitetura em larga escala, fazendo equivaler a altura extrema ao poder político"; além disso, "suas construções foram as primeiras projetadas com finalidade estética".

O zigurate era um templo no topo de uma construção escalonada que dava a ideia de uma montanha sobre a qual se localizava o espaço sagrado. Strickland (2003, p. 7) descreve o caminho como uma "vasta avenida processional, com 22 m de largura e pavimentada com calcário branco e mármore rosa [...]. De ambos os lados, elevavam-se muros coloridos de 7 m de altura, decorados com azulejos vitrificados azuis e leões esmaltados em relevo vermelho e amarelo-ouro".

As partes do que restou da arquitetura desse período estão espalhadas em vários museus. Podemos perceber, pelo que chegou até nós, que houve uma forte cultura urbana e grandes esforços na construção de edifícios monumentais que expressavam o poder dos governantes. Por meio de construções suntuosas e de elaboradas decorações murais, a arquitetura passava ao *status* de objeto de contemplação.

Figura 2.2 – Ilustração do Zigurate de Ur-Nammu, em Ur-dos-Caldeus (c. 2000 a.C.), em que se podem ver os desníveis e o templo no topo

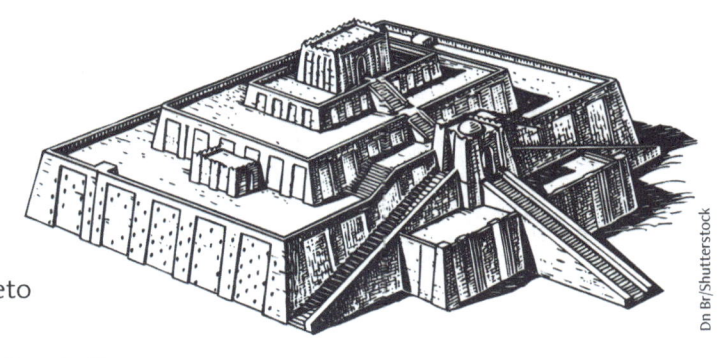

Situado no norte do continente africano, o Egito viu florescer uma civilização a partir do ano 3100 a.C., às margens do Rio Nilo. Essa civilização também deixou um legado importante para culturas posteriores, tanto no que se refere à organização da vida em comunidade como em relação à arte. Segundo Gombrich (1999, p. 55), "os mestres gregos foram à escola com os egípcios, e todos nós somos discípulos dos gregos".

A vida em comunidade no Egito Antigo era fortemente estruturada e baseada no trabalho escravo – assim como em tantas outras civilizações –, mas era liderada por um faraó considerado divino. No contexto da arquitetura, cabe destacar que os principais edifícios egípcios tinham dimensões monumentais, evidenciando ideias ligadas a um universo sagrado, em vez de interesses pela condição humana. Toda a arte egípcia revela muito a esse respeito, já que essa questão norteava os maiores esforços para a produção artística da época. Nas palavras de Gombrich (1999, p. 55):

> Nenhum monarca e nenhum povo teria suportado semelhante gasto e passado por tantas dificuldades se se tratasse da criação de um mero monumento. Sabemos, porém, que as pirâmides tinham, de fato, importância prática aos olhos dos reis e seus súditos O faraó era considerado um ser divino que exercia completo domínio sobre seu povo e que, a partir desse mundo, voltava para junto dos deuses dos quais viera.

Figura 2.3 – Templo de Karnak, Luxor, Egito

Figura 2.4 – Grande Colunata de Karnak, com capitéis papiriformes (em forma de flor de papiro)

Esse retorno para junto dos deuses ocorreria por meio do corpo preservado, que, dessa forma, serviria de morada para a alma continuar vivendo. Tanto os templos como os túmulos são edificações gigantescas que se sobressaem na paisagem. Como edifícios sagrados, correspondem à reverência que os egípcios tinham pelos deuses e à crença na vida após a morte, o que fazia com que houvesse o desejo de concretizar essa crença, a qual foi determinante em todas as manifestações da arte egípcia. Não por acaso, como observa Mumford (1982, p. 13), "a maior parte do que restou daquela grande civilização [...] são seus templos e seus túmulos".

Os templos egípcios eram edifícios que se desenvolviam horizontalmente, contendo percursos ladeados de esfinges, até que se chegasse ao recinto onde estaria a estátua sagrada. Como exemplo, podemos mencionar o Templo de Karnak (Figura 2.3), em que "uma avenida de esfinges de cabeça de carneiro conduz" (Humphrey; Vitebsky, 2002, p. 91) por caminhos que levam até o santuário em que estaria a estátua do deus ao qual o templo foi dedicado; acreditava-se que esse deus "residiria nessa estátua", de acordo com a crença dos egípcios na vida após a morte.

As colunas egípcias não eram elementos puramente estruturais; continham, também, formas associadas à natureza, como flores e plantas. As colunas, robustas como toda a arquitetura egípcia, condiziam com sua função, que era durar para a eternidade. Traziam, igualmente, várias inscrições e desenhos relacionados à vida dos faraós e aos deuses representados nos templos (Figura 2.4).

As pirâmides, as construções mais impressionantes do Egito Antigo, tanto por seu significado como por sua forma e monumentalidade e, ainda, pela sua capacidade de "permanecer" no tempo, correspondiam à ideia de "durar para a eternidade".

Na condição de túmulos em tamanhos monumentais, elas tinham a função de receber o faraó e dar-lhe a possibilidades de "viver" após sua morte. As câmaras funerárias egípcias continham pinturas em suas paredes, bem como, além da múmia, estátuas do faraó, para que tudo isso garantisse que sua alma tivesse morada no caso de seu corpo não resistir ao tempo.

As pirâmides escalonadas (cuja superfície não é lisa, mas em degraus) foram as primeiras a serem construídas em grandes proporções. Somente mais tarde é que foram erigidas no deserto de Gizé as três maiores pirâmides do Egito, cujos nomes – Quéops, Quéfren e Miquerinos – referem-se aos faraós para quem foram construídas. Tais construções serviriam de túmulos para guardar seus corpos mumificados quando morressem.

Essas pirâmides foram edificadas com um apuro técnico, utilizando-se formas geométricas puras – como é o caso da pirâmide de base quadrada e faces feitas de triângulos equiláteros – que correspondem à forma geométrica mais estável e, consequentemente, mas propícia à proposta de permanência no tempo. A forma piramidal, semelhante a uma montanha, representa simbolicamente "sítios potenciais onde os deuses aparecem" (Humphrey; Vitebsky, 2002, p. 23). Como descrevem Humphrey e Vitebsky (2002, p. 23), "Como meio de ascensão da alma até ao reino dos deuses, a montanha pode servir como base para uma outra escada, e mesmo uma pequena pedra é capaz de revelar-se como a base do impulso para cima, em direção ao céu".

As artes visuais e a arquitetura caminhavam juntas, ou seja, ambas serviam para ligar o homem ao mundo da espiritualidade; desse modo, as pinturas e esculturas mais importantes se encontravam em templos, tumbas e sarcófagos.

As três maiores pirâmides do Egito, já citadas, são os monumentos mais conhecidos. Elas se encontram perto da atual cidade do Cairo. Não são as únicas pirâmides do país, mas são as maiores e mais bem construídas e estão ajustadas de acordo com a orientação do sol.

Além disso, as pirâmides "falam-nos de uma terra que estava tão perfeitamente organizada que foi capaz de empilhar gigantescos morros tumulares durante a vida de um único monarca" (Gombrich, 1999, p. 55). É de se ressaltar que o rigor que envolvia a estrutura social da época se refletiu também na arte egípcia, o que pode ser evidenciado no fato de que não houve praticamente nenhuma alteração em termos estilísticos durante os 3 mil anos do período áureo dessa civilização. Ademais, observa Gombrich (1999, p. 58): "Destaquemos, contudo, que a palavra 'adornar' ajusta-se mal a uma arte que devia ser vista apenas pela alma do morto. De fato, essas obras não tinham a finalidade de provocar deleite. A rigor elas se destinavam a 'manter vivo'".

2.3 Arquitetura greco-romana

Mesopotâmia e Egito, considerados "o berço da história e da arquitetura ocidentais" (Fazio; Moffett; Wodehouse, 2011, p. 34), foram civilizações urbanas que contavam com estruturas públicas, ruas, praças, casas e demais construções que configuravam uma cidade e que, logicamente, sinalizavam a existência de sociedades estruturadas do ponto de vista social, cultural, político e econômico. A arquitetura e a arte produzidas a partir dessas duas culturas se encontram profundamente conectadas aos lugares em que foram produzidas, e ambas deixaram um legado histórico e cultural fundamental para os povos que se estruturariam dali para a frente, que é o caso de Grécia e Roma.

2.3.1 Arquitetura grega

Para começar, observe as Figuras 2.5, 2.6 e 2.7. As formas utilizadas nessas construções – colunas, capitéis, frontão triangular – fazem parte de nosso repertório visual. Embora não sejam edifícios construídos no período greco-romano, são conectados visualmente e simbolicamente com a arquitetura da Grécia e de Roma por utilizarem elementos formais desse período. Estamos tão acostumados a ver esses elementos em nossas cidades (em igrejas, edifícios públicos, moradias e até em pequenos detalhes de ambientes internos) que não nos damos conta de suas origens.

As cidades gregas tinham características geográficas específicas. Muitas delas localizavam-se em pequenas ilhas rochosas no Mar Egeu, não havendo uma unidade em termos de extensão territorial, o que proporcionava certa autonomia política para cada ilha – eram as cidades-Estados. Nesse contexto, as decisões políticas eram tomadas coletivamente, dando aos homens um novo *status* – o de cidadãos (considerando-se que estes eram formados por uma pequena parcela de pessoas conforme premissas bem específicas). Surgiam, assim, as primeiras pólis, cidades de governos democráticos, nas quais a participação era possível aos homens livres, não escravos.

Cabe destacar aqui algo que impactaria decisivamente as expressões culturais e intelectuais da Grécia: a ideia de que "o homem era a criatura mais importante do universo"

Figura 2.5 – Panteão de Paris, França (construção de 1790)

Figura 2.6 – Memorial Lincoln, Washington, Estados Unidos (construção de 1922)

Figura 2.7 – Detalhe de uma coluna da Piazza d'Italia, de Charles Moore, New Orleans, Estados Unidos

(Graça Proença, 2001, p. 27). Para Strickland (2003, p. 12), o sistema de valores dessa época "não girou em torno de um soberano autocrata ou de um deus [...], mas em torno do homem – 'a medida de todas as coisas', como afirma o filósofo ateniense Protágoras". A arquitetura grega, da mesma forma que a escultura, também era produzida com base em cânones e cálculos matemáticos. As cidades gregas tinham uma escala muito mais próxima da medida humana, o que significava que as questões divinas eram deixadas de lado e, então, o foco residia no aspecto humano, segundo Alonso Pereira (2010, p. 47). O resultado dessa nova postura foi, de acordo com Mumford (1982, p. 141),

> não simplesmente um brotar torrencial de ideias e imagens, no teatro, na poesia, na escultura, na pintura, na lógica, na matemática e na filosofia, mas uma vida coletiva mais altamente energizada, mais engrandecida na sua capacidade de expressão estética e avaliação racional, do que jamais se conseguira antes.

Para Mumford (1982, p. 144), as grandes pólis gregas não possuíam riquezas nem bens excedentes. O que havia em excesso, na verdade, era o tempo livre. Esse detalhe essencial proporcionou uma nova forma de pensamento.

Na arquitetura grega, os edifícios de maior importância, com base em Prette (2008), são:
- Construções civis: ágoras ou praças, para a vida social, mercantil e política.
- Construções sagradas: templos e santuários, para os cultos às divindades, cerimônias e peregrinações.
- Teatros: para as representações dramáticas, assistidas pelo povo.

Para os gregos, as artes deveriam seguir regras muito claras; no caso da arquitetura, estas eram estabelecidas pelas **ordens arquitetônicas**. Conforme Alonso Pereira (2010, p. 51), já se escreveu que a ordem é "a disposição regular e perfeita das partes, que concorrem para a composição de um conjunto belo". Para que esse belo constitua um modelo passível de ser seguido de forma que o ideal arquitetônico não se perca em construções diversas, a ordem é entendida como "a lei ideal da arquitetura concebida como categoria absoluta, que atua como sistema de controle indireto e, ao mesmo tempo, como gramática da arquitetura, garantindo sua comunicabilidade e transmissibilidade e dando lugar ao que denominamos *linguagem clássica*" (Alonso Pereira, 2010, p. 51, grifo do original).

Na arquitetura grega, a ordem corresponde a um modelo a ser seguido, o qual estabelece princípios formais rígidos e relacionados à busca de uma beleza ideal. Assim como os gregos definiram medidas ideais para esculturas da figura humana, também propuseram medidas e formas ideais para a arquitetura. As três principais ordens gregas são a **dórica**, a **jônica** e a **coríntia** (Figura 2.8).

Como uma espécie de "modelo", as ordens possibilitavam que os templos fossem construídos de maneira semelhante em qualquer lugar. Embora o templo tivesse uma função pública das mais vitais, não era utilizado como atualmente, uma vez que apenas sacerdotes e personalidades específicas podiam entrar. Em contraposição a seu interior simples e desprovido de decoração, a parte externa do templo esbanjava esmero artístico, pois os rituais públicos eram celebrados no altar em frente ao templo. Por isso, e pelo fato de seu volume fechado não ser um espaço público, o templo grego foi muitas vezes descrito como uma escultura monumental instalada na paisagem (Roth, 2017). O templo grego, geralmente erguido nas partes mais altas do relevo

Figura 2.8 – Capitéis dórico, jónico e coríntio, respectivamente. Grécia

local, "foi desenhado para ser visto do exterior, segundo qualquer ângulo, devendo considerar-se um desenho de escultura" (Humphrey; Vitebsky, 2002, p. 116).

De todos os templos, o Partenon é o mais antigo (edificado entre 447 e 432 a.C.) (Prette, 2008) e o mais significativo. Localizado no ponto mais alto da cidade de Atenas, encontra-se na Acrópole, a cidade grega arquetípica, construída para os deuses, e reúne de forma singular os pressupostos da ordem dórica. Mumford (1982, p. 132) descreve a magnificência do que seria esse templo:

> Os cortejos religiosos, subindo sinuosamente aquelas elevações, tinham a experiência da terra e do céu, do mar distante e da cidade próxima, como acompanhamento do seu ritual cívico. Seus deuses, mesmo que tão caprichosos e impenetráveis como seus predecessores mesopotâmicos, eram mais amistosos: suas posturas facilmente descansadas, na frisa panatenaica, revelam tudo isso. A beleza do Partenon e, mais especificamente, daquela delicada frisa, obscureceu a qualidade arquitetônica da Acrópole com um todo. O efeito estético das estruturas mais elevadas é engrandecido pela rudeza da sua base rochosa, de pedra azulada e rosa-ferrugem, e pelas muralhas simples da fortificação.

Figura 2.9 – Teatro de Epidauro, Grécia

A estrutura das cidades gregas compreendia espaços públicos como mercados, feiras e a ágora, destacada por ser um espaço aberto de concentração de pessoas, onde a vida política, as conversas e os debates podiam se desenvolver. O Teatro de Epidauro, retratado na Figura 2.9, ainda está em uso na atualidade. Como outros teatros gregos, sua estrutura se desenvolveu nos declives das encostas de colinas. Prette (2008, p. 163) observa que se trata de "uma estrutura tão simples quanto racional, de geométrica e essencial beleza: um semicírculo de arquibancadas". Os principais valores que moviam a cultura grega não seguiriam na mesma direção quando os romanos passaram a erguer suas grandes construções, sendo adaptados a uma outra realidade, de caráter muito mais prático.

2.3.2 Arquitetura romana

A arquitetura dos romanos teve grande influência da cultura grega, porém era conduzida por um forte senso prático e utilitário. Os romanos produziram obras públicas como teatros, templos, mercados, fóruns e estradas; equipamentos urbanos como pontes, aquedutos e redes para escoamento de esgotos; além de marcos de conquistas, como arcos do triunfo, e de monumentos com narrativas. Foram hábeis construtores, produzindo em larga escala. Tiveram um império expansionista e deixaram sua marca, por meio da arquitetura, em vários lugares por onde passaram – partes da Europa, da África do Norte e da Ásia Menor. De acordo com Gympel (2000, p. 13), "para Roma, a arquitetura era expressão de domínio".

Os romanos estabeleceram um padrão de civilização que, segundo Strickland (2003, p. 20), abrangia "desde leis e governos até exigências modernas como encanamento interno, água quente, lavatórios públicos, esgoto e estádios esportivos". As cidades tinham uma estrutura urbana que compreendia traçados regulares em forma de tabuleiro de xadrez, vias pavimentadas, aquedutos, viadutos, pontes, grandes fossas, água encanada, termas[1], anfiteatros, colunas comemorativas, arcos do triunfo, fóruns, basílicas, lavatórios públicos, mercados e vários edifícios e espaços para diversão e entretenimento coletivo. Ainda hoje, muitas cidades mantêm essas construções em bom estado de conservação.

---

[1] As termas eram locais de banho que, em determinado momento, passaram a ser públicos e que os romanos estavam habituados a frequentar. Tratava-se de "um recinto fechado, capaz de conter grande quantidade de pessoas, um salão monumental contíguo a outro, com banhos quentes, banhos tépidos, banhos frios, salas para massagens e salas para passar tempo e dividir os alimentos, anexo aos ginásios e campos de esportes, para servir àqueles que procuravam exercícios ativos, e também bibliotecas, para os mais reflexivos ou mais indolentes" (Mumford, 1982, p. 249).

Uma das grandes diferenças entre as arquiteturas grega e romana foi decorrente do uso do arco e da abóboda pelos romanos – aliados a um novo material, o concreto. Como sistema construtivo, proporcionava a obtenção de grandes espaços internos, livres da sequência de colunas que diminuía e limitava o uso de espaços internos. Enquanto os edifícios gregos eram repletos de colunas, o que acarretava uma perda de espaço interno e também uma limitação construtiva[2], os edifícios romanos eram locais de concentração de um grande número de pessoas, como o Pantheon e o Coliseu. Conforme Proença (2001, p. 39), "Enquanto a concepção arquitetônica grega criava edifícios para serem vistos do exterior, a romana procurava criar espaços interiores". O Pantheon, templo romano, apresenta relações formais com a arquitetura grega, mas, diferente do Partenon – encarado como uma escultura –, o Pantheon romano contempla um grande espaço interior.

O Coliseu, diferenciando-se do teatro grego, que era apoiado em uma encosta, é formado por andares de arcos sobrepostos, e suas arquibancadas são elevadas. De acordo com Alonso Pereira (2010, p. 80, grifo do original),

Figura 2.10 – Espaço interno do Coliseu, Roma

Dmitry Tishkov/Shutterstock

> Formalmente, o anfiteatro é um teatro duplo de planta elíptica, cercado por todos os lados de arquibancadas para os espectadores. O espetáculo acontece na parte central ou **arena**, embaixo da qual existem numerosos corredores, câmaras e escotilhas para a tramoia das apresentações e a saída das feras, gladiadores e atores.

---

2 As colunas tinham de ser próximas umas das outras ou a viga apoiada nelas poderia romper-se, já que o peso da própria estrutura no meio da viga a faria vir abaixo.

A função do Coliseu (Figura 2.10) era de entretenimento[3]. Abrigando milhares de pessoas, constituía-se em um espaço para espetáculos regulares destinados a multidões, com apresentações sangrentas, como eram as lutas de gladiadores. É importante lembrar que a arquitetura sempre corresponde aos anseios e valores de quem a produz e, sendo o Coliseu um importante exemplar da arquitetura romana, é, consequentemente, um exemplar do modo de vida do povo romano.

2.4 Idade Média

A Idade Média corresponde a um longo período de tempo em que esteve presente uma visão profundamente espiritual da vida. As culturas e as artes se misturam pouco a pouco e se influenciam, tendo em vista que toda produção artística tem um ponto de partida, o qual sempre apresenta um lastro cultural e um repertório existente para que se produza algo novo. É isso que Hauser (2003, p. 124) aponta ao mencionar que "a visão transcendental de mundo da Idade Média não desabrochou de súbito com o advento do cristianismo". Mesmo antes de o cristianismo existir, já se apresentavam as condições (que podem ser vistas inclusive na arte dos romanos) para uma vida mais espiritualizada. A herança cultural greco-romana não desapareceu, mas ocorreu uma mudança de foco.

2.4.1 Arquitetura paleocristã

Por divergências dos líderes do Estado romano em relação aos valores e às crenças dos primeiros cristãos, estes começaram a sofrer perseguições. Nesse contexto, houve um tipo específico de construção: as catacumbas. Não se tratava propriamente de edifícios, mas de espaços subterrâneos que, primeiramente, eram utilizados como cemitérios e que, por conta de tais perseguições, passaram a

---

[3] De acordo com Strickland (2003, p. 26), no "Coliseu os gladiadores lutavam entre si ou massacravam animais como ursos, rinocerontes, leões, avestruzes ou girafas (o nome *arena* vem da palavra latina *areia*, que era espalhada sobre o piso de madeira para absorver o sangue). Os animais ficavam em jaulas subterrâneas, e guindastes providos de contrapeso e rampas eram usados para trazê-los à superfície para se atracarem". Para se ter uma ideia da atmosfera durante o espetáculo, "Espargia-se perfume para disfarçar o mau cheiro de sangue coagulado e lixo" (Strickland, 2003, p. 26, grifo do original).

ser locais de encontro dos primeiros cristãos. Tais espaços configuram-se como princípio de um movimento de transformação de uma situação de vida. Cabe lembrar que a arquitetura e as artes, de forma geral, tinham um sentido completamente diferente do que observamos hoje. Nas paredes das catacumbas, por exemplo, desenhavam-se ou pintavam-se símbolos cristãos para comunicar mensagens cristãs visualmente.

No mundo ocidental, o período de grande recolhimento e espiritualidade foi guiado pela Igreja, que passara a existir em decorrência do cristianismo. A Igreja vinha responder aos anseios do momento e representava um local onde as pessoas se sentiam acolhidas. Conforme exposto por Roberts (2001, p. 341), "A Igreja passou a representar cada vez mais o que antes Roma representara: a civilização". Ocorreu uma mudança de sentimento em uma sociedade que agora se sentia "atormentada pelo temor da extinção" e que, por isso, tentava "confiar na ajuda sobrenatural" (Hauser, 2003, p. 126). Foi nesse período que surgiu a peste negra ou peste bubônica – doença transmitida por pulgas e piolhos que transitavam entre pessoas e ratos, altamente mortal e responsável por dizimar 25 milhões de pessoas na época, o equivalente a mais de um terço da população da Europa.

Com o crescimento do número de adeptos, o cristianismo foi aos poucos ganhando força. Nesse contexto, um tipo específico de edifício, a basílica[4], que tinha origem profana – tendo surgido em Roma –, passou a ser construído a fim de abrigar os adeptos do cristianismo. A basílica paleocristã seria a origem para as igrejas cristãs erigidas dali para a frente. Esse modelo de templo sobreviveu até os dias atuais, como podemos ver em muitas de nossas cidades.

2.4.2 Arquitetura bizantina

A arquitetura bizantina coincide com a decadência da Roma imperial. Foi grandiosa porque, como o Império Romano, era muito grande em extensão. Em terras orientais, mais especificamente em Constantinopla, cresceu um importante polo cultural, em que poder secular e poder espiritual se uniram. O cristianismo foi adotado como religião oficial, e isso proporcionou um grande investimento em templos

---

4   Edifícios de planta retangular, usados pelos romanos para vários fins. Nas basílicas cabiam centenas de pessoas.

para a Igreja, já que o cristianismo crescia e essas construções eram uma forma de demonstrar opulência e, ao mesmo tempo, angariar novos fiéis. Com isso, palácios e templos cristãos são os edifícios mais significativos desse período.

Figura 2.11 – Interior da Basílica de Santa Sofia, Istambul, Turquia

A Igreja de Hagia Sophia[5] (que significa "Santa Sabedoria"), construída em Constantinopla, atual Istambul, na Turquia (Figura 2.11), tem um grande espaço interior e é praticamente um microcosmo que encerra outro mundo: o mundo sagrado. Segundo Strickland (2003, p. 33), na arquitetura bizantina, há um "desejo de desmaterialização" da estrutura da edificação. A autora observa que, na intenção de enfatizar uma vida após a morte, na "arquitetura primitiva cristã, a pródiga decoração interior criava uma atmosfera sobrenatural que promovia a ênfase no além-mundo".

Observe a Figura 2.11, do interior de Santa Sofia. A parte onde se veem as pessoas se chama *nave*[6], que corresponde ao espaço de reunião e no qual ocorre a caminhada até o altar, localizado na extremidade oposta. Santa Sofia é o exemplo máximo da arquitetura bizantina.

---

5 Foi construída em 532-537 d.C. pelo imperador bizantino Justiniano. Em 1453, foi transformada em mesquita e, em 1934, em museu.

6 Nave: herança das basílicas romanas, cujas entradas aconteciam pelas laterais. Os templos cristãos tomaram esse modelo, porém com uma única entrada pela parte mais estreita, convidando quem entra a percorrer toda a nave em direção ao altar, o qual se situa no lado oposto à entrada.

Figura 2.12 – Castelo de Alcácer de Segóvia, Espanha (construção de 1157)

Figura 2.13 – Catedral da Sé, São Paulo

2.4.3 Arquitetura românica

O período românico se manifestou na Europa ocidental em um momento de expansão da Igreja, ao qual Gombrich (1999, p. 173) se refere como "a igreja militante", quando suas bases ainda não estavam plenamente estabelecidas, ou seja, não havia a riqueza do período bizantino passado nem a do futuro período gótico. As construções dessa época são robustas, utilizam o arco pleno (como o dos romanos, daí o nome), e as paredes maciças são feitas de pedra e com pequenas aberturas.

A arquitetura românica se expressa principalmente em igrejas e castelos. Estes eram as residências dos nobres, que, por questões de segurança, construíam suas fortalezas no alto de colinas, rodeando-as com uma grande muralha. Conforme apresentado por Mumford (1982, p. 273), a arquitetura "exprime as necessidades daquela época conturbada, com sua ênfase no recinto fechado, na proteção, na segurança, na durabilidade e continuidade". Na Figura 2.12, podemos observar um exemplo da arquitetura românica. Lembre-se de que foi um período de muitas invasões e conflitos, e a arquitetura acabou refletindo esse contexto.

2.4.4 Arquitetura gótica

A imagem que vemos na Figura 2.13 é de uma igreja contemporânea, mas observe que apresenta a principal referência formal da arquitetura gótica: o arco gótico (ou arco em ogiva).

As igrejas do período medieval deixaram um importante legado relacionado à arquitetura religiosa, tanto por suas características formais como por sua força simbólica. Em virtude disso, ainda hoje vemos em nossas cidades e igrejas os ecos desse período.

A arquitetura religiosa gótica representa a fase de maior poder e riqueza da Igreja na Idade Média, período chamado por Gombrich (1999, p. 185) de "a igreja triunfante". Os interiores das igrejas eram muito altos, iluminados e coloridos, e a estrutura era feita de pilares similares a nervuras, leves e delgadas, e preenchidos com vitrais; a escala não era mais a humana, mas a "divina".

Toda essa atmosfera de leveza acontecia graças a uma grande estrutura exterior, em que os arcobotantes e os contrafortes faziam o papel de conduzir todo o peso das paredes para o lado de fora até, finalmente, descarregá-lo no chão. O exterior assume todo o esforço estrutural do peso das paredes, liberando, então, o interior.

Os arcos em ogiva, por sua vez, levam o teto para cima, em um movimento vertical que não é apenas estrutural, mas também simbólico, respondendo à aspiração de tentar alcançar os céus e, com isso, o espaço sagrado religioso.

> A ogiva, por exemplo, o arco pontudo gótico, é uma invenção técnica e também é uma forma expressiva. Com a ogiva foi possível elevar consideravelmente as paredes e suspender bem alto a abóbada das igrejas. No interior das igrejas góticas o espaço é impulsionado para cima, entrando numa grande ascensão sem lastro material, afinando-se e sempre purificando-se numa desmaterialização que se afigura total. As paredes parecem consistir de rendilhados finos e entrecortados, e são tão delgadas as colunas, tão delicados os arcos, que até causa admiração ver como conseguem sustentar as cúpulas que se fecham finalmente em alturas imensas. Nessas igrejas é comum a sensação de vertigem das alturas, tamanho é o impulso dirigido para o alto, ameaçando romper os limites físicos do teto para se projetar no infinito. (Ostrower, 1989, p. 77)

Em muitas cidades, a igreja era o maior e mais visível edifício, destoando drasticamente de todas as outras construções, principalmente as modestas habitações da grande maioria das pessoas. Se imaginarmos a época em questão, em que prevaleciam a incerteza, o medo, doenças, guerras e vários tipos de privação, podemos entender que a visão de catedral oferecia a sensação de uma magnitude de força superior, representando o amparo que as pessoas buscavam.

2.5 Arquitetura no Renascimento

No Renascimento, a Europa, mais especificamente a Itália, vivenciava um momento de grande entusiasmo pela vida, pelo pensamento racional e pelos valores relacionados ao que é humano. Nesse período, o contexto era muito mais otimista do que em qualquer momento da Idade Média. Os grandes conflitos violentos tinham cessado, a peste negra não era mais uma sombra de medo, a maioria das fronteiras europeias estavam determinadas e havia uma vontade latente de conhecer o mundo não mais pela perspectiva dos dogmas da Igreja, mas da ciência.

Foi nessa época que as culturas europeia e americana se cruzaram, o momento em que ocorreram as Grandes Navegações e a chegada dos europeus ao continente americano.

O período conhecido como *Renascimento* se refere ao interesse pela cultura greco-romana, mas não foi só isso. A questão é tão simples. Embora o contexto fosse outro, não houve um rompimento com a Idade Média, e sim uma lenta transformação que preparou o terreno para uma nova compreensão de mundo e uma sensação de empoderamento diante do mundo físico. Para Proença (2001, p. 78, grifo do original),

> Ocorreram nesse período muitos progressos e incontáveis realizações no campo das artes, da literatura e das ciências, que superaram a herança. O ideal do **humanismo** foi sem dúvida o móvel desse progresso e tornou-se o próprio espírito do Renascimento. Num sentido amplo, esse ideal pode ser chamado e entendido como a valorização do homem e da natureza, em oposição ao divino e ao sobrenatural.

Todo esse conjunto de realizações receberia o nome de *Renascimento*. O distanciamento do mundo espiritual permitiu o crescimento de um olhar científico e racional, baseado em dados empíricos e na observação da natureza. Assim como na pintura e na escultura isso significou um olhar rigoroso e científico sobre a realidade – com a figura humana muito mais próxima da figura real, com o uso da a perspectiva como forma de representar o espaço e chegar mais próximo do olhar "humano" –, na arquitetura simbolizou uma aproximação à condição humana o entendimento desta como valor a ser exaltado. A geometria, a matemática, a física, entre outras, auxiliavam na compreensão e representação da arte com o mesmo rigor científico com que outras áreas eram tratadas. Para Alonso Pereira (2010, p. 131, grifo do original), "Diferente do gótico, a nova arquitetura se baseará em duas premissas fundamentais. A primeira é o **uso de figuras geométricas elementares e de relações matemáticas simples**; a segunda é a **reutilização das ordens clássicas** da tradição grega e romana".

Olhar para a arquitetura realizada na Antiguidade de Grécia e Roma em um processo de renascimento ou reafirmação, segundo Alonso Pereira (2010, p. 131-132), faz com que se compreenda a beleza "como a expressão da verdade" e possibilita conferir "à invenção humana uma importância próxima ao poder criador, em uma apoteose que chega ao seu apogeu no início do século XVI com Leonardo, Rafael e Michelangelo".

A arquitetura renascentista não tinha nenhum interesse particular por igrejas e, quando elas eram construídas, não tinham a monumentalidade do período gótico, até porque a relação com o divino passava agora pelo humano, cujo potencial havia sido descoberto e trazido para o campo não apenas da ciência, mas também da arte.

A Villa Rotonda (Figuras 2.14 e 2.15), por exemplo, apresenta uma nova concepção de arquitetura, distante das catedrais monumentais com ogivas e arcobotantes e com uma escala próxima do humano. Voltam as colunas e os frontões, fazendo clara referência às formas arquiteturais greco-romanas. Há uma organização visual de partes que compõem o edifício, de forma que cada uma é definida e distinta da outra. No centro da planta há um cilindro, cujo volume se sobressai acima das outras partes. Vemos, então, um quadrado que envolve o cilindro, e nas paredes da forma quadrada se encostam os volumes do frontão sustentado pela colunata. Ao passarmos o olhar em torno do edifício, notamos que,

Figura 2.14 – Villa Rotonda, obra do arquiteto Andrea Palladio, Vicenza, Itália

Figura 2.15 – Planta baixa da Villa Rotonda

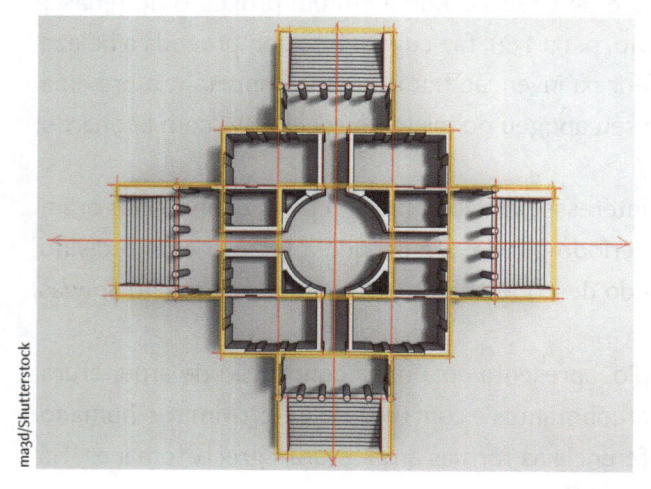

obedecendo a uma perfeita simetria, todas as suas fachadas são iguais. O espaço é construído racionalmente sem que o observador seja levado a alturas divinas, sem que seja arrebatado por sensações espirituais. Por meio do diálogo com o passado clássico, existe um ímpeto de celebrar o presente, ou seja, um tempo de viver e de expressar as potencialidades humanas.

De acordo com Wölfflin (2000, p. 87),

> O gosto clássico trabalha sempre com limites claramente delineados, tangíveis; cada superfície tem seu contorno definido; cada sólido se expressa como uma forma perfeitamente tangível; nada existe ali que não possa ser apreendido como um corpo. O Barroco desvaloriza a linha enquanto contorno, multiplica as bordas, e enquanto a forma em si se complica e a ordenação se torna mais confusa, fica mais difícil para as partes isoladas imporem seu valor plástico: por sobre a soma das partes desencadeia-se um movimento (puramente ótico).

Segundo Strickland (2003, p. 65), Palladio, arquiteto italiano que tinha "paixão por simetria e clareza", ficou conhecido por suas *villas*, construídas simetricamente e a partir de proporções matemáticas. Na produção arquitetônica renascentista, a atenção à perspectiva, "artifício projetual que imita a visão espacial humana, e a crescente valorização da figura do autor são dois fatos marcantes" (Colin, 2000, p. 83). A perspectiva, tanto na pintura como na arquitetura, imprime a marca do olhar humano. O edifício é feito para que seja utilizado, mas também olhado, isto é, o ponto de vista do observador afeta a forma edificada.

Na pintura, a representação do espaço obedece a regras da perspectiva linear desenvolvida nesse período. Assim, o espaço real vivenciado é representado considerando-se a máxima proximidade com o que é percebido pelo olho humano. Desse modo, a arquitetura é vivenciada não apenas em sua concretude, mas também visualmente nas pinturas do período.

Na obra *A última ceia*, que se encontra no refeitório da Igreja de Santa Maria delle Grazie, em Milão, na Itália (Figura 2.16), observa-se a perspectiva linear produzida por Leonardo da Vinci, que proporciona o efeito de a cena da pintura parecer uma extensão do espaço arquitetônico. Nesse caso, o observador que está em frente à obra é transportado a uma espécie de continuidade espacial, dada a ilusão do tridimensional propiciada pela perspectiva.

Figura 2.16 – *A última ceia*, de Leonardo da Vinci

DA VINCI. L. **A última ceia**. 1495-1498. Mural. 460 × 880 cm. Refeitório de Santa Maria delle Grazie, Milão, Itália.

Na obra *Escola de Atenas*, de Rafael (Figura 2.17), também podemos perceber o uso da perspectiva, com o ponto de fuga localizado no centro, como na obra anterior, e os detalhes da arquitetura colaboram para a construção de um cenário muito específico. Enquanto a arquitetura como edifício dialogava com a arquitetura do período clássico por meio do retorno às colunas, aos capitéis e aos frontões, na pintura os interiores eram organizados obedecendo-se a todo o rigor da nova técnica, detalhadamente elaborados segundo a concepção do Renascimento: o ponto de fuga central, a menção às obras greco-romana e a arquitetura como cenário de um mundo em que o homem era o centro.

Figura 2.17 – *Escola de Atenas*, **de Rafael Sanzio**

SANZIO, R. **Escola de Atenas**. 1509–1510. Afresco. 500 × 700 cm. Museu do Vaticano.

Síntese

Neste capítulo, apresentamos reflexões iniciais acerca da história da arquitetura, destacando que qualquer observação que façamos sobre a produção de outras culturas vem sempre carregada de nossa própria cultura, como a "lente através da qual o homem vê o mundo" (Benedict, citada por Laraia, 2005, p. 67). Essa noção traz uma consciência de que vivemos em um mundo plural e, assim, as culturas comportam uma grande diversidade de formas expressivas, devendo-se compreender que todas precisam ser respeitadas e valorizadas.

Examinar a passagem do tempo nos coloca em contato com o que foi feito em períodos muito distantes do nosso, o que remete a questões humanas, transformações sociais, conquistas, cosmovisões, valores e condições humanas registrados ao longo da história. Começamos, portanto, abordando a Pré-História e o princípio do que depois seria a base do processo de uma construção arquitetônica.

Três construções muito antigas foram utilizadas como símbolos físicos de aspectos fundamentais da arquitetura: o menir, a caverna e a cabana. O menir mantém a associação com a arte, já que tem implícito o fator simbólico e subjetivo, comunicando ideias. A caverna, assim como a arquitetura, tem a característica de servir de abrigo. Por sua vez, a cabana representa a racionalidade construída, pois com ela é possível o planejamento por meio do pensamento abstrato para uma posterior edificação.

Na introdução às primeiras construções em cidades urbanas, analisamos as arquiteturas do Egito e da Mesopotâmia e, na sequência, a greco-romana. As formas arquiteturais guardam semelhanças, visto que Roma aprendeu muito dessa arte com a Grécia, porém há uma grande diferença cultural no que diz respeito à utilização desses espaços, não só pelo emprego do arco como elemento estrutural, mas pelos diferentes usos destinados aos edifícios.

Examinamos alguns exemplares da arquitetura greco-romana, destacando que essas culturas entendiam o homem como a criatura mais importante do universo; nunca antes a humanidade tinha vivido um período com tantas possibilidades de desenvolver a expressividade criativa. Roma criou a arquitetura para as massas e estruturou, pela primeira vez, grandes cidades com equipamentos urbanos e edifícios. Foi um período tão marcante que ainda hoje repetimos as formas greco-romanas em nossas edificações.

Revisitamos as construções da Idade Média, em que pudemos observar as características das arquiteturas paleocristã, bizantina, românica e gótica. Independentemente do que significou o cristianismo no que diz respeito à fé, o percurso que vai dos espaços subterrâneos das catacumbas aos espaços luminosos das catedrais nos revela o início e a sedimentação dessa religião. O período subsequente na Europa foi o Renascimento, ainda com uma grande carga religiosa, mas sob a influência decisiva dos pressupostos científicos e do pensamento racional, influenciando a arte e a arquitetura no sentido de olhar, também, para a herança greco-romana.

Atividades de autoavaliação

1. Sobre a história da arquitetura, assinale a alternativa **incorreta**:
    a) Arquitetura é, antes de tudo, um espaço entendido não somente como um meio físico, mas também como a materialização de uma ideia, um saber que cria ordem dentro da sociedade.
    b) Tudo o que pensamos, fazemos ou sentimos é cultural, não nasceu conosco, de forma que, quando observamos os artefatos de outras culturas, as diferenças percebidas são apenas formas distintas de ver o mundo.
    c) A passagem do tempo e as consequentes mudanças estruturais da sociedade – ligadas a condições de moradia, trabalho, inovações tecnológicas, espiritualidade, entre outros aspectos – afetam diretamente a vida. Como consequência, ocorrem transformações também no campo expressivo.
    d) As transformações dos estilos arquitetônicos sempre ocorreram a partir do desejo pessoal de alguns arquitetos, sem vínculos com a sociedade ou com a cultura, ou seja, são as mudanças individuais que influenciam as alterações na vida da humanidade, assim como as grandes transformações estilísticas.
    e) A relação entre os seres humanos está enraizada no espaço existencial, com base em uma necessidade de colher relações vitais no mundo circundante para dar sentido e ordem a um mundo de eventos e ações.

2. Relacione a primeira coluna com a segunda, considerando os rudimentos da arquitetura e as três materializações que são, segundo Alonso Pereira (2010), símbolos físicos (menir, caverna e cabana) de três princípios da arquitetura:

I) Menir
II) Caverna
III) Cabana
IV) O termo *prontidão*
V) Realidade existente e realidade imaginada
VI) Arquitetura fúnebre

( ) É o símbolo físico da racionalidade construída. É uma construção artificial que inaugura o conceito de *edificação*, contendo implícita a funcionalidade.

( ) Vincula-se à fundação da atividade projetual da arquitetura, porque tem relação com o momento em que as imagens mentais passaram a se concretizar no universo físico.

( ) É o símbolo físico da arte. Trata-se de uma forma construída pelo homem, que consiste em um bloco de pedra monolítico cravado verticalmente no solo. Entendido como um monumento simbólico, sua função consiste, essencialmente, em comunicar.

( ) Os mortos foram os primeiros a terem uma morada permanente (uma caverna, uma cova assinalada por um monte de pedras, um túmulo coletivo), ou seja, a cidade dos mortos é precursora, quase o núcleo, de todas as cidades vivas.

( ) É o símbolo físico do abrigo. No que tange à função da arquitetura, relaciona-se à qualidade de abrigo, de local de proteção, mesmo não sendo resultado da ação humana.

( ) Refere-se ao momento em que a humanidade passou a desenvolver "soluções" para os desafios que a natureza impunha.

Agora, assinale a alternativa que apresenta a sequência obtida:

a) III, V, I, VI, II, IV.
b) II, IV, V, I, VI, III.
c) V, IV, III, I, VI, II.
d) II, I, V, VI, III, IV.
e) VI, I, IV, III, II, V.

3. Identifique as afirmativas que se referem à arquitetura grega (I) e as que se referem à arquitetura romana (II):

I) Grécia
II) Roma

( ) Além de brotar um torrencial de ideias e imagens no teatro, na poesia, na escultura, na pintura, na lógica, na matemática e na filosofia, o que se viu foi uma vida coletiva altamente energizada, engrandecida em sua capacidade de expressão estética e avaliação racional, mais do que jamais se conseguira antes.

( ) Utilizaram o arco e a abóbada – aliados a um novo material, o concreto. Como sistema construtivo, isso proporcionava a obtenção de grandes espaços internos, livres da sequência de colunas que diminuía e limitava o uso de tais espaços.

( ) Os edifícios mais importantes foram: construções civis (ágoras ou praças, para a vida social, mercantil e política), construções sagradas (templos e santuários, para os cultos às divindades, cerimônias e peregrinações) e teatros (para as apresentações dramáticas assistidas pelo povo).

( ) Os edifícios importantes são orientados por um forte senso prático e utilitário: teatros, templos, mercados, fóruns, estradas; equipamentos urbanos como pontes, aquedutos, esgotos; marcos de conquistas como arcos do triunfo; e monumentos com narrativas.

( ) As cidades contavam com vias pavimentadas, aquedutos, viadutos, pontes, água encanada, termas, anfiteatros, colunas comemorativas, arcos do triunfo, fóruns, basílicas, lavatórios públicos, mercados e vários edifícios e espaços para diversão e entretenimento coletivo.

( ) Estabeleceu três ordens principais da arquitetura: a dórica, a jônica e a coríntia, que consistem em um modelo a ser seguido, o qual estabelece princípios formais que têm relação com a busca de uma beleza ideal.

Agora, assinale a alternativa que apresenta a sequência obtida:

a) II, I, I, II, I, II.
b) I, II, II, I, I, II.
c) II, I, II, I, II, I.
d) I, II, I, II, II, I.
e) I, II, I, II, I, II.

4. Sobre a arquitetura da Idade Média e do Renascimento, relacione as colunas:

I) Arquitetura paleocristã
II) Arquitetura bizantina
III) Arquitetura românica
IV) Arquitetura gótica
V) Arquitetura renascentista

( ) Os interiores das igrejas eram muito altos, iluminados e coloridos, e a estrutura era feita de pilares similares a nervuras, leves e delgadas, preenchidos com vitrais. Toda essa atmosfera de leveza acontecia graças a uma grande estrutura exterior, com arcobotantes e contrafortes. Esse sistema estrutural pode ser observado na fachada posterior da Catedral de Notre-Dame.

( ) O humanismo e o olhar científico e racional permearam esse período, e a nova arquitetura se baseava em duas premissas fundamentais: o uso de figuras geométricas elementares e de relações matemáticas simples e a reutilização das ordens clássicas da tradição grega e romana.

( ) Nesse contexto, existiu um tipo específico de construção: as catacumbas. Não se tratavam propriamente de edifícios, mas de espaços subterrâneos que primeiramente eram utilizados como cemitérios e que, por conta das perseguições, passaram a ser locais de encontro.

( ) A arquitetura se expressa principalmente em igrejas e castelos, e o período foi de invasões e conflitos. As construções são robustas, o arco pleno é utilizado (como o dos romanos), e as paredes maciças são feitas de pedra e com pequenas aberturas.

( ) Há um "desejo de desmaterialização" da estrutura da edificação e a intenção de enfatizar uma vida após a morte. A decoração interior é rica, criando uma atmosfera sobrenatural. Podemos citar como exemplo a Igreja de Hagia Sophia, em Constantinopla, atual Istambul, na Turquia.

Agora, assinale a alternativa que apresenta a sequência obtida:

a) II, I, III, V, IV.
b) III, I, V, IV, II.
c) IV, V, I, III, II.
d) IV, I, II, III, V.
e) V, II, IV, III, I.

5. Leia o texto a seguir e, em seguida, assinale a alternativa que contém as palavras que o completam corretamente:

O _____ significou um momento de grande entusiasmo pela vida e pelo _____. O ideal do _____ tornou-se o próprio espírito desse período. Esse ideal pode ser chamado e entendido como a valorização do _____, em oposição ao _____. Nesse período, a arquitetura se baseava em duas premissas fundamentais: a primeira era o uso de _____ e de _____; a segunda era a reutilização das ordens clássicas da tradição _____. Nesse processo de renascimento ou reafirmação, a beleza é entendida como expressão da verdade, e concede-se à _____ uma importância próxima ao poder criador.

a) barroco / sentimento e pela emoção / humanismo / divino e do sobrenatural / homem e à natureza / curvas e formas com movimento / relações matemáticas / medieval / invenção humana.
b) Renascimento / pensamento racional / humanismo / homem e da natureza / divino e ao sobrenatural / figuras geométricas elementares / relações matemáticas / greco-romana / invenção humana.
c) Renascimento / pensamento emocional / cristianismo / homem e da natureza / divino e ao sobrenatural / figuras geométricas elementares / relações matemáticas / moderna / palavra divina.
d) Renascimento / fervor a Cristo / pensamento cristão / homem de fé / homem pagão / arcos em ogiva / grandes alturas / egípcia / fé.
e) Renascimento / paganismo / pensamento pagão / do homem mundano / homem cristão / frontões gregos e colunas romanas / medieval / cultura clássica.

Atividades de aprendizagem

Questões para reflexão

1. Vamos retomar o que foi estudado no início deste capítulo sobre o estudo da história, que faz com que nos deparemos com construções culturais diferentes das nossas. Considerando que nós vemos o mundo e outras culturas sempre com base em nossa própria visão de mundo, conforme a "lente" mencionada por Ruth Benedict (citada por Laraia, 2005, p. 67), e que quase nunca nos damos conta do quão mergulhados estamos em nosso próprio mundo, leia o texto de Ralph Linton intitulado "O começo do dia do homem americano", presente no livro *Cultura: um conceito antropológico*, de Roque de Barros Laraia. Em seguida, reflita sobre seus hábitos, sua casa, sua cidade e a cultura que você consome e tente descobrir o quanto esse seu universo contém de outras culturas.

   LINTON, R. **O começo do dia do homem americano**. Disponível em: <https://www.trf3.jus.br/documentos/emag/Curscs/453_-_Historia_da_Arte_-_Modulo_II/1o_Encontro/LINTON_Ralph_O_comeco_do_dia_do_homem_americano.pdf>. Acesso em: 23 jul. 2022.

2. Com base no conteúdo referente à Idade Média e ao Renascimento – que têm características distintas no que se refere à ciência, à religião, à sociedade, à cultura e à arte –, reflita sobre as seguintes questões:
   a) O que significou o pensamento científico que surgiu após a Idade Média, no que diz respeito à relação do homem com ele próprio e com o mundo?
   b) Como esse pensamento se refletiu na arte e na arquitetura?
   c) Por que esse pensamento passou a gerar um tipo de conhecimento nunca antes desenvolvido?
   d) Quais são os reflexos diretos do conhecimento científico para a melhoria das condições de vida da humanidade e, mais especificamente, para o controle da pandemia de covid-19 que ocorreu no início de 2020?

Atividade aplicada: prática

1. Considerando as características das arquiteturas greco-romana e medieval, identifique, na cidade ou no estado em que você vive, exemplares de edifícios que contenham "ecos", ou seja, elementos arquitetônicos desses períodos históricos (frontões, colunas, capitéis, arcos góticos, vitrais, entre outros) e procure compreender o que o uso desses elementos traz de significativo a esses edifícios. Em seguida, registre por escrito suas considerações.

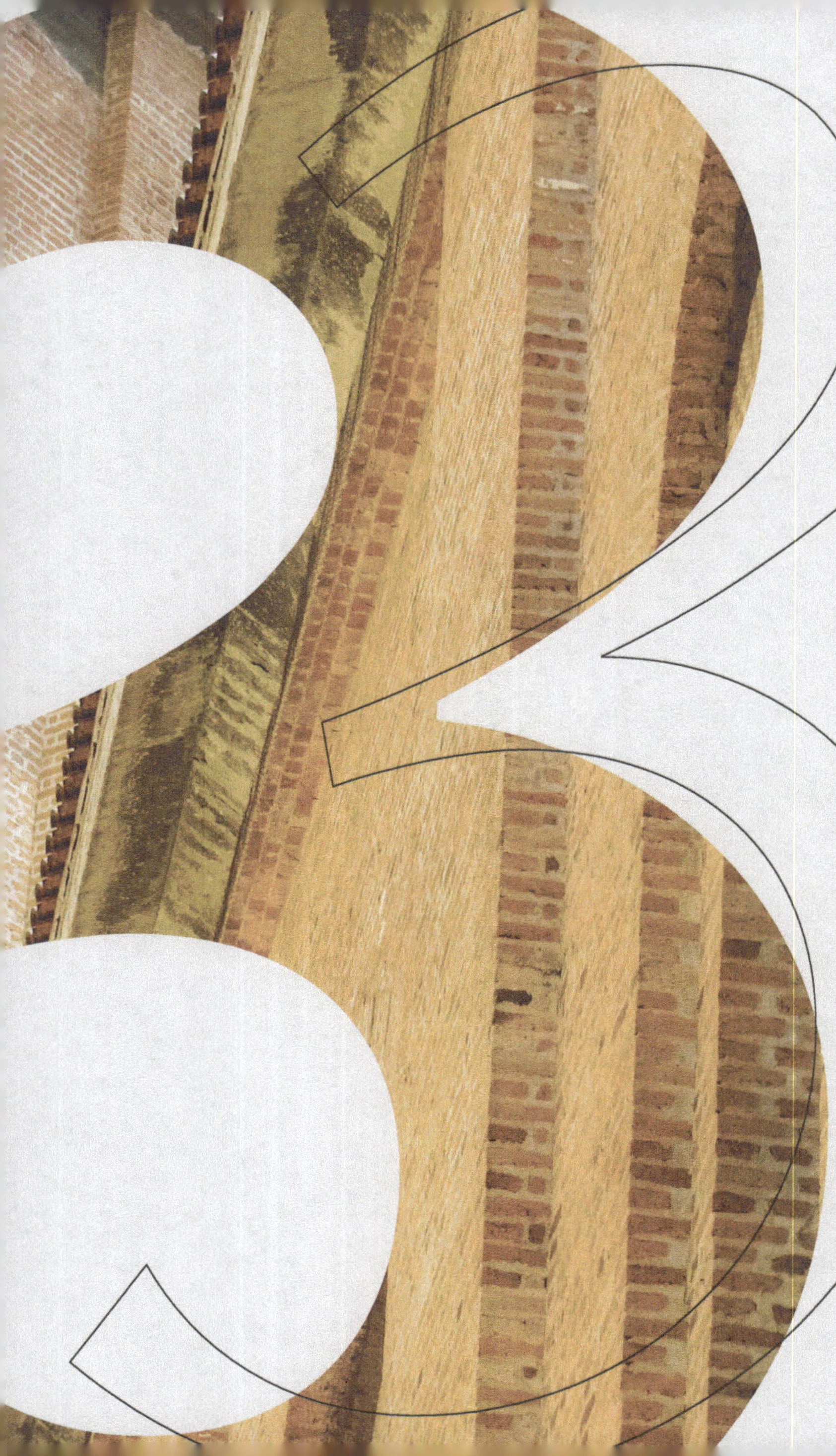

3

A arquitetura e o tempo – Parte II

Mónica Defreitas Smythe

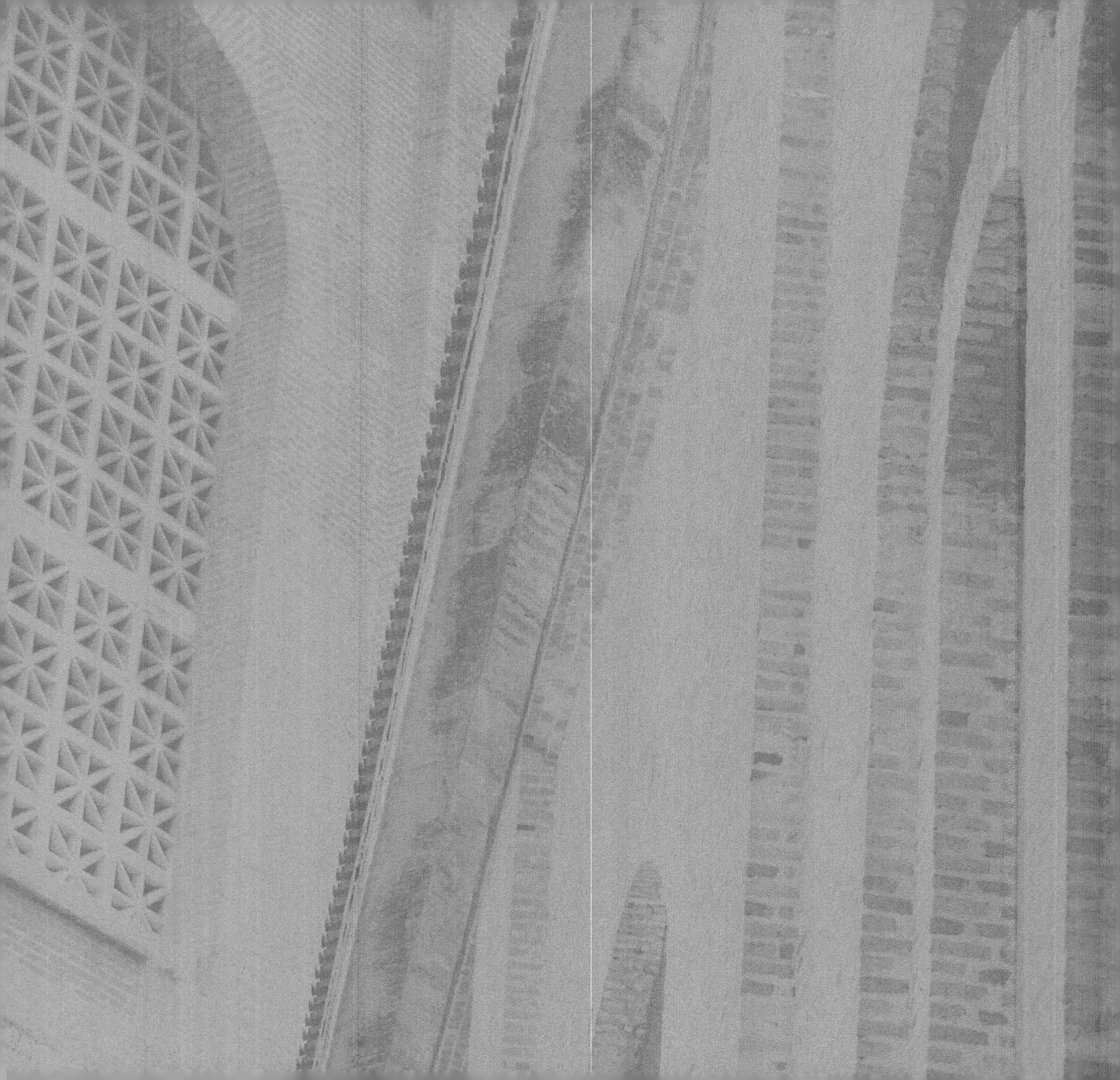

Aarquitetura das antigas civilizações da América do Sul é o tema inicial deste capítulo. Trataremos das construções feitas pelos povos originários, com o objetivo de apresentar de forma introdutória uma cultura rica, importante e estreitamente relacionada às nossas origens.

Também analisaremos a arquitetura do Brasil colonial e as construções barrocas, voltando o olhar para nossas raízes. O barroco chegou ao Brasil trazendo ecos dos movimentos que aconteciam na Europa, mas, ao encontrar a cultura local, adquiriu características únicas.

3.1 Considerações iniciais sobre a arquitetura na América pré-colombiana

A história das civilizações da América no período anterior à chegada dos europeus é chamada de *pré-colombiana*, ou seja, anterior às viagens de Cristóvão Colombo. Desse tema, que é muito vasto, apresentaremos um pequeno recorte com foco na arquitetura dos maias, astecas e incas e dos povos originários brasileiros.

Vamos começar refletindo sobre a colocação de Zevallos (2015, p. 4, grifo do original) a respeito do eurocentrismo:

> Esse fenômeno histórico-social considera a história mundial, especialmente a partir do século XVI, quase como uma mera extensão da história da Europa. Para essa visão, as diferenças ou especificidades locais e regionais não contam ou contam muito pouco. Assume-se como **natural** a **superioridade** dos produtos institucionais e técnicos europeus, e por extensão do Ocidente, quando comparados com seus similares de qualquer outra formação social conhecida.

Você já parou para pensar sobre essa falsa ideia da "natural" superioridade europeia? Ou na ideia de que existem culturas superiores a outras? No caso da arquitetura e da arte, é comum nos depararmos com livros ou documentários de arte e arquitetura em que a América Latina simplesmente não aparece. Dessa forma, deixamos de olhar para nossa realidade e mantemos o olhar nos produtos culturais externos.

Entre as culturas há diferenças e particularidades, mas não superioridade e inferioridade. É essencial que nosso olhar em face das culturas indígenas seja no sentido de compreender, respeitar e valorizar aquelas que são as culturas originárias do continente americano. Trata-se de um conjunto muito diverso e complexo de culturas, das quais vamos analisar aqui uma pequena amostra.

O objetivo de abordarmos este tópico é, justamente, o de nos voltarmos a nossas próprias raízes e considerarmos essa herança como algo que nos constitui. O Brasil, assim como os outros países da América Latina, é miscigenado. Com isso, é importante termos consciência do que significa a visão eurocêntrica, a fim de que não limitemos o reconhecimento de nossa herança cultural apenas aos povos colonizadores. E, por fim, que tenhamos o devido entendimento do valor das populações originárias, com políticas adequadas, proteção contra o atual genocídio e respeito à diversidade cultural e ao direito de continuarem vivendo na terra de seus (e nossos) ancestrais.

3.2 Maias, astecas e incas

Vamos iniciar enfocando os maias e os astecas, habitantes da Mesoamérica[1], bem como os incas, habitantes das regiões andinas. O continente americano tem uma vasta história que antecede a chegada dos europeus. Os povos que habitavam as terras americanas tinham culturas diversas umas das outras e encontravam-se em diferentes etapas de desenvolvimento. Segundo Probst (2016, p. 31), "anteriormente à conquista pelos europeus, já existiam na América importantes sociedades que se desenvolveram ao passar de milhares de anos, com diferentes formas de organização social (algumas mais simples, outras extremamente complexas) e cultural".

Tais sociedades viviam em regiões do México, da América Central e no norte da América do Sul, ocupando a região andina. Segundo Cáceres (citado por Probst, 2016, p. 31), tais civilizações alcançaram "um alto grau de desenvolvimento tecnológico, bem como uma complexa organização social".

Os assentamentos que conhecemos e que são os mais importantes devem "ter sido grandes sítios cerimoniais" (Marriott, 2015, p. 28), de modo que as mais imponentes construções arquitetônicas estavam fundamentadas na religião:

> Utilizando principalmente pedra e terra como materiais, e trabalho forçado de numerosa mão de obra camponesa, construíram-se templos, de forma retangular, sobre pirâmides truncadas, com escadarias, e estendendo-se ao redor de praças. Também se edificaram palácios, provavelmente para residência dos sacerdotes, em que os interiores, geralmente longos e estreitos, eram cobertos por uma falsa abóboda, característica desse tipo de edificação. (Aquino; Lemos; Lopes, citados por Probst, 2016, p. 59)

---

[1] "Mesoamérica é um nome que há muito vem sendo usado pelos antropólogos para designar uma região que somente numa pequena porção se sobrepõe àquela que se costuma chamar de América Central. Nos atlas, a América Central geralmente inclui os países desde a Guatemala até o Panamá. Mas se entende por Mesoamérica aquela região que abrigou as grandes civilizações indígenas dos maias, dos astecas e de seus antecessores e que até hoje tem uma população indígena numerosa e densa. A Mesoamérica inclui o centro e sul do México, mas não o norte; inclui também a Guatemala e Belize" (Melatti, 2017, p. 1).

Mas o que exatamente essas construções americanas têm a nos dizer? Vamos lembrar que a forma do espaço o torna significativo no que tange à identidade de um grupo social, já que materializa e organiza suas práticas sociais no tempo e no espaço. Assim, essa materialização é diretamente conectada à cultura que a idealizou. Conforme Pacheco (2017, p. 34),

> A própria noção de espaço tem sido constantemente rediscutida, a partir de uma nova abordagem que leve em conta uma percepção de questões sociais materializadas no espaço que passa a ser pensado como algo estritamente vinculado com o cultural. Um organismo dinâmico e em constantes alterações históricas e políticas, além de possibilitar uma re-compatibilização entre natureza e cultura [...]. A artificialidade do ambiente construído seria também um próprio microcosmo da sociedade e uma ferramenta para a compreensão da estrutura social. Assim sendo, esse espaço criado refletiria questões sociais e cosmológicas, conceitos do universo de uma determinada sociedade.

Considerando a observação de Pacheco (2017), podemos entender que a noção de espaço é estritamente vinculada à cultura, e o ambiente construído é um microcosmo da sociedade, de maneira que podemos nos aproximar das diversas culturas por meio do que produziram.

3.2.1 Os maias e sua arquitetura

A civilização maia, entre as pré-colombianas, é a mais antiga. Segundo Gendrop (citado por Probst, 2016, p. 55), situava-se "na confluência entre a América do Norte e a América Central, tendo por eixo a península de Yucatán". De acordo com Fazio, Moffett e Wodehouse (citados por Probst, 2016, p. 60),

> Os maias desenvolveram um conjunto complexo de calendários, que se sobrepunham parcialmente e eram extremamente importantes para eles, pois acreditavam que a história era cíclica. O calendário solar – o mais preciso da antiguidade – incluía 365 dias divididos em 18 meses de 20 dias cada, além de 5 dias residuais. Um calendário religioso separado tinha 260 dias a cada cinco anos. Esse intervalo

> era considerado um ciclo de nascimento, morte e renascimento, celebrado com rituais exuberantes. O renascimento era acompanhado pelo acendimento de uma chama ritualística e pela construção de templos e pirâmides importantes.

Suas produções materiais, como é o caso da arquitetura de templos – espaços sagrados –, expressavam uma forma de estar no mundo em que se manifestava essa relação entre a vida e a natureza, envolvendo conhecimentos de astronomia e matemática aplicados às construções.

Como exemplo da arquitetura maia, podemos citar a Pirâmide do Castillo (ou Kukulcán). Diferenciando-se das pirâmides do Egito – cujo interior abrigava caminhos até o nicho interno que comportaria o corpo do faraó e demais objetos a ele relacionados –, as pirâmides pré-colombianas estão relacionadas a cerimoniais e ritos que acontecem em seu exterior e no alto, à vista dos participantes, com acesso pelas escadas localizadas em suas faces. Algumas delas eram também dedicadas "à glorificação de governantes mortos" (Humphrey; Vitebsky, 2002, p. 113) e eram feitas sobre câmaras funerárias subterrâneas. Trata-se de concepções complexas relacionadas ao sagrado e à forma de se estar no mundo, conforme expõe Belmonte (2018, p. 31-32):

Figura 3.1 – Templo II, cidade de Tikal, Guatemala

Rob Crandall/Shutterstock

> As pirâmides são outro exemplo de como está implicada uma intencionalidade de comunicar coisas a partir da geometria das formas. Além dos elementos discursivos presentes nas construções em si (o tamanho, o número de degraus, a forma escalonada – chapada no topo e não piramidal – a presença

de "janelas" etc.), seus arquitetos também levavam em conta a posição geográfica em que eram construídas. Dessa forma, as sombras projetadas pela luz do sol sobre partes da pirâmide, nos diferentes períodos do dia – e mesmo nas diferentes estações do ano – podiam produzir, intencionalmente, imagens como a da serpente, animal de importância fundamental para várias civilizações antigas americanas, simbolizando o encontro do mundo subterrâneo com o mundo visível – dois opostos complementares muito importantes para as sociedades tradicionais. [...] No caso da arquitetura das pirâmides, há elementos bastante refinados que expressam uma cosmovisão própria, que, sem utilizar a escrita, rememoravam mitos, eram utilizados em ritos, comunicavam as experiências históricas desses povos antigos. A civilização maia é ainda mais peculiar, pois além desses elementos simbólicos, também possuía escrita pictórica.

A Figura 3.1 mostra o Templo II, na cidade de Tikal, na Guatemala. Observe como a forma da arquitetura contém um impulso vertical causado pela "crista" do templo, que "aumenta consideravelmente a impressão de altura" (Humphrey; Vitebsky, 2002, p. 112). A organização e construção de templos e pirâmides dos sítios cerimoniais pré-colombianos relacionavam-se com o movimento do sol. Nessa perspectiva, conforme Broda (citado por Bernardes, 2008, p. 43),

> A coordenação que existia entre o tempo e o espaço na cosmovisão mesoamericana encontrou sua expressão na arquitetura mediante a orientação de pirâmides e sítios arqueológicos. Estas orientações podem ser relacionadas, na maioria dos casos, com os momentos do nascer do Sol e do seu ocaso, em dias específicos do ciclo solar, enquanto que algumas delas se conectam também com fenômenos estelares. [...] O testemunho arqueológico cristalizado nas orientações comprova que observavam determinados fenômenos astronômicos no horizonte e que os povos pré-hispânicos tinham a capacidade tecnológica de desenhar e construir edifícios em coordenação exata com o fenômeno natural que queriam ressaltar.

A arquitetura tinha uma conexão com o ciclo solar, resultante de uma observação e de um estudo cuidadoso dos movimentos dos astros celestes.

3.2.2 Os astecas e sua arquitetura

Os astecas habitavam a região do atual México e, por volta de 1500, formavam a cultura dominante na Mesoamérica. Segundo Probst (2016, p. 45), "Depois de um período de guerras entre vizinhos, os astecas propuseram uma aliança com as cidades de Texcoco e Tlacopan, o que veio a dar base para a origem do Império Asteca". Era muito melhor, para os interesses econômicos, que pudessem fazer acordos em vez de guerrear. E, assim, os astecas puderam organizar suas cidades e construir espaços em que acontecia uma parte importante da vida: os rituais sagrados e cerimônias.

A arquitetura é a manifestação cultural mais significativa dos astecas. Os edifícios de maior destaque são os templos em forma de pirâmide e os palácios. A organização arquitetônica mais elaborada é a de Teotihuacán[2], no México, que se tornou "uma autêntica comunidade urbana disposta em malha ortogonal, com densos agrupamentos residenciais ao redor de conglomerados de templos-pirâmides" (Jones, 2014, p. 66). Dessa forma, constituíam-se importantes lugares sagrados, com templos monumentais de caráter religioso, os quais tinham um valor central na sociedade asteca:

> O templo se impunha por sua aparência majestática. "Se consideramos que os grandes deuses habitam nos céus, compreende-se que seus altares e suas estátuas devam elevar-se acima do nível das atividades desse mundo. O clima contribuía indiretamente para o nascimento de uma notável criação artística, inspirada pelas exigências do culto. Com efeito, não havia necessidade de abrigar as multidões de fiéis para protegê-las contra as intempéries." Os templos-pirâmides, os pátios, os altares e as plataformas onde eram expostos como troféus a cabeça e o coração dos inimigos vencidos, causam-nos uma profunda admiração aliada a quase irreprimível horror. (Giordani, citado por Probst, 2016, p. 49)

---

[2] "Teotihuacán se tornou uma bandeira para os mexicanos na defesa e proteção do Patrimônio Cultural Nacional. Seu principal monumento, a Pirâmide do Sol, é um ícone da identidade nacional, especialmente como um elemento relevante do passado pré-hispânico. Os vestígios arqueológicos da antiga cidade clássica de Teotihuacán representam o México na arena internacional, já que foi o primeiro sítio de nosso país declarado tesouro do Patrimônio Mundial pela UNESCO, em 1987" (México, 2022, tradução nossa).

Os sacrifícios que ocorriam nos altares e nas plataformas, conforme mencionado por Giordani, de fato, causam-nos horror, mas temos de atentar para o fato de que se trata de uma cultura antiga, com práticas diferentes das nossas. Tais cerimônias recordavam

> como os deuses haviam se reunido em Teotihuacan, com o objetivo de fazer possível a aparição de um novo sol, em meio à escuridão reinante, pois o mundo já havia sido destruído 4 vezes consecutivas e deveria surgir a quinta era, a atual. Buscaram quem estaria disposto a sacrificar-se por uma nova aurora para a humanidade. Dois deuses que se apontaram jogaram-se ao fogo e surgiram o Sol e Lua, onde o amanhecer e o entardecer nos recordam o sacro ofício. "Se pelo sacrifício se restauraram o sol e a vida, tão somente por meio de oferecimentos de sangue semelhantes poderá conservar-se tudo que existe". (Bernardes, 2008, p. 13)

As pirâmides do Sol e da Lua, de Teotihuacán, foram a concretização dessa mentalidade mesoamericana. A forma como se constituíam os templos e as pirâmides, sua relação com os pontos cardeais, os espaços específicos destinados aos sacerdotes e à população, tudo isso era organizado dentro do espaço destinado às cerimônias.

Figura 3.2 – Pirâmide da Lua, Teotihuacán, México

Observando o que permaneceu no tempo da cidade de Teotihuacán – uma das mais importantes e onde se encontram as pirâmides do Sol e da Lua (Figura 3.2) –, podemos ter a dimensão de aspectos fundamentais nessa cultura. Teotihuacán foi "cuidadosamente planejada dentro de um traçado ortogonal. Possuía conjuntos residenciais com vários andares, áreas para oficinas, numerosas praças, um centro cerimonial dominado por pirâmides" (Marriott, 2015, p. 70).

É possível perceber o quão fundamental é a relação com a natureza e com os astros celestes, como é o caso do sol e da lua, em muitas civilizações, tanto nas antigas como em algumas contemporâneas – por exemplo, as populações indígenas brasileiras. A conexão com o ambiente natural sempre foi motivo de profundos questionamentos e reflexões, conforme destaca Bernardes (2008, p. 96):

> Cada cultura em suas origens vasculha o espaço celeste em busca de respostas a suas inquietudes. Aprende a detectar na natureza os ciclos, os ritmos do planeta tendo como ponto de apoio à posição estelar, assim como analisa a trajetória de todos os astros visíveis, sejam estrelas/sois, planetas, satélites ou cometas. Simbolicamente traça seus ícones imagéticos nos céus e posiciona seus edifícios e cidades a partir destas referências. Com isso conquista o melhor ângulo de iluminação solar ou o melhor posicionamento urbano em relação às zonas de cultivo.

Belmonte (2018) observa, a seguir, como ocorria a percepção do tempo para os astecas e os incas, bem como o que isso implicava na manutenção da vida. Essa visão de mundo, naturalmente, manifestava-se em práticas da vida coletiva, assim como na arquitetura.

> Os nativos das Américas não percebiam o tempo de maneira linear como os europeus de então. A ideia de um tempo em si, como conceito abstrato e universal, parecia simplesmente não existir. Apesar de enormes diferenças entre as civilizações americanas, na maioria delas, como entre os astecas e incas, o tempo era vivido como uma simultaneidade de dimensões que agiam como engrenagens de um esquema maior. Cada uma dessas engrenagens representava uma dimensão do tempo, que englobava o tempo cósmico das rotações e translações de planetas, o ciclo dos solstícios e equinócios, o tempo do plantio e da colheita, o tempo das chuvas e da seca, o tempo de vida dos homens, o tempo absoluto dos deuses. Essas múltiplas dimensões do tempo eram (e ainda são) expressas na linguagem – através de tempos verbais desconhecidos nas línguas indo-europeias. Eram também expressas nas festividades e rituais que marcavam a vida comunal e a relação dos homens com a colheita e a perpetuação da espécie – e ainda são entre inúmeras comunidades. Eram também, como dissemos, manifestadas

> na arquitetura bem planejada de acordo com uma ordem cosmológica: pirâmides que eram também observatórios, janelas de onde se podia observar a primeira estrela a aparecer no céu, arcos por meio dos quais se podia festejar a entrada de um solstício. (Belmonte, 2018, p. 46-47)

A arquitetura asteca, entretanto, não se limitava às construções de cunho religioso, o que fica evidente pela presença dos palácios e da arquitetura militar, representados por "fortalezas e redutos de defesa para seu território" (Probst, 2016, p. 49).

Na região onde hoje se encontram o Peru e parte da Colômbia, do Chile e da Argentina, nas montanhas da Cordilheira dos Andes, por volta de 1400 a 1532, desenvolveu-se a civilização inca. Segundo Marriott (2015, p. 103), os incas foram a última e mais esplendorosa civilização pré-colombiana.

O Império Inca foi o maior de todos os que foram estabelecidos no Novo Mundo. Segundo Landes (citado por Probst, 2016, p. 65), contava com aproximadamente 15 milhões de habitantes quando chegaram os conquistadores espanhóis. Localizadas em aldeias, suas populações viviam principalmente da agricultura, e um importante fator religioso e cultural, o "culto ao deus Sol, de acordo com Cáceres (1992), foi imposto a todo o império. As tribos possuíam templos em homenagem a essa divindade, mas o templo principal ficava em Cuzco" (Probst, 2016, p. 71). Os incas cultuavam, além do deus Sol, divindades que vinham da natureza, como a lua, o arco-íris e o trovão.

> No que diz respeito à religião, acreditava-se que os chefes incas eram descendentes do deus Sol, que era tido como o "criador do mundo". Os incas "Eram conhecidos por *filhos do Sol*, divindade que sempre fascinou os habitantes dessa região, desde tempos remotos, já que era um elemento glorioso de luz que invadia o seu espaço durante parte do dia". (Silva, citado por Probst, 2016, p. 69, grifo do original)

Como, então, essa cosmovisão se transformava em arquitetura, em espaços organizados de viver, e em cidades? Lagana (citado por Lemos, 2018, p. 16) destaca que, apesar de o mundo em que se baseava a realidade indígena ser predominantemente rural, "as cidades existentes na chamada América Hispânica, seja Tenochtitlan, Cuzco e várias outras menores, representavam, sobretudo uma enorme visão de mundo das sociedades arcaicas, o espaço da religiosidade do 'homus religiosus'". Essa concepção de mundo considerava todas as experiências como sendo do "âmbito do espaço sagrado" (Lemos, 2018, p. 16), o que inclui as construções. Assim, a "formação do território se relaciona com a vida religiosa: a caça, a pesca, a construção da casa, a aldeia, todos os atos da vida cotidiana" (Lemos, 2018, p. 16), bem como a alimentação, a dança e a procriação.

As sociedades antigas tinham consciência de que a manutenção da vida estava profundamente conectada com a natureza (aliás, sabemos que a vida é sempre profundamente relacionada com a natureza, fazendo parte de um sistema, mas essa não é uma questão com a qual o homem contemporâneo se importe como sociedade, mesmo com a intensa destruição do ambiente natural). Essa conexão, contudo, era materializada em objetos e construções, com o sagrado se manifestando na vida cotidiana.

> Os vínculos entre elementos tais como o céu e a terra, a noite e o dia, o natural e o sobrenatural, típicos do pensamento andino, encarnam uma concepção de mundo em que se explicam não só a existência do mundo e das coisas, mas também a compreensão de si mesmo, do visível, do invisível, do tempo, do divino, em suma, de tudo o que efetivamente é. (Belmonte, 2018, p. 31)

Para Belmonte (2018, p. 31), a cultura material andina encontrava-se impregnada de "elementos simbólicos e imateriais", manifestando-se nos objetos, nas cidades, na arquitetura e em outras produções culturais materiais.

3.2.3 Os incas e sua arquitetura

Grandes arquitetos e urbanistas, os incas construíram templos, palácios e cidades, as quais funcionavam como "centros administrativos, militares e cerimoniais", segundo Cáceres (1992, p. 31), além de estradas, reconhecidas pela sua ótima qualidade. Entre vários locais de grande importância histórica e arquitetônica, podemos citar Tiwanaku – situado nos Andes bolivianos –, um dos mais importantes sítios arqueológicos incas, designado como Patrimônio Mundial pela Organização das Nações Unidas para a Educação, a

Figura 3.3 – Templos de Kalasasaya

Matthieu MAURY/Shutterstock

Ciência e a Cultura (Unesco). "Tiwanaku está localizado próximo à margem sul do Lago Titicaca no Altiplano, a uma altitude de 3.850 m" (Unesco, 2022, tradução nossa). Em Tiwanaku[3] estão os templos de Kalasasaya (Figura 3.3).

Tanto Tiwanaku como Machu Picchu se encontram em lugares que, geograficamente, são de difícil acesso em razão da altitude, do clima desses lugares ou da própria dificuldade de se chegar com materiais para as construções. Reinhard (2007, p. 21) utiliza o termo *geografia sagrada* para se referir

> às condições geográficas (montanhas, rios, lagos, pedregulhos, cavernas, nascentes) que se acredita possuir poderes sobrenaturais ou ser as encarnações de seres sobrenaturais. Nos Andes, as altas montanhas (comumente chamadas de apus na região de Cuzco) eram (e ainda são) consideradas entre a mais poderosa das divindades tradicionais.

As montanhas, segundo Humphrey e Vitebsky (2002, p. 22), são caracterizadas, em muitas culturas, como o tipo de local que mais "perfeitamente aspira atingir o céu". Por sua forma, "são com frequência consideradas sagradas e geralmente vistas como morada dos deuses" (Humphrey; Vitebsky, 2002, p. 22).

---

3   "O Centro Espiritual e Político da Cultura Tiwanaku é Patrimônio Mundial desde 2000, em virtude de seu Valor Universal Excepcional expresso na concepção e domínio construtivo dos templos e da estatuária monumentais. Sua unidade também reside no conhecimento de uma sociedade multiétnica, dirigida por líderes políticos e espirituais há mais de 1000 anos" (Tiwanaku, 2022, tradução nossa).

As cidades de Cuzco – a capital – e Machu Picchu (Figura 3.4) são lugares de destaque quando se trata da arquitetura e do urbanismo inca. Cuzco é "uma representativa capital planejada em forma de puma, com palácios, templos, fortalezas, celeiros e um inventivo sistema de abastecimento de água" (Probst, 2016, p. 21).

Machu Picchu, cujas ruínas foram descobertas apenas em 1911 (Proença, 2005), localiza-se "entre o planalto andino e a Floresta Amazônica, a 2.690 metros acima do nível do mar", e é uma "das relíquias mais importantes dos povos pré-colombianos" (Cáceres, 1992, p. 31). Sua relação com o espaço demonstra uma arquitetura robusta – realizada com blocos de pedra sobrepostos –, que se encontra profundamente vinculada ao ambiente natural circundante. Observe a Figura 3.4 e repare no desenho das construções e na forma como se acomodam à geografia local.

Figura 3.4 – Ruínas do Santuário Histórico de Machu Picchu, Peru

Fonte: Enrico Pescantini/Shutterstock

Figura 3.5 – Construção com pedras er caixadas umas às outras. Machu Picchu, Peru

Fonte: Jess Kraft/Shutterstock

De acordo com a Organização das Nações Unidas (2011), Machu Picchu foi "considerada a criação urbana mais surpreendente do império Inca", sendo constituída de aproximadamente 200 sítios arqueológicos. Conforme Doig (2014, p. 323, tradução nossa),

> Machu Picchu (Matshu Piktshu), joia da arquitetura inca, é uma das maravilhas do mundo. Seu caráter extraordinário expressa o talento construtivo do homem em conjunção harmoniosa com a imponente paisagem e, justamente por isso, a UNESCO declarou Machu Picchu Patrimônio da Humanidade, devido ao seu duplo *status* de expoente cultural e natural. Mais tarde, em uma competição internacional, Machu Picchu foi incluído na lista das Sete Novas Maravilhas do Mundo.

Cuzco e Machu Picchu preservam ainda hoje muitas das construções antigas. "Diversos templos e palácios foram construídos a partir de pedras talhadas, que se encaixavam perfeitamente umas às outras" (Probst, 2016, p. 72), como podemos ver na Figura 3.5.

Machu Picchu foi um lugar conhecido e frequentado apenas pela população local até 1911, ano em que foi descoberta pelos estrangeiros e que significou sua revelação para o mundo. Doig (2014, p. 323-324, tradução nossa) escreve sobre essa descoberta:

> Hiram Bingham (1875-1956), historiador e professor da Universidade de Yale, chegou ao Peru em 1911 em busca da lendária cidade de Vilcabamba (Vilcapampa), construída por Manco Inca depois de se barricar em 1537 na inóspita região de Vilcabamba, jurando expulsar os invasores espanhóis.
>
> Antes de seguir para Vilcabamba, em Cusco recebeu notícias de Machu Picchu. Como ele estava perto de Mandorbamba, um lugar por onde necessariamente iria passar, ele decidiu visitar o local.
>
> Seguindo o conselho recebido, ao chegar a Mandorbamba, ele contatou Melchor Arteaga, que confirmou a magnitude das ruínas. Deslumbrado, Bingham pediu que ele o guiasse. Eles cruzaram uma ponte improvisada sobre o rio Urubamba e escalaram as encostas íngremes cobertas por densa vegetação que separa Mandorbamba de Machu Picchu.

> Depois de abordar as ruínas, Bingham deduziu que não poderia ser a lendária cidade de Vilcabamba que ele procurava. Por isso, continuou seu caminho para cumprir a meta que havia traçado.
>
> A visita de Bingham revelou Machu Picchu ao mundo. O tesouro da arquitetura inca era até então ignorado pela humanidade, embora certamente não fosse desconhecido pelos camponeses e ocasionais caçadores de tesouros, como o próprio Bingham registrou em suas obras.
>
> Assim, comenta-se que foi o menino Pablito Álvarez quem o conduziu ao lugar onde se erguiam as imponentes muralhas de Machu Picchu, ainda parcialmente ocultas pela densa vegetação tropical. Observando-os, Bingham escreveu espantado em seu diário: "Alguém acreditaria no que eu encontrei ...?".

Por fim, não podemos deixar de destacar que o contato dos espanhóis com essas civilizações resultou em grandes transformações dessas comunidades, conforme descrito por Lemos (2018, p. 17):

> Os espanhóis, ao chegarem à América Central e Meridional, encontraram impérios ricos e desenvolvidos, mas incapazes de resistir aos colonizadores. Segundo Moraes (2006, p. 43), "qualquer colônia é o resultado de uma conquista territorial. Um espaço ganho da natureza, de outros povos e de outros estados. É um espaço novo na perspectiva do colonizador". (Lemos, 2018, p. 17)

O colonizador, preparado para o domínio do novo território, mais organizado, mais armado e certo de que sua cultura deveria prevalecer sobre a outra, deparou-se com o lugar e apropriou-se dele. Segundo Lemos (2018, p. 14), "o denominado 'descobrimento da América Latina' é, antes de mais nada, um processo civilizatório que procurava transformar a cultura existente". Para o autor, em conformidade com a visão dos europeus, as sociedades que não compartilhavam das mesmas vivências e experiências que as suas "eram rotuladas de incivilizadas" (Lemos, 2018, p. 14), ou primitivas, o que se aplicou ao caso da América como um todo.

3.3 O Brasil pré-colombiano e a herança dos povos originários

Para Probst (2016, p. 22), a base para a formação dessa nova sociedade (a americana) foi a "exploração de riquezas e a conversão dos indígenas à fé cristã. As mortes nessas comunidades, causadas pela fome, pelos maus-tratos ou pelo trabalho forçado, marcaram fortemente a história americana".

> Como coloca Costa (2017, p. 55) "a dinâmica de trabalho imposta para a exploração de riquezas, em territórios latino-americanos, extirpou a cultura (e a vida) de milhares de indígenas e afrodescendentes". Inicia-se, assim, a essência de toda a relação espaço-temporal da urbanização latino-americana: a contradição, o conflito, o choque entre o europeu e os autóctones. Cortez e Pizarro quando destroem as cidades que encontram, o fazem ante tudo [sic] pela significação simbólica que apresentavam seus territórios, porque uma nova concepção do mundo deve ser implantada. (Lemos, 2018, p. 18)

Com efeito, ocorreu uma drástica redução no número desses antigos habitantes em suas aldeias e cidades, havendo uma enorme destruição humana nesse contato, "e sua cultura praticamente desapareceu" (Probst, 2016, p. 41).

3.3.1 Brasil pré-colombiano

Inicialmente, vale refletir sobre as palavras de Ailton Krenak (2018):

> Na década de oitenta abrimos trilhas para as novas gerações buscarem o reconhecimento dos direitos das populações originárias, os indígenas, e para conscientizar a população da importância de continuarmos tendo rios, montanhas, paisagens, florestas como recursos capazes de se refazerem ao longo do tempo e como uma riqueza a ser partilhada pelas gerações futuras. É um tipo de entendimento da terra como a nossa casa comum, mas o que tem prevalecido é a ideia de que diferentes lugares do

planeta podem oferecer posicionamentos estratégicos para algumas potências ou ser simplesmente fonte de suprimento daquilo que estas potências querem controlar. E pequenas nações como o Brasil e a maior parte dos países da América Latina, ex-colónias, não tiveram sequer o tempo necessário para consolidar um pensamento acerca de si mesmos. Não tenho nenhuma ilusão acerca do futuro destas pequenas nações: ou vamos experimentar grandes transformações globais na relação entre os povos ou estas pequenas nações vão ser cada vez mais territórios de disputa e enclaves das potências que têm força para decidir o jogo, que não precisa nem de ser na ONU, é decidido no mercado.

No Brasil pré-colombiano, as terras eram habitadas por inúmeros povos indígenas que tinham sua própria história. Estima-se que a população indígena era de aproximadamente 5 milhões de indivíduos na ocasião da chegada dos colonizadores portugueses (Probst, 2016), com costumes e línguas diversas.

Weimer (2012, p. 42) destaca a importância de se compreender a "estrutura das diversas culturas nativas" para o entendimento de sua arquitetura. Com relação aos indígenas, essa necessidade de compreensão é mais profunda, tendo em vista que a essência da organização de cada grupo é muito diferente da forma de viver do homem urbano. Características culturais como "sua admirável adaptação ecológica e a estrutura social isenta de disparidades causadoras de explorações das forças de trabalho" (Weimer, 2012, p. 42) indicam uma vida coletiva que não existe nas sociedades ocidentais, e que se expressa em espaços de viver, seja na organização das aldeias como um todo, seja nas habitações. Em seu livro *Arquitetura popular brasileira*, Weimer (2012, p. 43) refere-se à existência de "mais de setenta tradições construtivas específicas":

> Só esse número mostra que seria impossível aqui estudar cada uma em particular, seja por sua diversidade, seja – principalmente – pela precariedade de dados disponíveis. Além do mais, a existência de uma tradição construtiva não quer dizer que se possa apresentar apenas uma determinada solução arquitetônica. Com o passar do tempo, as formas arquétipas foram dando origem a uma série de variantes, o que faz com que o número de soluções se potencialize. (Weimer, 2012, p. 43)

Figura 3.6 – Aldeia yawalapiti

Celso Viviani/Shutterstock

Os indígenas brasileiros se organizavam em tribos de construções temporárias. Os grupos viviam em aldeias, e os materiais de suas construções consistiam em matéria-prima adquirida nas florestas, sendo perecíveis ao longo do tempo. Schüler (citado por Probst, 2016, p. 82) observa, a respeito da organização social e do desenvolvimento dos indígenas brasileiros, que "não houve no Brasil pré-colombiano algo que lembre as monarquias do México e do Peru. Ao contrário do que se passava nos Andes e no sudoeste da América do Norte, os povos indígenas do Brasil mantiveram a autonomia tribal".

Weimer (2012, p. 43) indica a existência de uma série de variantes e de um grande número de soluções construtivas que acompanharam as variações culturais. Um exemplo são as casas comunais[4] (comuns a várias famílias parentes entre si) dos Yawalapiti (Figura 3.6), que vivem na parte sul do Parque Indígena do Xingu, chamada de Alto Xingu. À semelhança das demais aldeias da região, a aldeia yawalapiti assume a forma de um círculo, sendo as casas dispostas em torno de um espaço central, local destinado ao uso masculino. "As diferentes partes da casa são relacionadas com partes do corpo humano ou animal. A parte da frente, por exemplo, corresponde ao peito, os fundos são as costas, a porta é a boca e os pilares são as pernas" (Povos Indígenas no Brasil Mirim, 2022).

---

[4] "O tamanho da casa varia de acordo com o número de moradores. O espaço interno normalmente é organizado assim: há o espaço da cozinha; o depósito de alimentos que fica no centro da casa, e um outro, em frente à porta de entrada, onde os visitantes são recebidos e as danças realizadas. Os moradores dormem em redes que são amarradas nas laterais da casa. À noite, a casa é fechada com portas feitas de madeira e palha e pequenas fogueiras são acesas abaixo das redes, deixando o interior com uma temperatura agradável" (Povos Indígenas no Brasil Mirim, 2022).

Há inúmeras particularidades dessa vida em comunidade que se materializam nos espaços e nas construções das atividades cotidianas, os quais encontram correspondência total com o que é designado culturalmente. Diferentemente de nossas casas e apartamentos, que têm paredes e portas dividindo os espaços, dentro da casa yawalapiti existe uma unidade mínima a ser usada pelo casal e seus filhos. A forma como organizam a vida cotidiana e a vida coletiva se reflete no aspecto formal dos espaços e nas relações na comunidade, e o olhar sobre a vida e o mundo nos faz perceber as diferenças em relação à população que nunca teve contato com a cultura dos povos originários e que vive no meio urbano.

Se você nunca vivenciou esses tipos de hábitos e comportamentos, consegue se imaginar vivendo em um espaço assim? Como adaptaria sua forma de entender o mundo – que tem como base uma cultura determinada por sua família, sua cidade, seu país – a um contexto diferente do seu?

Entre inúmeras possibilidades, vamos considerar o caso dos Yanomami, que têm uma concepção de mundo em que se integram plenamente o mundo natural e o mundo transformado pela ação humana: "Para os Yanomami, 'urihi', a terra-floresta, não é um mero espaço inerte de exploração econômica (o que chamamos de 'natureza') Trata-se de uma entidade viva, inserida numa complexa dinâmica cosmológica de intercâmbios entre humanos e não-humanos" (Albert, 2018).

As casas dos Yanomami (Figura 3.7) são como peças dentro da floresta, na qual se encontram inseridas de forma que a comunidade esteja próxima do local que ajuda no sustento da vida. São construções circulares com um pátio central descoberto. Nelas vivem várias famílias que têm proximidade entre si, e cada uma utiliza uma parte determinada desse espaço coberto.

Pouco sabemos sobre as culturas indígenas porque o conteúdo oficial

Figura 3.7 – Aldeia **yanomami**, localizada em ambos os lados da fronteira entre Brasil e Venezuela

Pablo Bayley Angeleri/Shutterstock

estudado na maioria das escolas geralmente se apresenta com base no olhar do homem branco urbanizado e segundo uma imagem extremamente estereotipada e limitada. Para compreendermos essas culturas e as políticas relacionadas que estão em vigor, a fim de valorizarmos e respeitarmos os povos originários, é preciso conhecimento.

Do contrário, corremos o risco de apenas repetir conceitos e preconceitos. Conforme Fleuri (2017, p. 279), o "processo de colonização do Brasil significou um trágico processo de genocídio dos povos originários, destruição de seus territórios ancestrais, bem como o ocultamento ou esquecimento de suas ricas e variadas culturas". Na manutenção de um pensamento colonizador, seguimos, como nação, com o desinteresse real por esses povos. Orlandi (citada por Probst, 2016, p. 84-85) é enfática quanto à relação com a cultura indígena:

> pude constatar que, no caso do contato cultural entre índios e brancos, o silenciamento produzido pelo Estado não incide apenas sobre o que o índio, enquanto sujeito, faz, mas sobre a própria existência do sujeito índio. E, quando digo Estado, digo o Estado brasileiro do branco. Estado este que silencia a existência do índio enquanto sua parte componente da cultura brasileira.

No processo de colonização, as culturas locais foram submetidas aos hábitos, às crenças e à cultura do colonizador. De acordo com Lemos (2018, p. 19), "Os ibéricos, ao conquistarem as novas terras, se apossaram, em nome de Cristo, dos territórios que pertenciam a outros deuses". Os povos eram considerados "infiéis" e, aos poucos, foram sofrendo o processo de aculturamento em suas crenças, hábitos e costumes, em sua língua e na própria expressão cultural.

Do ponto de vista do colonizador, interessado na conquista e dominação do território, recorreu-se a um "discurso que classifica o mundo baseado no critério de **raça**, posicionando os povos autóctones em uma condição de subalternidade em relação ao europeu, na medida em que suas diferenças culturais eram interpretadas negativamente" (Fleuri, 2017, p. 279-280, grifo do original). Sob essa ótica, acompanhe a reflexão acerca da disparidade entre a visão de mundo dos povos originários do Brasil e a das culturas ocidentais:

> Essa visão da vida e da natureza contrasta com a visão das culturas ocidentais: a natureza é concebida como um objeto a ser dominado, apropriado e mercantilizado. A maneira moderno-europeia de ver o mundo justifica um processo de exploração predatória do ambiente, bem como a sua própria força de trabalho para realizar a acumulação privada de capital. Tal sistema encontra-se agora em profunda crise, assim como a cosmovisão e as ideologias que a justificam.
>
> Entretanto, as cosmovisões ancestrais dos povos originários, ao integrar as dimensões biofísica, humana e espiritual, permite superar a concepção moderna que divide natureza e sociedade e justifica a exploração e dominação predatória da natureza pelos seres humanos. Assim, as culturas originárias oferecem uma visão de mundo que pode contribuir para superar o impasse em que as culturas ocidentais e o sistema capitalista se encontram hoje, no que diz respeito à sustentabilidade da vida e do ecossistema no planeta. (Fleuri, 2017, p. 286)

Falar de arquitetura não é falar apenas de construções, formas, materiais e movimentos históricos; implica estar atento a todas as questões envolvidas na expressão de um povo, na organização de seu espaço, em sua forma de viver, em sua visão de mundo, na geografia, enfim, em todos os aspectos que podem, de alguma forma, ser expressos em seu viver.

3.4 Arquitetura barroca na Europa

Uma série de transformações sociais, culturais e de ordem religiosa colaboraram para um novo momento na Europa que abriria espaço para o barroco, com uma linguagem artística e arquitetônica marcada por uma nova cosmovisão. Ávila (1994, p. 33) destaca uma série de fatores que influenciaram esse novo panorama: o crescimento da imprensa e o consequente aumento do acesso à informação; a expansão marítima e o surgimento de uma cosmovisão que incluía o continente americano; a Contrarreforma, que não apenas abalou as certezas de uma vida altamente espiritualizada como também acarretou uma crise existencial decorrente da separação entre o mundo espiritual e o material; e, por fim, os governos absolutistas.

Figura 3.8 – Teto da Igreja de Santo Inácio de Loyola

POZZO, Andrea. **Apoteose de Santo Inácio**. Afresco. Igreja de Santo Inácio de Loyola, Roma, Itália.

Figura 3.9 – Vista aérea da Praça de São Pedro, Vaticano, Roma

O artista barroco, inserido nesse contexto cambiante, absorveu esse movimento e reverberou, mais do que o artista renascentista, "a paixão da aventura humana" (Ávila, 1994, p. 34). A estética barroca, entretanto, não era homogênea, uma vez que as manifestações de origem católica e protestante eram distintas. Na Europa, nos países protestantes preponderava uma arte sóbria, ligada à vida e ao cotidiano. No que concerne à arquitetura religiosa, recorria-se à simplicidade, à ausência de ornamentos, caracterizando-se, assim, a sobriedade. O barroco católico desenvolveu temas religiosos imiscuídos em uma forte dramaticidade, tanto nas artes como na arquitetura, o que significava o estímulo aos sentidos, o intenso movimento das formas por meio de curvas, as cores, a teatralidade e o lúdico, que jogava com a ilusão de ótica.

A Figura 3.8 é clássica nos livros de história da arte e mostra o interior da Igreja de Santo Inácio de Loyola, em Roma, mais especificamente seu teto. Observe-o e tente identificar onde termina a arquitetura e começa a pintura.

Da mesma forma, você pode afirmar se há esculturas nesse conjunto? Na realidade, existe apenas pintura no teto da igreja, o que inclui os elementos arquitetônicos que aparecem na imagem. Lembra-se de que comentamos, a respeito da Villa Rotonda, um edifício do Renascimento, o quão claros eram os elementos? Não podemos falar o mesmo de um edifício barroco, em que estão presentes justamente artifícios que levam o observador a um jogo – os elementos parecem arquitetura, mas são pintura, parecem esculturas, mas também são pintura. O teto da igreja dá a impressão de que é aberto, causando no observador uma forte sensação de estar sendo transposto para outro espaço. Existe uma narrativa, uma ambientação, um caráter lúdico que "brinca" com nossa percepção.

Outro exemplo importante é a Basílica de São Pedro (Patrimônio Mundial da Humanidade) e sua praça (Figura 3.9). Embora a igreja seja do período do Renascimento, foi feita uma reforma (por Bernini, escultor e arquiteto italiano) com elementos representativos do período barroco. A basílica é um dos edifícios mais importantes da Igreja Católica por conta de sua representatividade e de seu simbolismo, visto que é o local em que o papa se faz presente rotineiramente, bem como por sua grandiosidade, seu caráter sagrado. A praça, por sua vez, é como um grande adro, espaço aberto que antecede a entrada principal da igreja. As duas colunatas da praça – que acompanham a passarela curva – simbolicamente representam os "braços" da Igreja, que dão forma e contenção aos fiéis.

3.5 Arquitetura no Brasil colonial e no Brasil barroco

Após a chegada dos europeus, a sociedade brasileira iniciava sua estruturação com base na exploração das terras e no trabalho de indígenas e africanos escravizados. Foram essas mãos que ergueram as primeiras casas e cidades brasileiras, nascidas de uma estrutura social desigual e violenta.

As primeiras cidades brasileiras, erguidas na zona litorânea, tinham feições portuguesas, ou seja, vinham de uma concepção de cidade baseada nas "cidades medievo-renascentistas da Europa" (Reis Filho, 1987, p. 16). As casas eram construídas de frente para a rua, para onde também abriam as portas, sem recuo frontal nem lateral e sem calçada. Assim, as ruas tinham um aspecto uniforme, já que todas seguiam o mesmo padrão de ocupação do solo.

Figura 3.10 – Rua da cidade de Paraty, Estado do Rio de Janeiro

Gabor Kovacs Photography/Shutterstock

Figura 3.11 – Interior da Igreja de São Francisco, Salvador

Marcio Jose Bastos Silva/Shutterstock

Segundo Reis Filho (1987, p. 24), "dimensões e número de aberturas, altura dos pavimentos e alinhamentos com as edificações vizinhas foram exigências correntes no século XVIII", revelando uma preocupação formal a qual garantia que as cidades brasileiras tivessem uma "aparência portuguesa". Essa relação é nitidamente percebida quando comparamos as paisagens das cidades portuguesas com as brasileiras. É o caso da Figura 3.10, em que podemos ver a cidade de Paraty, no Estado do Rio de Janeiro. As cidades coloniais seguiam um traçado orgânico, o que significa uma configuração espacial próxima ao crescimento espontâneo.

As primeiras cidades se localizavam ao longo da costa, uma vez que os invasores não conheciam as matas, tampouco se aventuraram, no início, a adentrar as florestas brasileiras. Cidades como Salvador, Rio de Janeiro, São Luís, Belém, Recife, entre outras, constam na lista das mais antigas e mantêm até hoje, como parte de suas origens, o traçado irregular de suas ruas.

Os novos continentes passaram a ser explorados e povoados em um momento em que a Igreja Católica ansiava por novos fiéis, já que a Reforma Protestante havia abalado sua estabilidade anterior. A América Latina, em que crescia o número de cidades e da população, representava uma grande oportunidade para a propagação do catolicismo. Desse modo, as igrejas foram locais nos quais se investiram importantes recursos para a disseminação do catolicismo em territórios americanos. O barroco brasileiro foi muitas vezes exuberante e, quanto mais abastada era a cidade, mais a arquitetura se mostrava rica e visualmente opulenta.

A esse respeito, na Figura 3.11, observe as imagens do rico interior da Igreja de São Francisco, em Salvador. Essa igreja é apenas um dos exemplos das muitas outras espalhadas pelo Brasil, as quais resultaram de um período de grandes obras do barroco nacional.

A arquitetura barroca religiosa, com seu interior completamente cheio de informações visuais, era cenográfica, no sentido de criar uma atmosfera visual, com a intenção de provocar sensações. Seu interior era um mundo à parte, repleto de excessos e estímulos visuais que buscavam o brilho, o dourado, o vermelho, os contrastes de luz e sombra e, com isso, o dramático.

Por fim, estando em terras brasileiras, o barroco europeu foi, aos poucos, adquirindo feições próprias à medida que era traduzido para a colônia. Artesãos, mestres de obras e trabalhadores paulatinamente imprimiam seu olhar, desenvolviam suas técnicas e davam sua própria contribuição, talhando, construindo paredes, ornamentos e formas com materiais da terra, como madeira, ouro e pedra-sabão, que carregavam suas próprias características.

Síntese

Neste capítulo, apresentamos, de forma introdutória, tanto a arquitetura dos povos antigos (maias, astecas e incas) como a dos indígenas brasileiros. A arquitetura da América pré-colombiana, que envolve tanto a América de língua espanhola como a de língua portuguesa, foi objeto de nossas análises, principalmente porque é fundamental, como americanos, conhecermos a cultura e as produções arquitetônicas dos povos originários da América Latina. Mostramos que a forma como tais populações se relacionavam com o mundo sofreu transformações profundas com a chegada dos europeus, que viram no novo continente um lugar do qual podiam se apropriar. Esse contato foi marcado pela violência e pelo desrespeito aos povos originários, que até hoje sofrem com o descaso da nova sociedade que aqui se instalou.

Também destacamos a forma como os indígenas brasileiros entendem o mundo, com uma visão "da terra como a nossa casa comum" (Krenak, 2018). Buscamos ressaltar que é fundamental abordarmos não apenas as construções desses povos, mas também sua forma de estar no mundo, que é respeitosa e conectada com a natureza. Do alto de nosso preconceito como sociedade, deixamos de aprender lições valiosas, sendo uma delas o pensamento como coletividade, o que implica considerar o outro – seja o homem, seja o animal, seja a floresta, que é a natureza e nossa casa e da qual dependemos.

Ao final, apresentamos exemplos da arquitetura do Brasil colonial, que mudava sua paisagem por conta da chegada dos europeus e inseria-se em um novo momento de sua história, recebendo influências de outras culturas. A arquitetura barroca também foi estudada, observando-se exemplos da Europa e do Brasil.

Atividades de autoavaliação

1. Assinale com V (verdadeiro) ou F (falso) as assertivas a seguir sobre a arquitetura da América pré-colombiana:

    ( ) A cultura material andina encontrava-se impregnada de elementos simbólicos e imateriais, manifestando-se nos objetos, nas cidades, na arquitetura e em outras produções culturais materiais.

    ( ) O denominado *descobrimento da América Latina* é, antes de mais nada, um processo civilizatório que procurava transformar a cultura existente. A base para a formação dessa nova sociedade (a americana) foi a exploração de riquezas e a conversão dos indígenas à fé cristã.

    ( ) Assim como nossas casas e apartamentos, que têm paredes e portas dividindo os espaços, dentro da casa yawalapiti existem espaços divididos também com paredes de tijolos, para cada família.

( ) Para os Yanomami, *urihi*, a terra-floresta (que chamamos de *natureza*), é uma entidade viva, inserida em uma complexa dinâmica cosmológica. A casa dos Yanomami é como uma peça dentro da floresta, e a comunidade está próxima do local que ajuda no sustento da vida.
( ) A cultura indígena oferece uma visão de mundo que pode contribuir para superar o impasse em que as culturas ocidentais e o sistema capitalista se encontram hoje, no que diz respeito à sustentabilidade da vida e do ecossistema no planeta.

Agora, assinale a alternativa que corresponde à sequência obtida:

a) F, V, F, F, F.
b) F, V, V, V, V.
c) V, V, F, V, V.
d) V, F, V, F, F.
e) F, V, V, F, F.

2. Sobre a cultura e a arquitetura da América pré-colombiana (maias, astecas e incas), assinale a alternativa **incorreta**:
   a) Os maias desenvolveram um conjunto complexo de calendários e viam a história como algo cíclico, acreditando no intervalo nascimento-morte-renascimento. O renascimento, assim, era acompanhado pelo acendimento de uma chama ritualística e pela construção de templos e pirâmides importantes.
   b) A configuração da forma interior e o uso das pirâmides do Egito e das pirâmides maias são iguais.
   c) A arquitetura é a manifestação cultural mais significativa dos astecas.
   d) É na cidade de Teotihuacán, local sagrado dos astecas, que se encontram as pirâmides do Sol e da Lua, que têm uma profunda relação com a natureza e com os astros celestes.
   e) A concepção de mundo dos incas considerava todas as experiências como sendo do âmbito do espaço sagrado, o que inclui as construções.

3. Com relação à arquitetura barroca e à arquitetura do Brasil colonial, assinale com V (verdadeiro) ou F (falso) as assertivas a seguir:

( ) As igrejas desse período, com seu interior completamente cheio de tudo – cores, pinturas, esculturas, formas retorcidas, anjos e cornetas –, eram cenográficas e provocavam sensações.

( ) Estando em terras brasileiras, o barroco europeu foi aos poucos adquirindo feições próprias à medida que era traduzido para a colônia.

( ) Na Europa, o barroco foi influenciado pela Reforma e pela Contrarreforma. Nos países protestantes, a arquitetura recorreu à simplicidade, à ausência de ornamentos e de imagens.

( ) A arquitetura barroca se caracteriza pelo racionalismo e pela clareza, o que pode ser constatado em suas linhas retas e nos elementos que remetem à cultura greco-romana.

( ) No Brasil colonial, as casas eram construídas de frente para a rua, para onde também abriam as portas, sem recuo frontal nem lateral e sem calçada. Por isso, as ruas tinham um aspecto uniforme e uma aparência semelhante às cidades portuguesas.

( ) O artista barroco, inserido em um contexto cambiante, reverbera, mais do que o artista renascentista, a paixão da aventura humana.

Agora, assinale a alternativa que apresenta a sequência obtida:

a) V, V, F, F, V, F.
b) V, V, F, F, V, V.
c) V, F, F, F, V, V.
d) V, V, V, V, V, V.
e) V, V, V, F, V, V.

4. Leia o trecho a seguir a respeito do eurocentrismo e, depois, assinale a alternativa que apresenta os termos que o completam corretamente:

Esse fenômeno histórico-social considera a história mundial, especialmente a partir do século XVI, quase como uma _____ da _____. Para essa visão, as _____ não contam ou contam muito pouco. Assume-se como natural a _____ dos produtos institucionais e técnicos _____, e por extensão do _____, quando comparados com seus similares de qualquer outra formação social conhecida.

a) história autêntica / América / culturas europeias / superioridade / estrangeiros / Ocidente.
b) evolução / história da Europa / diferenças ou especificidades locais e regionais / superioridade / não europeus / Ocidente.
c) mera extensão / história da Europa / diferenças ou especificidades locais e regionais / superioridade / europeus / Ocidente.
d) história autêntica / América / culturas europeias / inferioridade / europeus / Ocidente.
e) herança gloriosa / cultura europeia / heranças do passado europeu / assimilação da cultura superior / estrangeiros / Ocidente.

5. Assinale a alternativa **incorreta** a respeito da compreensão do tempo pelos indígenas americanos no período pré-colombiano:
   a) Os nativos das Américas percebiam o tempo de maneira linear, assim como os europeus de então.
   b) A ideia de um tempo em si, como conceito abstrato e universal, parecia simplesmente não existir.
   c) Apesar de enormes diferenças entre as civilizações americanas, na maioria delas, como entre os astecas e os incas, o tempo era vivido como uma simultaneidade de dimensões que agiam como engrenagens de um esquema maior.
   d) O tempo englobava várias dimensões, como: o tempo cósmico das rotações e translações de planetas; o ciclo dos solstícios e equinócios; o tempo do plantio e da colheita; o tempo das chuvas e da seca; o tempo de vida dos homens; o tempo absoluto dos deuses.
   e) As múltiplas dimensões do tempo também eram representadas na arquitetura, planejada de acordo com uma ordem cosmológica: pirâmides como observatórios, janelas de onde se podia observar a primeira estrela a aparecer no céu, arcos relacionados à entrada de um solstício.

Atividades de aprendizagem

Questões para reflexão

1. Quando se observa uma cultura com características diferentes da nossa, é comum fazermos comparações com nossa própria forma de ver o mundo. Utilizando a metáfora de Ruth Benedict quando reflete sobre o termo *cultura*, olhamos para o mundo através de uma "lente". Porém, essa lente, por vezes, pode ser tão rígida e opaca que nos impede de ver qualquer coisa além do que já conhecemos ou temos como certo. No Brasil, um país com 213,3 milhões de habitantes (Lara, 2021), com milhares de pessoas oriundas de diferentes lugares do mundo e dezenas de grupos descendentes dos povos originários, é natural que a diversidade seja uma forte característica cultural. Com relação à arte indígena, embora grande parte dela seja diretamente ligada à vida e à cosmovisão e os objetos criados por essa população tenham funções práticas – pintura corporal, plumagens, cestaria, adornos, entre outros –, há também objetos para pura apreciação estética. A arquitetura indígena, por sua vez, é construída com materiais retirados da natureza e tem um tempo menor de duração do que a arquitetura feita com tijolos, cimento ou o asfalto que encapa as ruas das grandes cidades. Nossa realidade mostra que ainda estamos distantes de valorizar os objetos e a cultura dos povos indígenas. Assim, em sua percepção, quais questões devem ser consideradas para que haja maior abertura, menos preconceito e maior compreensão de que essa diversidade (que considera e inclui também o que não tem raízes europeias) é justamente nossa maior riqueza cultural e artística?

2. No Brasil, muitas foram as cidades construídas entre os séculos XVI e XVIII, cuja arquitetura classificamos como colonial ou barroca, dependendo das características e do período de construção. É o caso, por exemplo, de Paranaguá, Paraty, Salvador, Ouro Preto, Congonhas, Olinda, São Luís e outras cidades. Essa arquitetura foi preservada em muitas localidades, mas em outras foi dando lugar a novas construções, com características modernas, à medida que o modo de vida se transformava, as cidades cresciam e novas influências chegavam ao país. Considerando-se que a arquitetura de um lugar corresponde à

concretização do modo como as pessoas concebem a vida – o que é perceptível pelos registros e pelas memórias materiais e imateriais –, a proposta para reflexão é a seguinte: Mesmo que haja a necessidade de modernização de uma cidade para a melhoria das condições de vida, qual é a importância de se preservar sua arquitetura antiga e em que medida isso contribui para o sentimento de identidade?

Atividades aplicadas: prática

Com base no que foi estudado, releia o trecho a seguir:

> Na década de oitenta abrimos trilhas para as novas gerações buscarem o reconhecimento dos direitos das populações originárias, os indígenas, e para conscientizar a população da importância de continuarmos tendo rios, montanhas, paisagens, florestas como recursos capazes de se refazerem ao longo do tempo e como uma riqueza a ser partilhada pelas gerações futuras. É um tipo de entendimento da terra como a nossa casa comum, mas o que tem prevalecido é a ideia de que diferentes lugares do planeta podem oferecer posicionamentos estratégicos para algumas potências ou ser simplesmente fonte de suprimento daquilo que estas potências querem controlar. E pequenas nações como o Brasil e a maior parte dos países da América Latina, ex-colônias, não tiveram sequer o tempo necessário para consolidar um pensamento acerca de si mesmos. Não tenho nenhuma ilusão acerca do futuro destas pequenas nações: ou vamos experimentar grandes transformações globais na relação entre os povos ou estas pequenas nações vão ser cada vez mais territórios de disputa e enclaves das potências que têm força para decidir o jogo, que não precisa nem de ser na ONU, é decidido no mercado. (Krenak, 2018)

a) Agora, escreva um texto de cerca de 500 caracteres com um viés crítico sobre o preconceito em relação à cultura indígena, considerando que os indígenas têm muito o que ensinar ao homem branco e urbano sobre os cuidados com o planeta.
b) Explique como você entendeu a expressão "pequenas nações" usada no texto por Krenak.

4

A arquitetura e o tempo – Parte III

Mónica Defreitas Smythe

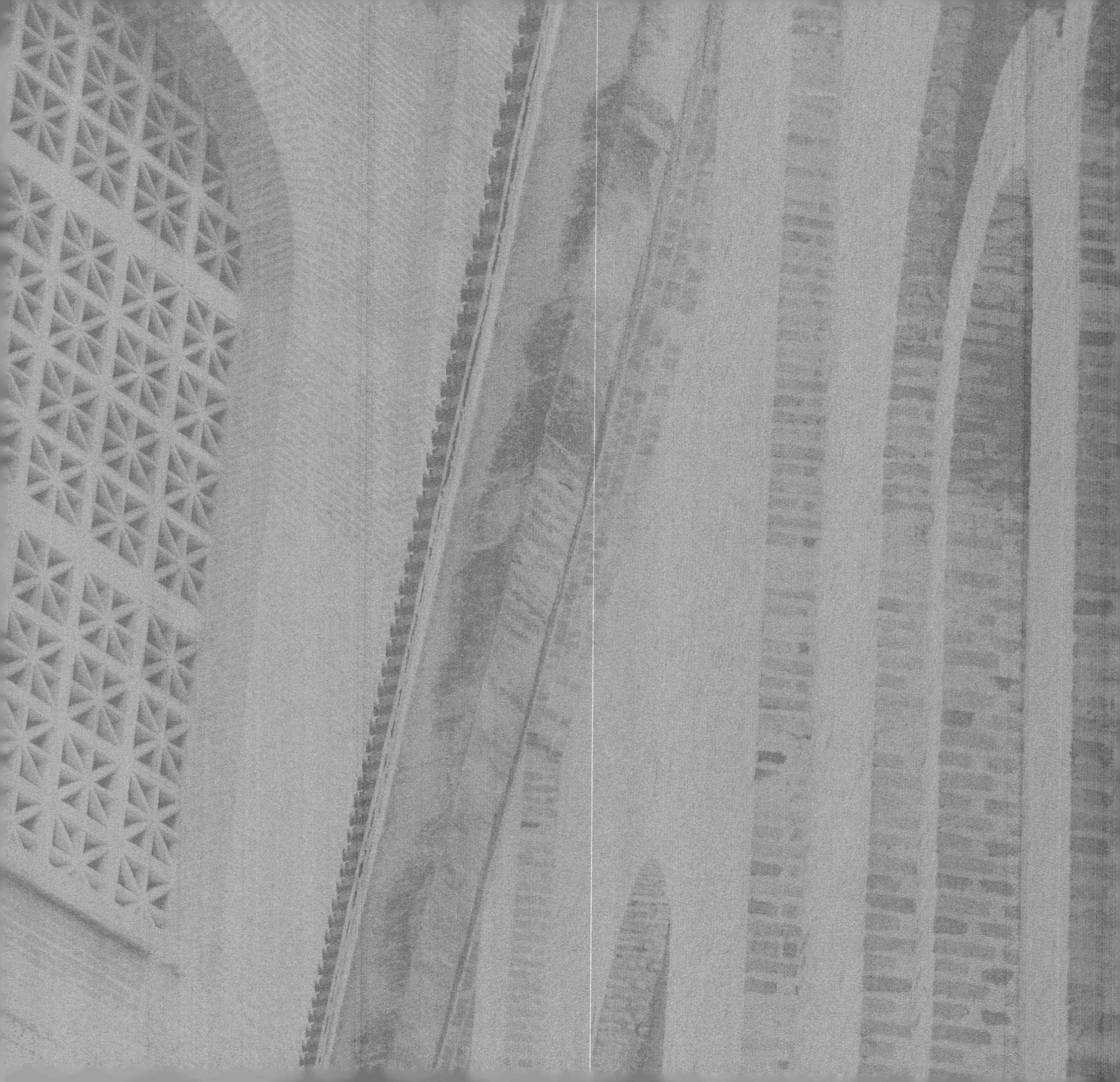

Para tratar do contexto em que surgiu o mundo moderno, destacamos duas revoluções: a industrial, desencadeada pela invenção da máquina a vapor, e a política, que viu o nascimento da democracia, iniciada na América e na França (Janson, 1989). Ambas propiciaram a existência de novas formas de relações sociais, políticas, econômicas e culturais.

A produção industrial tornou possível não apenas a produção de alimentos e utilidades básicas como também a disponibilização de uma quantidade de bens de consumo antes inimaginável. Já a revolução política, fomentada pela Revolução Francesa, proporcionou o estabelecimento de governos participativos e, consequentemente, gerou mudanças nas políticas trabalhistas, na liberdade individual e no próprio questionamento aos sistemas. Vale dizer que a Revolução Francesa foi influenciada pelo pensamento iluminista, cuja proposta era "revisar toda a ordem política, social e econômica existente, com uma confiança exagerada na razão e na experimentação como métodos de investigação" (Alonso Pereira, 2010, p. 182), com o intuito de criar um novo Estado, uma nova sociedade e uma nova ciência.

A Idade Moderna, também chamada de *idade da máquina* por Hauser (2003, p. 553), está vinculada a um "novo sistema de trabalho condicionado por métodos mecânicos, a rigorosa divisão de funções e uma produção adaptada às necessidades de consumo da sociedade de massa". Assim, abriu-se o caminho para a construção de um pensamento científico baseado na investigação, no fortalecimento do racionalismo, no progresso científico e tecnológico. Sob essa perspectiva, o mundo moderno trouxe várias mudanças técnicas, formais e conceituais no campo da arquitetura.

4.1 Arquitetura historicista

Entre 1750 e 1850, sucederam-se vários movimentos, e foi nesse período que surgiram edifícios com estilos inspirados em épocas anteriores. A tecnologia construtiva permitia que se fizesse a estrutura do edifício, e os estilos (neogótico para as igrejas, neoclássico para prédios governamentais, por exemplo), eram como que "colados" à estrutura. O estilo, que podia ser misto, correspondia a uma questão de gosto, de escolha, respondendo a uma necessidade muito mais decorativa do mercado do que a questões inerentes à vida.

O **neoclassicismo** foi um movimento que "reviveu" a linguagem greco-romana da arquitetura, na intenção de expressar valores. De acordo com Prette (2008, p. 278),

> Completamente oposta ao estilo de Versalhes, ou seja, dos palácios barrocos dos monarcas absolutos, a arquitetura neoclássica se reporta a modelos greco-romanos. O código arquitetônico da Revolução Francesa e dos novos valores civis não é original, mas valoriza e atribui novos significados às formas antigas. A simplicidade e a grandiosidade das construções clássicas, o equilíbrio dos espaços, a simetria das massas arquitetônicas eram elementos extraídos de um grande passado histórico.

Nessa época surgiram também inúmeros edifícios que seguiam a linha da arquitetura historicista. Porém, chegou um momento em que esse olhar para o passado deixou de ser adequado aos novos desafios e às ideias que então se apresentavam. Para Janson (1989, p. 746), "o sabor arquitectural do passado, ainda que livremente interpretado, provou, com o decorrer dos tempos, ser inadequado às necessidades do presente. A autoridade das formas históricas tinha de ser quebrada para que a era industrial pudesse criar um estilo verdadeiramente contemporâneo".

As cidades se tornavam grandes centros, e a arquitetura, por sua vez, tentava de alguma forma se adequar ao mundo moderno, buscando novas formas expressivas, com base em novas funções a ela solicitadas – universidades, fábricas, estações de trem, pontes, edifícios governamentais, museus, moradias, entre outras.

Diversos edifícios podem ser citados como exemplos de construções desse período, em várias partes do mundo, e esse é um detalhe importante a ser considerado. A arquitetura, que antes era fruto de culturas e territórios específicos, surgiu em território europeu, mas logo foi expandida para uma infinidade de territórios em vários continentes. A comunicação e o acesso a materiais gráficos e informativos se intensificavam, assim como o trânsito de estudantes e profissionais, que iam de um país a outro e acabavam absorvendo as novas ideias.

Viam-se em vários países, geralmente em uma escala monumental, universidades e edifícios governamentais com frontões e colunas de inspiração grega, novas igrejas góticas, teatros e igrejas de inspiração barroca.

Em 1808, a família real portuguesa chegou ao Brasil e, com isso, foram implementadas várias inovações que acarretariam um impulso no comércio, na indústria, na cultura e na modernização do país. Instituições como bibliotecas, universidades, teatros, museus e universidades foram impulsionadas, além da Imprensa Régia e do Banco do Brasil. O país passou a ter um forte canal de comunicação com Portugal e a Europa de forma geral, o que proporcionou a entrada em um circuito de conhecimentos e produções culturais e artísticas que trariam para o Brasil as ideias dos novos movimentos de arte e arquitetura.

O Museu Nacional, situado no Palácio de São Cristóvão, na Quinta da Boa Vista, no Rio de Janeiro, foi a "primeira instituição museológica e de pesquisa criada no Brasil" (Museu Nacional, 2022), estabelecida por um decreto de D. João VI, em 1818, tendo se tornado um dos maiores e mais importantes museus da América Latina, cujo período e estilo correspondiam ao movimento neoclássico. Contudo, uma grande tragédia se abateu sobre esse inestimável conjunto em 2 de setembro de 2018, quando o edifício foi atingido por um incêndio de gravíssimas proporções, que destruiu quase a totalidade de seu acervo, além de ter danificado praticamente todo o interior do edifício e seu telhado.

Discutir esse tema é fundamental para refletirmos sobre a nossa relação, como brasileiros, com o nosso patrimônio histórico, cultural, científico, artístico e arquitetônico. A atenção, o cuidado e a valorização de nosso legado histórico-cultural são de responsabilidade do governo, das instituições e, especialmente, nossa, como população. Podemos cobrar os devidos cuidados, bem como valorizar e conhecer de perto os lugares que preservam e expõem os objetos e as obras valiosas de nosso país.

4.2 Arquitetura do ferro

Um importante material cujo uso despontou com a Revolução Industrial foi o ferro. Produzido industrialmente, passou a ser utilizado na arquitetura, mas sua aparência de material estrutural (sem formas historicistas com a finalidade de cobrir ou mascarar seu aspecto real) desestabilizou os olhares acostumados à estética historicista. A esse respeito, comenta Gympel (2000, p. 76):

> no século XIX tudo aquilo que hoje é designado por arquitectura do ferro, não era considerado como sendo arquitectura. Fábricas, armazéns, pontes com grandes vãos, naves para exposições ou estações de caminho de ferro, isto é, inúmeras novas propostas construtivas, típicas da época, eram vistas apenas como "construções utilitárias", que nada tinham a ver com arquitectura. O ferro ou o aço eram considerados materiais "falsos", com os quais não era possível qualquer modulação artística e que, por esse motivo, não podiam ficar à vista. A Torre Eiffel foi declarada a "vergonha de Paris" e destinava-se a ser demolida após a Exposição Mundial.

Apesar dessa rejeição inicial, aos poucos o ferro foi conquistando espaço na arquitetura como material passível de ser apreciado esteticamente. Os edifícios com aplicações de ornamentos historicistas aos poucos perderam a força expressiva, e o ferro surgia como uma confirmação do progresso e da industrialização, criando uma nova estética. Nesse contexto, a Torre Eiffel passou a ser não apenas um monumento admirado, mas uma referência visual fundamental da cidade de Paris.

Um aspecto inovador do uso do ferro foi o fato de o edifício poder estar desvinculado de seu sítio, o que consistiu em uma ideia revolucionária e que até então não havia sido considerada, já que toda a arquitetura implicava ter um lugar, uma base, para que pudesse existir. Nesse sentido, o ferro foi um elemento construtivo importante no mundo moderno, não só porque desafiava os estilos historicistas e propunha uma nova linguagem, mas também porque serviria de estrutura para os arranha-céus, ou seja, funcionaria como um esqueleto, suportando toda a carga do edifício e libertando as paredes, para que fossem de qualquer tipo de material.

4.3   Os novos edifícios do século XIX

Para começar nossa incursão pela modernidade, vamos pensar em algumas das maiores cidades do mundo atual, como São Paulo, Nova York e Tóquio, grandes metrópoles que contam com milhões de habitantes. Cabe lembrarmos que é nos ambientes urbanos que vivem atualmente 55% da população mundial (ONU, 2019). Observe dois momentos da cidade de Nova York nas Figuras 4.1 e 4.2, a seguir, e perceba a grande mudança ocorrida em pouco mais de cem anos.

Figura 4.1 – Central Park, Nova York (1902)

Figura 4.2 – Central Park, Nova York (século XXI)

Ambas as fotografias mostram o Central Park e seus arredores. O que mudou? Tudo, não é mesmo? No mesmo espaço aberto em que passeavam algumas poucas pessoas no início do século XX surgiram, em poucas décadas, edifícios de dezenas de andares. Sobrepostos uns aos outros, os andares permitiram que a área útil se multiplicasse em 20, 30 ou mais vezes.

> O recondicionamento dos corpos e a invasão do imaginário social pelas novas tecnologias adquirem, portanto, um papel central nessa experiência de reordenamento dos quadros e repertórios culturais herdados, composta sob a presença dominante da máquina no cenário da cidade tentacular. A cidade viraria ela mesma a fonte e o foco da criação cultural, se tornando um tema dominante, explícita ou tacitamente, para várias artes, fornecendo-lhes muito mais chaves para a reformulação da estrutura compositiva interna das obras, do que propriamente incidentes ou argumentos, que se dissolvem em impressões erráticas. (Sevcenko, 1992, p. 18)

Vamos imaginar quais e quão profundas foram essas transformações. Como organizar as cidades com a estrutura necessária para abrigar o grande número de pessoas que compartilhavam o mesmo espaço? A ruptura com um modo de vida artesanal e o aumento da densidade demográfica nas cidades fizeram com que surgisse não apenas um novo espaço, mas também uma nova forma de se estar no mundo. E falamos *mundo* porque esse modo de vida se replicou em inúmeras cidades dos vários continentes.

Sedimentava-se a ideia de progresso, que crescia em paralelo com os avanços da tecnologia industrial, e disseminava-se a concepção de que o novo seria "sempre melhor" (Hauser, 2003, p. 896). Consequentemente, o pensamento de que o antigo deve ser substituído vai permeando as relações das pessoas com seus bens materiais. As cidades passam a ser lugares que reúnem uma quantidade fascinante de novidades e possibilidades. O meio urbano se torna o lugar da vida intensa, da cultura, dos encontros, das oportunidades, do acesso a todos os tipos de bens. Ruas, edifícios, elevadores, produtos industrializados, carros, entre outros elementos, significam uma aproximação cada vez maior com um modo de vida mais artificial.

O aumento demográfico e "uma forte migração do campo para a cidade" (Alonso Pereira, 2010, p. 209) foram fatores determinantes para o crescimento vertical das cidades. Casas com quintais e jardins cederam lugar a prédios de vários andares. Espaços vazios passaram a ser ocupados por centenas de pavimentos habitados, e a configuração das pequenas cidades deu lugar a uma paisagem que crescia verticalmente com uma nova tipologia de edifícios: os arranha-céus. Eles surgiram tanto por uma questão prática – para acomodar uma grande quantidade de pessoas – como pelas possibilidades tecnológicas, por conta do ferro, que era produzido em uma escala industrial e usado como componente estrutural dos grandes edifícios.

Inicialmente, foi na Europa e nos Estados Unidos que puderam ser vistos os reflexos da Revolução Industrial na arquitetura. Houve uma profunda transformação econômica, bem como no mundo do trabalho e no estilo de vida, em que a população experimentava as novas produções industriais, mas principalmente um novo ritmo de vida, decorrente de uma ideia de aceleração do tempo, em um cenário no qual se exigia uma produtividade cada vez maior. Assim surgiram as primeiras e profundas transformações nas cidades industrializadas, que se tornariam grandes centros urbanos e promoveriam uma nova estética, que caracterizaria a arquitetura moderna.

4.4 Arquitetura moderna

O movimento moderno se deu em um contexto no qual já estavam estabelecidas as democracias e eram sentidos, de forma intensa, os efeitos da Revolução Industrial, observando-se uma mudança estrutural na economia, na produção de bens, nas relações sociais e de trabalho, bem como nos avanços tecnológicos e, consequentemente, nas expressões artística e arquitetônica.

As duas grandes guerras mundiais abalaram fortemente o otimismo antes atribuído ao progresso industrial e tecnológico, e foi justamente nesse período que, segundo Ghirardo (2009, p. 4), floresceu a arquitetura moderna de maior riqueza e prestígio histórico. Nesse ambiente nascia um espírito de renúncia às antigas práticas do Velho Mundo e esperava-se que a arquitetura, agora, correspondesse ao compromisso de atender às necessidades de habitação das massas e à proposta de exploração de materiais e tecnologias, resultando em uma arquitetura que levaria em conta aspectos sociais e "a crença no poder da forma para transformar o mundo" (Ghirardo, 2009, p. 4).

A arquitetura responderia à necessidade de acomodar as mais diversas atividades e demandas de muitas pessoas em um espaço cada vez mais restrito, de forma rápida, eficiente e barata. Além disso, deveria abrigar nos novos espaços uma inédita configuração de sociedade. Essa concepção da função da arquitetura considerou que o racionalismo e o funcionalismo, manifestados por uma agilidade

Figura 4.3 – Piet Mondrian, composição (1921)

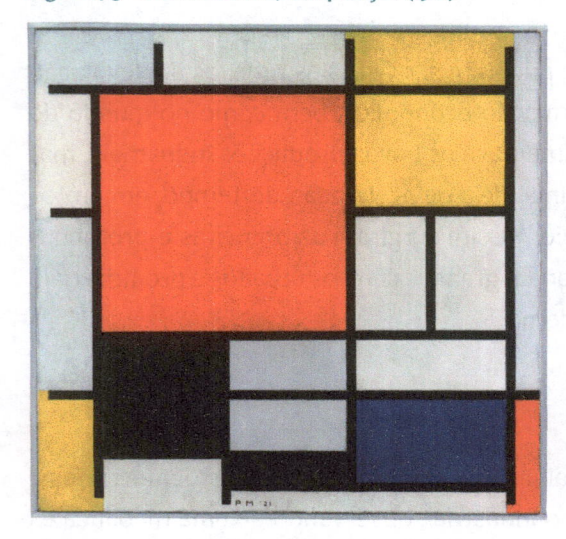

MONDRIAN, Piet. **Composição com vermelho, amarelo, azul e preto**. 1921. Óleo sobre tela, 59,5 × 59,5 cm. Kunstmuseum Den Haag, Museu Municipal de Haia, Haia, Holanda.

Figura 4.4 – Casa Rietveld Schröder, em Utrecht, Holanda, construída em 1924 pelo arquiteto holandês Gerrit Rietveld para a Sra. Truus Schröder-Schräder e seus três filhos

construtiva e pela simplicidade estrutural e estética, alcançariam o objetivo de resolver os problemas sociais da época – ao menos, os relativos à questão habitacional.

A conversa entre a pintura e a arquitetura se deu no sentido de que ambas buscavam um novo começo (em outras palavras, inovação). Na pintura, o cubismo e o neoplasticismo contribuíram para que o figurativismo fosse definitivamente questionado, assim como o próprio conceito de arte. Mondrian levaria a abstração a um extremo rigor em suas obras, por meio do "plano-base que ele subdivide em formas e relaciona a cores. E esse plano será o início da nova pintura e, por extensão, da **nova plástica**" (Alonso Pereira, 2010, p. 229, grifo do original).

Observe as Figuras 4.3 e 4.4 e perceba as relações formais que acontecem entre a arquitetura e as artes visuais. Analisando a fachada da Casa Rietveld, vemos a relação com o neoplasticismo de Mondrian. Segundo Argan (1992, p. 288), Rietveld é o arquiteto mais ligado à poética neoplástica e "o mais fiel às premissas teóricas e ao rigorismo formal do movimento". Note como existem semelhanças entre as duas obras, em termos de estrutura formal. As linhas da casa têm uma estrutura visual bem próxima à das obras de Mondrian.

A arquitetura moderna utiliza elementos geométricos – elaborando a ideia do "abstrato" da pintura –, os quais se manifestam em linhas e planos organizados na vertical e na horizontal.

Agora, observe o pavilhão alemão na Feira Mundial de Barcelona (Figura 4.5) e a Villa Savoye (Figura 4.6), uma habitação. Alonso Pereira (2010, p. 237) destaca a influência do cubismo e do neoplasticismo, sem os quais Le Corbusier, arquiteto suíço que projetou a Villa Savoye, nunca teria feito a construção sobre *pilotis* (espécie de pilares), com quatro fachadas similares e "rompendo com a distinção entre fachada principal, laterais e posterior, predominante desde o aparecimento da perspectiva no Renascimento". Ainda, podemos perceber o quanto, nessa obra, separa-se o espaço habitável do espaço natural. No caso da Villa Savoye, tal separação se dá por *pilotis*, elemento arquitetônico característico das obras de Le Corbusier, que eleva do solo a caixa que caracteriza a moradia.

Figura 4.5 – Pavilhão alemão na Feira Mundial de Barcelona – Mies van der Rohe (1929)

© Mies van der Rohe, Ludwig/AUTVIS, Brasil, 2022. Todamo/Shutterstock

Figura 4.6 – Villa Savoye, França – Le Corbusier (1931)

© F.L.C/ AUTVIS, Brasil, 2023. Schütze/Rodemann/Alamy/Fotoarena

No pavilhão alemão na Feira Mundial de Barcelona, do arquiteto alemão Mies van der Rohe, a ideia de janela não existe mais em sua aparência tradicional; agora, a janela e o plano envidraçado são a mesma coisa. Planos horizontais e verticais estabelecem uma relação formal de que até o espelho d'água faz parte, constituindo também um plano horizontal. Os elementos da edificação se restringem à forma mínima e mais simples, em termos geométricos, para compor as partes funcionais da edificação.

A nova estética nega os estilos passados, "levando o funcionalismo às últimas consequências e rejeitando assim qualquer caráter ornamental, para privilegiar somente o carácter utilitário, numa sobriedade extrema" (Ferrari, 2001, p. 72). A regra era eliminar todo elemento que não correspondesse a uma função. É desse período o lema "a forma segue a função", segundo o qual a forma arquitetural é uma consequência da função do edifício. Como explica Ostrower (1998, p. 84), "quando um arquiteto-artista da estatura de Mies van der Rohe diz: *'less is more'*, ele se baseia em seu senso de estilo e em sua sensibilidade diante de proporções e espaços essenciais".

Uma importante escola desse período foi a Bauhaus[1], que seguia a proposta de que a produção industrial de materiais construtivos, assim como de objetos para o dia a dia, poderia reunir a arte à praticidade e, ao mesmo tempo, tornar tais objetos acessíveis à maioria das pessoas e com um preço módico. A principal ideia era que a escola fosse um local de experimentos e produção nos campos do artesanato, da arte, da arquitetura e do *design*, com o incentivo à produção de objetos que tivessem a originalidade artesanal, mas que pudessem ser reproduzidos industrialmente. Isso incluía desde mobiliário até arquitetura, por meio de projetos inovadores de habitações feitas com materiais acessíveis, de construção prática e rápida, como era o caso do concreto, do aço e do vidro, devendo-se lembrar que o objetivo da arquitetura não era a beleza (os ornamentos ou elementos decorativos), e sim a praticidade e a ideia do "novo" no que diz respeito à estética. Tendo como princípio a colaboração e a pesquisa conjunta entre mestres e alunos, era uma escola sem hierarquias. "A Bauhaus foi uma escola

---

[1] A Bauhaus foi "uma academia alemã de artes que se tornou lendária em tudo, nos métodos de ensino e na qualidade artística dos professores [...]. Fundada em 1919, a BAUHAUS funcionou em Weimar até 1923, e depois em Dessau, de 1925 a 1933. Foi dirigida nos primeiros anos por Walter Gropius, e nos últimos anos por Mies van der Rohe, ambos arquitetos de extraordinária estatura humana" (Ostrower, 1989, p. 336). Artistas importantes passaram pela Bauhaus, tais como Paul Klee, Wassily Kandinsky e Kurt Schwitters.

democrática no sentido pleno do termo: precisamente por isso, o nazismo, tão logo chegou ao poder, suprimiu-a" (Argan, 1992, p. 269) – foi bombardeada.

O rompimento com estilos do passado se refletiu na negação, para as novas construções, da linguagem greco-romana e do historicismo, conforme exposto por Gombrich (1999, p. 557):

> O futuro pertenceu aos que decidiram começar tudo de novo e livrar-se dessa preocupação com o estilo ou o ornamento, fosse antigo ou moderno. Em vez de se apegarem à ideia da arquitetura como uma das "artes", os arquitetos mais jovens rejeitaram radicalmente a decoração e propuseram-se a repensar sua tarefa à luz de uma finalidade prática.

Essa "finalidade prática" significava atender a uma demanda urgente e que poderia valer-se da utilização de materiais industrializados tanto quanto fosse possível, o que acabou gerando uma nova estética arquitetônica, como descreve Argan (1998, p. 246): "A arquitetura moderna, enfim, libertava-se da representatividade como a pintura dos mesmos anos se ia libertando da figuratividade".

A partir da arquitetura moderna, passou a existir uma homogeneidade na linguagem arquitetônica dos grandes edifícios, o que impactou a paisagem das grandes cidades. No exemplo da cidade de São Paulo (Figura 4.7), observe como o conjunto arquitetônico constitui a paisagem urbana. Inúmeras outras cidades seguem a mesma linha arquitetônica, o que significa não apenas uma aparência internacionalizante – de maneira que a cultura local se apropria de uma linguagem menos carregada de aspectos formais regionais –, mas uma transformação do modo de vida.

A linguagem moderna da arquitetura encontrou eco nas grandes cidades do mundo, o que incluiu as cidades da América Latina. A esse

Figura 4.7 – Paisagem urbana de São Paulo

respeito, a pesquisadora Aracy Amaral (2012) observa a existência de dois polos do modernismo no continente, representados por México e Argentina, no que diz respeito ao cenário das artes plásticas dos anos 1920. No México, o foco nas ideias da revolução "é a valorização do homem nativo e sua cultura e, nesse contexto, seu trabalho rural" (Amaral, 2012, p. 11). Por seu turno, a Argentina "constrói aos poucos seu internacionalismo característico com as estadas prolongadas, nos anos 20, de seus mais destacados artistas na Europa" (Amaral, 2012, p. 11). Nesse panorama, o Brasil estaria em um contexto intermediário, considerando-se que "internacionalismo e nacionalismo foram simultaneamente as características básicas do movimento modernista ocorrido nas letras e artes" (Amaral, 2012, p. 11).

Mas como o Brasil se aproximou das ideias modernistas? Era comum, ao longo da década de 1920, que os artistas viajassem para a Europa a fim de aprimorar seus estudos, permanecendo em Paris por longas temporadas. Conforme exposto por Amaral (2012, p. 15),

> sobre os modernistas, mais que uma influência autoral, de certos artistas, ocorreria uma poderosa influência do meio ambiente parisiense, intensamente absorvido por nossos modernistas, fossem eles artistas plásticos ou músicos, como Villa-Lobos. As constantes viagens a Paris os colocam em contato com a "modernidade", no sentido dado por Baudelaire, com o cosmopolitismo e o dandismo implícitos no viajar e com a absorção do ritmo vertiginoso do viver "moderno". Isso propiciaria, não apenas a informação do que existia em arte em Paris, como também a sincronia com o momento cultural em geral.

O pensamento moderno representou uma forma de a arte e a arquitetura brasileiras se conectarem com novas possibilidades artísticas, o que teve o efeito de romper, aos poucos, com a linguagem academicista, na intenção de buscar esse novo olhar na própria cultura brasileira. De acordo com Amaral (2012, p. 12), "O aguçamento da percepção sensível em relação à nossa realidade local se daria, contraditoriamente, em decorrência da ampliação dos horizontes culturais pela vivência europeia".

No Brasil, tanto no contexto das artes como na arquitetura, houve esse movimento de busca por uma identidade – incentivado pelos exemplos internacionais. Tal fato despertou um interesse em se reconhecer como cultura e se apropriar das ideias modernistas, com um direcionamento regional. Não se tratou, portanto, de buscar na Europa uma fonte cultural original, mas de olhar para dentro, à procura de respostas para o que havia no país e pudesse ser um dos alicerces da construção do modernismo brasileiro. As primeiras cidades a serem influenciadas pelas ideias modernistas foram São Paulo e Rio de Janeiro.

> Muitos países optaram, por razões econômicas e geográficas, pela valorização de suas próprias tradições. A América, consumidora potencial do "european-way-of-life", mergulhou numa busca pelo seu passado, fosse pré ou pós-colombiano, associado aos diversos povos colonizadores. [...]
>
> Enfim uma sucessão de atitudes, sempre impregnadas do "espírito" modernista que resultam na seguinte hipótese: nos primeiros anos do século XX, pelo menos nas Américas, ser moderno era ser nacionalista, ou por mais paradoxal que pareça, **ser moderno era ser tradicional**.
>
> [...]
>
> Por mais atraente que seja a fábula de uma Semana de Arte Moderna demolidora, provocante, catalisadora de rupturas, uma simples observação à temática expressa nas obras principais revelam uma profunda preocupação com a atitude de "ser nacional", *"tupi or not tupi"*, como escreveria Oswald de Andrade no seu manifesto de 1928. (Bittar, 2005, p. 2-3)

A Semana de Arte Moderna abalou a cultura oficial e possibilitou uma abertura para a renovação na pintura, na escultura, na música, na literatura e na arquitetura, com a criação de uma linguagem concebida com base em experiências fora do país, mas produzida com elementos da cultura brasileira. A Semana teve, assim, um papel de destaque nesse processo. Segundo uma visão bastante difundida,

> o estopim do movimento modernista ocorreu em 1922 em São Paulo. Em fevereiro desse ano, organizou-se no Teatro Municipal de São Paulo – uma instituição central da conservadora elite paulistana inaugurada em 1914 – uma série de eventos literários, musicais e plásticos que recebeu o nome de Semana de Arte Moderna. (Simioni, 2013, p. 2)

No contexto da arquitetura, há que considerarmos, nessa efervescência de ideias modernas, o que Sevcenko (1992, p. 113) chama de "grandes cidades civilizadas". Conforme o autor, essa "era sem dúvida uma identidade temática de empréstimo, na medida em que ela implicava em concentrar uma imagem pasteurizada do que fosse o padrão superior da vida urbana, a ser judiciosamente imitado e reiterado *ad nauseam*" (Sevcenko, 1992, p. 113). Dessa forma, São Paulo, que teria grande influência, inicialmente, na disseminação das ideias de modernização no Brasil, aos poucos foi adquirindo um repertório arquitetônico e urbanístico moderno, o que transformou a paisagem da cidade, por meio da substituição cada vez maior de áreas de floresta e matas por um modelo urbanístico moderno baseado nos carros: "lá se ia a última reminiscência da floresta tropical que fascinara e transtornara os jesuítas" (Sevcenko, 1992, p. 114). A fisionomia da cidade adquiria ares europeus, mas híbridos, que mesclavam

> as impressionantes estruturas metálicas dos viadutos do Chá e de Santa Efigênia importadas direto da Alemanha, e cingida pela arquitetura neorrenascença do Teatro Municipal, êmulo fáustico do Ópera de Paris, a assinalar uma súbita reformulação do panorama refletindo mudança radical na identidade da capital. Nos limites desse complexo paisagístico figuravam, ao norte, a Estação da Luz, totalmente importada da Inglaterra até os últimos tijolos e os menores parafusos, segundo os modelos da Estação Paddington e da torre do Big Ben. (Sevcenko, 1992, p. 116)

Assim, a cidade, local de fundamental importância quando se fala das ideias e expressões do modernismo no Brasil, adquiriu, como observa Sevcenko (1992, p. 118), uma "polifonia arquitetônica e urbanística [...], meio exótica meio íntima, híbrida do convencional com o inusitado, do impostado com o imprevisto". Nessa multiplicidade de vozes, discursos, vontades de expressão e produção de novos sentidos na arquitetura, foi-se constituindo a cidade moderna, híbrida e miscigenada.

Na história da arquitetura, é comum que se observem muito mais os aspectos estéticos, técnicos, de materiais ou de função, bem como o contexto histórico. Entretanto, a cidade moderna surge com toda uma transformação de vida, decorrente da industrialização, do crescimento populacional, de habitações aglomeradas, de adaptações das cidades para os carros, da diminuição do verde para que surjam novas construções, da mecanização da vida por meio de equipamentos e de tecnologias, de um ritmo de vida mais acelerado.

Nesse contexto, a crítica de Pedrosa (1986, p. 274) – antiga em termos de data, mas pertinente por seu olhar – sobre o processo de urbanização que chegou após a efervescência das iceias modernas e que ele chama de "'febre' de construções" traz um olhar que observa as transformações de Rio e São Paulo a partir de um prisma diferente do que geralmente acontece quando observamos as obras modernas:

> Foi então que São Paulo bateu todos os recordes de construções, isto é, daquela especulação, tornando-se a metrópole onde mais se edificava no mundo, a ponto de superar Chicago ou Nova York, ao fazer uma casa por hora ou por ainda menos. O crescimento anárquico das nossas capitais, com o escândalo dos loteamentos selvagens sem o menor vislumbre de consciência social, teve aí seu apogeu. O milagre, como se diz, da iniciativa privada fez misérias, e no verdadeiro sentido da palavra. Os arquitetos não encontravam tempo nem gosto para analisar de perto a natureza do milagre. E foram, querendo ou não querendo, cúmplices da selvageria urbanística que depois dos estragos de Copacabana, tornando-o o bairro mais odiento do Rio, tomou conta da nossa cara cidade de São Sebastião do Rio de Janeiro, cuja intrínseca paisagem pede apenas que a deixem como está, que não a violem, e parem de trepar hotéis hiltonianos no topo dos morros espetaculares ou de tapar com fileiras de blocos de arranha-céus, redondos e tristes, as mais lindas encostas. Pondo-se à parte os aspectos sociais das favelas, que é o lado negativo de todo progresso urbanístico capitalista, uma coisa é evidente, e precisa que se diga: os barracos improvisados e clandestinos que se estruturam morro acima nas favelas integram-se, bem ou mal, na paisagem; as construções modernas com licença urbanística, ferem-na, e brutalmente. (Pedrosa, 1986, p. 274)

A crítica mostra o quão agredidas foram as paisagens naturais das cidades, bem como as consequências desse progresso na arquitetura e na cidade, que nem sempre vêm acompanhadas de um olhar crítico. Qual é sua análise da última frase de Pedrosa? Retomemos: "os barracos improvisados e clandestinos que se estruturam morro acima nas favelas integram-se, bem ou mal, na paisagem; as construções modernas com licença urbanística, ferem-na, e brutalmente" (Pedrosa, 1986, p. 274). É importante que nossa percepção não se limite à forma visual, uma vez que a arquitetura vai muito além de uma construção a ser apreciada, pois se envolve com inúmeras outras áreas e questões.

No Brasil, a casa projetada por Gregori Warchavchik[2] (Figura 4.8), em 1927, na Rua Santa Cruz, em São Paulo, é considerada a primeira construção modernista do país, seguindo os princípios da arquitetura moderna, mas comportando elementos e tecnologia construtiva da arquitetura tradicional brasileira.

> Toda em planos geométricos, que era o que mais se admirava nas construções do tempo, inclusive o teto, marcando-se assim o momento em que a estética cubista exerceu uma hegemonia sobre todos os ramos da Arte. Além do realce deliberado de planos, a outra regra indiscutível era a supressão do supérfluo com o banimento de toda ornamentação, na linha do pensamento ético-estético de Van de Velde e da Bauhaus, conforme o que fosse racional seria funcional e o que fosse funcional acabaria por ser belo ou como tal consagrado. (Pedrosa, 1986, p. 271)

A casa, construída em 1928, foi morada da família Warchavchik até 1970 e, graças à mobilização de moradores da região, foi salva de uma modificação de seu lote, conforme exposto por Infante (2020, grifo do original): trata-se da *"história do parque que fica no coração da Vila Mariana e só existe porque, nos anos 1980, moradores do bairro se mobilizaram para exigir a preservação da área, que também abriga a Casa*

---

[2] Sobre a casa de Warchavchik: "Levantada em alvenaria de tijolos sobre um amplo platô edificado, com piso de taboado sobre um vigamento de madeira, assim como o telhado convencional coberto de telhas de barro, nem mesmo a planta escaparia à tradição dos vestíbulos, segundo Carlos Lemos. Para Bruand, a aparência enganosa se estenderia do revestimento simulando construção em concreto armado à platibanda que sugeria um teto-jardim inexistente, sem contar as tecnicamente complicadas janelas de canto, ali usadas como expediente formal de composição, o que feria um a um os cinco pontos da arquitetura de Le Corbusier. É verdade que parte dessa bibliografia notou as dimensões de ruptura: as superfícies completamente lisas e a ausência total de modinatura, os efeitos de transparência e continuidade espacial graças ao uso generoso do vidro, o controle cuidadoso da execução, a unificação do *design* aos menores detalhes de acabamento, instalações, cor e mobiliário, em uma atitude de ascetismo e coordenação ao mesmo tempo agressiva e autoconsciente, inspirada nas lições de Loos, dos cubistas, da Bauhaus, de Le Corbusier ou até de Ernst May. Em qualquer dos casos, todavia, o que se reafirmava era o caráter impuro do projeto, suas concessões diante do passado" (Lira, 2007, p. 164).

Modernista. Atualmente, é uma casa tombada e reconhecida como patrimônio histórico.

Destacamos, também, o edifício Palácio Gustavo Capanema, no Rio de Janeiro, conhecido como o prédio do Ministério da Educação (MEC), tendo sido idealizado para ser a sede desse ministério e inaugurado em 1936. Teve grande visibilidade na época e, por isso, representa um marco na chegada da estética moderna ao país. O projeto do edifício contou com a participação do arquiteto Le Corbusier, um dos ícones da arquitetura moderna, que colaborou para sua concepção e viabilização. No edifício há elementos da linguagem moderna da arquitetura de Le Corbusier e, igualmente, do que Simioni identifica como uma "tradição arquitetônica brasileira" (Simioni, 2013, p. 6).

Figura 4.8 – Casa projetada por Gregori Warchavchik em 1927, na Rua Santa Cruz, Vila Mariana, São Paulo, e construída em 1928

> O edifício constitui uma primorosa síntese visual do modernismo brasileiro. Por um lado, absorve elementos do paradigma internacional defendido por Le Corbusier, como o uso de pilotis para liberar o piso térreo, de uma fachada em vidro, de uma planta livre e de *brise-soleil*, fatores associados a um discurso progressista voltado à celebração do futuro. Por outro lado, relê e reinsere uma suposta "tradição" arquitetônica brasileira na medida em que se vale de materiais como azulejos brancos e azuis – concebidos pelo pintor mais afamado da época, Candido Portinari – para revestir as paredes externas do prédio; nobres madeiras nacionais (como a sucupira) para a confecção do mobiliário; lioz português para revestir os pisos nobres e ainda gnaisse carioca para revestir as empenas – duas pedras muito empregadas pelos escultores barrocos cariocas. Tais elementos materializam a retomada imaginária de um certo passado vinculado ao barroco, de sorte que, nesse edifício, futuro e passado encontram-se interligados. (Simioni, 2013, p. 6)

O modernismo brasileiro não se limitou a importar a arquitetura internacional. Convém destacar suas peculiaridades, como "a plasticidade e a versatilidade, ou seja, a capacidade incomum de adaptação estética às necessidades do contexto histórico" (Hagihara, 2011, p. 138). Várias obras apresentam esse caminho, mas escolhemos a cidade de Brasília – tombada em 1987 como Patrimônio da Humanidade pela Organização das Nações Unidas para a Educação, a Ciência e a Cultura (Unesco) – para finalizar esta seção, por ser emblemática no que diz respeito à concretização em grande escala dos princípios modernos tanto do urbanismo como da arquitetura.

O projeto urbanístico de Brasília é de Lúcio Costa, e a arquitetura, de Oscar Niemeyer. O planejamento urbanístico seguiu o conceito modernista de cidade e as recomendações da Carta de Atenas (1933), a qual indica a setorização de funções como habitação, trabalho, recreação e circulação, o que implica também uma diferenciação do uso do solo.

Não se trata apenas de um projeto de cidade, mas da nova capital do país e da corporificação de uma identidade nacional relacionada ao progresso, associada à ideia de uma cidade baseada na funcionalidade e no racionalismo modernos. Brasília seria o símbolo de capital moderna, da integração, da modernização e do desenvolvimento do país.

A cidade foi concebida em um período de grande otimismo no Brasil, sob um "clima de futuro, de modernidade, de identificação por parte da população com o Estado Nacional, que pretende conduzir o país à condição de potência industrial moderna" (Sabbag, 2012, p. 35). Brasília foi construída em um local escolhido especialmente para a criação dessa cidade nova, a partir do zero, isto é, uma cidade sem memória de lugar, de usos anteriores do espaço, erigida na região central do país.

Brasília atendeu ao planejamento (ou plano) como um fundamento essencial da cidade moderna. O **plano**, para Le Corbusier, é tudo. Fazer um "plano é precisar, fixar as ideias. É haver tido ideias. É ordenar essas ideias para que se tornem inteligíveis, executáveis e transmissíveis" (Zein, 2000, p. 51). Segundo Anthony Sutcliffe (citado por Zein, 2000, p. 52), a cidade moderna, na concepção de Le Corbusier – assumida também por Lúcio Costa ao planejar Brasília –, deveria atender a quatro modos de abordagem:

> O primeiro modo seria a estética, nascido da ambição de criar um ambiente físico que fosse visual e emocionalmente satisfatório através da aplicação dos princípios da harmonia e balanceamento. [...] O segundo modo seria a habitação: não apenas desenhar moradias confortáveis mas acessos, entornos, amenidades e localização como parte crucial da criação de um ambiente vivencial satisfatório. [...] O terceiro modo seria a eficiência, provinda do reconhecimento de que um melhor entorno urbano depende da prosperidade econômica das cidades, o que o faz devotar grande atenção ao transporte, à localização industrial, o projeto de áreas comerciais e outros aspectos da eficiência urbana. [...] O quarto modo seria a reforma social, o mais enigmático mas também o mais importante, já que subjaz nos outros três e provê a inspiração para a incessante propaganda de suas ideias. Ele se funda na sua confiança em que a reforma do ambiente físico seria uma das maiores, senão a maior, contribuição para a criação de uma sociedade ideal que proveria todos os pré-requisitos de uma completa felicidade e sentido de pertinência.

A configuração de seus espaços edificados e dos espaços livres, a orientação das vias, a forma dos edifícios e sua relação com tais espaços, além da própria imensidão das áreas livres gramadas (inspiradas nas cidades-jardins), como a Esplanada dos Ministérios, deram à cidade um caráter monumental. Assim, de acordo com Anelli (2009), Lúcio Costa criou uma base urbana e territorial para a cidade, e Niemeyer veio na sequência dando outros passos por meio da arquitetura:

> Até então a integração das artes na arquitetura conferia à pintura e à escultura o principal papel de representação da identidade nacional. Após Pampulha, Niemeyer tem claro a potência das formas de sua arquitetura para criar figuras de fácil reconhecimento popular. Suas figuras antropomórficas ou derivadas de interpretações da paisagem, criavam novas tensões nas formas construtivas tradicionais para expressar as potencialidades do concreto armado. Sua força visual resultou em grande receptividade popular, conferindo-lhes o papel protagonista na representação da identidade nacional, que caberia, originalmente, às artes plásticas inseridas na arquitetura. (Anelli, 2021, p. 8)

Brasília apresentou uma nova concepção de cidade, assim como uma configuração do uso do espaço com novas sociabilidades. Com seus espaços monumentais, a setorização de atividades, a vastidão dos espaços e as próprias relações humanas estavam condicionadas a esses espaços de uma cidade espraiada e dispersa. Na visão de Holanda (2016), "o espraiamento coloca Brasília como a mais dispersa capital brasileira".

Era uma cidade sem memória de lugar, de usos anteriores do espaço, construída na região central do país, concebida em um período de grande otimismo. No Brasil desse período, havia "um clima de futuro, de modernidade, de identificação por parte da população com o Estado Nacional" (Sabbag, 2012, p. 35), que pretendia "conduzir o país à condição de potência industrial moderna" (Sabbag, 2012, p. 35).

A cidade monumental, portanto, contrapôs-se à ideia tradicional. As cidades cresciam espontaneamente, principalmente as coloniais, de acordo com a forma de ocupação do solo herdada dos portugueses. Inaugurada em 21 de abril de 1960, Brasília foi designada como Patrimônio Cultural da Humanidade, destacando-se como "a maior área urbana inscrita na lista da UNESCO" (Sabbag, 2012, p. 19). A nova capital, entretanto, encontrou problemas à medida que a cidade passou a ser habitada, o que temos de considerar também. Para Irazábal (2001),

> Mesmo que a Carta de Atenas sinceramente pretendesse incrementar a qualidade de vida e o nível de segurança nas cidades, foi amplamente demonstrado em diferentes exemplos urbanos em todo o mundo, que este modelo fracassou. Baseados nestas experiências muitas vezes tristes e inclusive dramáticas, e em sua comparação com estilos de vida que têm surgido em comunidades urbanas neotradicionais, a Carta do Novo Urbanismo enfatiza a necessidade de diversidade social, mescla de atividades e tipos de circulação, acessibilidade pedestre, participação democrática e respeito à expressão da cultura local.

Embora o projeto modernista tivesse um ideal de uso da cidade, o ritmo da vida em sociedade e suas necessidades de comunicação, deslocamento e mesmo de relações com o espaço acabaram por se impor.

Poderíamos citar inúmeros projetos da arquitetura moderna brasileira, mas, neste ponto, vamos nos concentrar no Museu de Arte de São Paulo (Masp), projetado pela arquiteta italiana Lina Bo Bardi, que chegou ao Brasil e teve um profundo entendimento da cultura. Sua produção foi muito significativa em termos de linguagem e conceito. Nessa ótica, de acordo com Alves (2014, p. 38),

> O permanente envolvimento de Lina Bo Bardi com a questão do museu moderno é apontado por Azevedo (1995, p. 10) como significativo da junção entre o político e o cultural em sua produção. Traça-se precocemente a diferença entre o museu europeu, de caráter seletivo, e o dos "países de cultura em início, desprovidos de um passado", dedicado à instrução e formação. Aproxima-se do conceito norte-americano de museu, ligado à democratização do acesso à arte e à cultura, na instalação do MASP (1947) da rua 7 de Abril. Esta aproximação é sistematizada em textos como "Os museus vivos nos Estados Unidos" (1950) e "A função social dos museus" (1950), em que Lina afirma que "é neste novo sentido social que se constitui o Museu de Arte de São Paulo, que se dirige à massa não informada nem intelectual, nem preparada" (Azevedo, 1995, p. 12), o que resulta na combinação de pinturas, esculturas e outros objetos artísticos, na recusa de sequências cronológicas e na colocação de legendas atrás das obras.

O Masp é uma obra arquitetônica que tem uma relação importante com o lugar. O museu marca a paisagem da cidade, sendo um referencial de cultura, além de agir como um catalisador de movimentos sociais e manifestações populares. Nesse sentido, Alves (2014, p. 40) destaca tanto a relação do edifício com o sítio, como um ponto focal e de convergência de um complexo metropolitano, quanto a ideia de

> observatório, mirante e fortificação – "cidadela da liberdade". Uma "fortificação cidadã" que expande as ideias sobre a função social do museu no sentido da cidadania, materializada em seu **hall cívico, sede de reuniões públicas e políticas, no belvedere** enquanto local de grandes concentrações coletivas [...] e na horizontalidade das salas de exposição, que eliminam toda noção de hierarquia, juntamente com os suportes de concreto e vidro projetados pela arquiteta, a iluminação natural e

> a abertura visual para a cidade, que remete a apreciação das obras de arte ao espaço social que as abriga e na qual são produzidas.
>
> Finalmente, ainda no sentido da convergência dos aportes da arquiteta, figura a expressão de valores cívicos, que remetem à noção de monumentalidade, fundamentando a opção pelas "soluções diretas, cruas", enquanto expressão do fazer coletivamente, e do fazer-se enquanto coletividade.

João Batista Vilanova Artigas, "o principal mestre da escola paulista brutalista [...] criador de formas e conceitos" (Zein, 2000, p. 14), é um dos grandes nomes da arquitetura brasileira, com destaque para essa linguagem (a brutalista), em que os materiais – principalmente o concreto armado de demais materiais estruturais – devem se revelar, ou seja, nada é escondido ou melhorado. O concreto bruto deve ficar aparente. Essa linguagem, dissidente do modernismo, encerra uma ideia maior de peso, da nudez e da verdade dos materiais.

Paulo Mendes da Rocha, nascido em 1928 e atuante até os dias de hoje, é um dos grandes destaques da arquitetura brasileira. Conforme Zein (2000, p. 159),

> Sem dúvida um arquiteto moderno pela sua formação, por seu temperamento, por suas obras, assim tem se mantido: no marco das grandes verdades modernas aprendidas em seu momento áureo. Tendo iniciado brilhantemente sua carreira no fim dos anos 50 realizou obras notáveis pela sua singeleza e ousadia.

E assim o Brasil adentrava na modernidade. Nesse momento, embora regado a conceitos oriundos de outros países, buscavam-se uma ideia de integração e uma feição com a qual se pudesse construir uma identidade como país, encontrando-se em sua própria cultura subsídios para tal. Mestiço desde o início, o Brasil via, nas novas formas modernas, a paisagem de suas cidades se transformar.

No entanto, Zein (2000, p. 9) questiona: "o que aconteceu depois de Brasília"? O projeto moderno da cidade, mundialmente divulgado, foi reconhecido e consagrado, obedecendo aos pressupostos modernos de planejamento urbano, com a setorização das funções, a separação das zonas residenciais, ruas para o bom escoamento dos veículos, edifícios modernos feitos de concreto e aço. Entretanto, após sua inauguração, em 1960, passaram-se alguns anos e a cidade e foi relegada "a uma espécie de limbo crítico" (Zein, 2000, p. 9).

4.5 Arquitetura contemporânea

Nesta seção, abordaremos a arquitetura no mundo contemporâneo e exploraremos suas relações com as artes visuais sob alguns aspectos: como espaço expositivo; como protagonista nas relações e nos diálogos com as artes; como elemento que dialoga com as artes visuais em um hibridismo em que o espaço deixa de ser arquitetura para ser arte, isto é, a arte utiliza a escala, a forma e as características de uma obra arquitetônica, mas não se constitui como arquitetura.

O início do século XX ainda trouxe o otimismo do século XIX, decorrente das possibilidades proporcionadas pela indústria, aliadas à crença no progresso científico e tecnológico para a construção de um mundo melhor. Novos acontecimentos, contudo, alteraram esse sentimento, e esse espírito entusiasta entrou em declínio com o advento da Primeira Guerra Mundial. Cabe ressaltarmos que a intenção aqui é fazer um breve apanhado de acontecimentos e produções arquitetônicas do mundo ocidental.

Nas artes, não podemos esquecer que o dadaísmo, movimento artístico que teve início por volta de 1916 e cuja figura de destaque foi Marcel Duchamp, lançou profundos questionamentos. Seu objetivo imediato foi um protesto "contra a Primeira Guerra Mundial, protesto contra uma cultura que se dizia civilizada e permitia a matança de milhões de inocentes em nome de elevados valores culturais" (Ostrower, 1989, p. 332). Alguns anos depois, ocorreu a Segunda Guerra Mundial, e grande parte da humanidade entrou em um período de desesperança, que seria refletido, naturalmente, nas expressões artísticas e arquitetônicas. A proposta do dadaísmo, segundo o qual "o que importa não é propor um sistema, mas destruir um sistema" (Ferrari, 2001, p. 47), questionava o conceito de arte, colocando-se contra o objeto artístico tradicional. Assim, abria-se espaço para a desconstrução um novo conceito de arte e novas possibilidades estéticas, bem como novos experimentos na arte e na arquitetura.

A partir dos anos 1970 e 1980, observou-se uma reação aos pressupostos modernos da arquitetura, que se exprimiu por uma tendência formal eclética em um primeiro momento e, em seguida, por uma mudança nas relações da arquitetura, considerando-se a nova configuração social, cultural, econômica e tecnológica. A arquitetura passou, dessa forma, a incorporar mais intensamente os valores da sociedade delineada segundo as regras de mercado, isto é, tornou-se objeto de valor econômico, visando à sua inserção no mundo do capital e do lucro. Instaurou-se, com isso, a ideia de um pensamento que avançava para além do moderno, e surgiu o conceito de pós-modernidade.

Na arquitetura, não se viu propriamente a substituição dos referencias modernos de construção, mas as formas puras e geométricas, a cor do concreto aparente e o branco, além dos planos de vidro e da ausência de ornamentos, deram lugar a uma pluralidade de estilos. O estilo pós-moderno trouxe novas possibilidades de linguagem, com uma superficialidade de repertório formal, o qual se amparou nas referências greco-romanas – mesmo que com propostas, por vezes, tendendo ao *kitsch*[3] – e ecléticas, e a arquitetura novamente se transformou. A racionalidade tecnicista se desconstruiu, e outros valores entraram em cena. Para Wisnik (2012, p. 198), no "campo da arquitetura, nota-se um progressivo deslocamento de ênfase simbólica do esqueleto estrutural – a transparência moderna – para a pele – o invólucro pós-moderno e os véus contemporâneos".

No decorrer do século XX, viu-se o avanço de um modelo de sociedade baseado em uma grande liberdade expressiva, no consumo e em ideias ligadas à novidade e à efemeridade. Novas áreas se estruturaram para atender às condições de vida dos grandes centros urbanos – por exemplo, a publicidade,

---

[3] "Apesar de mais de um século de existência, a palavra kitsch ainda apresenta alguma confusão em seu significado, sendo muitas vezes interpretada como sinônimo de *brega*. Entende-se que uma coisa é brega quando está relacionada ao mau gosto. Este conceito não se estende necessariamente ao kitsch. Mesmo que muitos atribuam ao kitsch o conceito de *mau gosto*, nem sempre esse mau gosto é evidente aos olhos do consumidor ou do indivíduo que faz uso do kitsch, principalmente se o objeto for uma réplica do original. Um típico exemplo é uma reprodução de um pintor famoso vendida na loja de um museu ou mesmo em frente a ele. De certa forma, pode-se considerar um objeto kitsch se ele apresentar uma ou mais das seguintes características: 1) imitação (de uma obra de arte ou de um outro objeto); 2) exagero na linguagem visual ou na linguagem verbal); 3) ocupação do espaço errado (um carrinho de pedreiro usado como jardineira em um canteiro de jardim); 4) perda da função original (uma garrafa de vinho usada como castiçal). Estas características foram elencadas pela autora deste texto em seu livro *O kitsch e suas dimensões*" (Sêga, 2008, p. 2, grifo do original).

o mercado financeiro, as tecnologias, a comunicação, as redes sociais e, mais recentemente, as tecnologias digitais e da comunicação.

A sociedade de consumo se formou simultaneamente com diversas mudanças, como o crescimento e desenvolvimento das tecnologias digitais e dos meios de comunicação de massa – rádio, TV, internet, dispositivos móveis etc. –, além de trocas de informações em um mundo multicultural. Na arquitetura, a ideia do purismo formal, o conceito de funcionalidade e o entendimento de que menos é mais deram lugar a uma vontade de renovação que resultou em um pluralismo formal, além do descompromisso com ideais e teorias.

4.5.1 Pós-modernismo

O pós-modernismo é um dos primeiros movimentos que identificam essa reação às ideias modernas. O arquiteto trabalha conforme as próprias ideias, o que faz com que seus projetos sejam fruto do pensamento individual e de sua vontade. Formalmente, elementos greco-romanos ou, até mesmo, de outros períodos históricos voltaram a ser vistos nos edifícios, com o objetivo de decorá-os, sendo utilizados de acordo com o gosto do arquiteto e sem o compromisso com o pensamento histórico do período.

Na Figura 4.9, no exemplo da Piazza d'Italia, em New Orleans, podemos perceber essa apropriação de pilares, capitéis, arcos e outros elementos arquitetônicos, empregados de forma descompromissada em relação aos originais, podendo ser deformados, distorcidos ou coloridos, com a escala e os materiais completamente diferentes. Para Ferrari (2001, p. 143),

> A escolha dos materiais cria associações de todos os tipos, sem qualquer coerência formal ou funcional, atenuando, por exemplo, a pomposidade do mármore com a presença de materiais mais humildes. Neste domínio, os resultados mais ousados ficam a dever-se aos arquitectos americanos, que olharam sempre com maior desenvoltura para o patrimônio europeu, por não sentirem diretamente o peso da sua herança.

Figura 4.9 – Piazza d'Italia, New Orleans, EUA (1978)

Na referida imagem, a cor volta ao cenário da arquitetura, criando verdadeiros cenários ecléticos, com um pouco de tudo. A referência a estilos do passado é uma das características da chamada *arquitetura pós-moderna*, assim como "a desenvoltura irónica com que a herança histórica é tratada" (Ferrari, 2001, p. 142). Observa-se uma contravenção em relação ao estilo homogêneo e sóbrio da arquitetura moderna. Se o estilo clássico revive em colunas e capitéis, lembrando os elementos da arquitetura greco-romana, é com as cores e neons sobrepostos a esses elementos que logo se percebe que estes ali se fazem presentes para uma finalidade decorativa.

O pluralismo também é uma característica desse período, uma vez que os olhares se voltam para o passado; porém, não existe a preocupação em restabelecer ou resgatar diálogos mais profundos com os estilos passados. Na realidade, estes são praticamente "colados" a fachadas prontas, como um pastiche[4]. Havia uma função ornamental e certa necessidade aparente de uma fuga do aspecto ascético e minimalista da arquitetura moderna. Conforme Ferrari (2001, p. 142), "Nos Estados Unidos, esta tendência exprime-se sobretudo através de referências paródicas ao estilo solene da arquitectura oficial".

O movimento pós-moderno se consolidou no final dos anos 1970, assumindo críticas ao movimento moderno. De acordo com Brandão (1999, p. 21, grifo do original),

---

[4] Segundo Bruno Costa (2012, p. 143), o pastiche seria uma "paródia pálida"; na "situação de pastiche o que resta é o simulacro, uma canibalização aleatória de estilos, carregada de um 'historicismo' que só pode representar o passado como a cópia de algo que nunca existiu".

Proclamava-se, então, o esgotamento de sua linguagem formal, considerada excessivamente racional, fria e objetiva. Sem avaliar-lhes o mérito, o movimento pós-moderno, que se consolida ao final dos anos setenta, assume tais críticas e propõe uma retomada da tradição, do passado e dos estilos históricos da arquitetura. Essa atitude historicista pós-modernista, no entanto, é falsa. Sob sua máscara esconde-se o atrelamento da arquitetura a uma sociedade violentamente consumista, que substitui a sociedade industrial moderna. O resultado é o ressurgimento de uma mentalidade arquitetônica vitoriana, responsável por um **neoecletismo** assentado em formas desprovidas de significado e que, em momento algum, promove a identidade cultural, cuja falta seria a razão da crise do funcionalismo, ou compreensão histórica tão proclamada pelos pós-modernistas.

O momento clamava por uma renovação da arquitetura. E isso aconteceu, mas por meio da imitação de estilos sustentada pelo pastiche, isto é, sem nenhum tipo de compromisso mais profundo com o aspecto formal ou teórico dos edifícios. A exaltação do aspecto decorativo da arquitetura, muitas vezes fútil, chamava a atenção do público e vinha ao encontro das ideias de novidade e de consumo – tanto o consumo visual da novidade da forma como o consumo daquilo que a arquitetura pode abrigar, como é o caso de museus monumentais, *shoppings*, grandes edifícios de escritórios ou grandes locais de lazer e entretenimento.

O edifício de Philip Johnson e John Burgee (Figura 4.10) inaugurou uma nova fase de arranha-céus, em que elementos decorativos romperam com a caixa de vidro de pureza formal e cujos elementos apontavam para um historicismo revisitado, afirmando o desejo do retorno dos ornamentos.

Figura 4.10 – Sede da AT&T (Sony Building), Nova York, EUA (1984)

4.5.2 Desconstrutivismo

O desconstrutivismo é uma linguagem mais ousada e propõe uma forte desconstrução das formas geométricas puras. Observe o edifício do Corpo de Bombeiros Vitra, da arquiteta Zaha Hadid (Figura 4.11). Embora seja mais contido em sua fragmentação e constituído de linhas retas, existe igualmente uma negação das referências em linhas e planos horizontais e verticais.

A arquitetura desconstrutivista nega a ordem e o ritmo sequencial, bem como promove a desconstrução do ponto de vista e da perspectiva de ponto de fuga centralizado.

Figura 4.11 – Corpo de Bombeiros Vitra, Weil am Rhein, Alemanha (1993)

4.5.3 Arquitetura *high tech* e o uso da tecnologia digital para projetos

O edifício George Pompidou (Figura 4.12), importante tanto por sua função como por sua arquitetura, é um exemplo de arquitetura *high tech*. Caracterizada por ter a tecnologia como ornamento, trata-se de um tipo de construção que mostra o "avesso" da obra.

Os elementos que geralmente ficam escondidos, como as tubulações de ar e água, assim como elementos estruturais, ficam aparentes nesse edifício. As fachadas, comumente constituídas como verdadeiros cenários em que a aparência exterior – ornamentada ou não – esconde as partes não direcionadas à apreciação estética, nesse caso apresentam justamente tais partes como elementos estéticos, sem nada a esconder.

O uso da tecnologia digital também é uma tendência, pois ela oferece o suporte desde o projeto até a etapa de construção do edifício, proporcionando, por intermédio de programas, a construção de novas formas, o uso de realidade virtual para a visualização do projeto, além de possibilidades formais que, de outra forma, não seriam possíveis.

As torres verdes e a arquitetura sustentável igualmente se encontram no centro das atenções, considerando a extrema necessidade de preservação dos recursos naturais do planeta. A arquitetura e as cidades ainda estão distantes de atenderem às necessidades de sustentabilidade, mas existem movimentos de profissionais com esse objetivo, por meio da utilização de energia renovável, de edifícios inteligentes, de estímulos a uma paisagem mais verde, do emprego de materiais reciclados, do uso inteligente do solo, entre outros aspectos.

Figura 4.12 – Centro George Pompidou, Paris, França

E quanto aos megaprojetos de arquitetura? São construções de grandes proporções que exploram "os limites da técnica e dos materiais, quase sem restrições, inclusive orçamentárias" (Arantes, 2008, p. 176). É a arquitetura como espetáculo, atendendo aos desejos de novidade das grandes massas, em busca de novas experiências. Pietraróia (2014, p. 27) entende que o grande desafio da arquitetura do espetáculo consiste na conciliação de "um lugar material e um lugar imaginário", sendo este o local onde as coisas acontecem, ou seja, o espaço do espetáculo, a arquitetura.

Por fim, chegamos à arquitetura imaterial, isto é, a que existe nos espaços virtuais. Na sociedade da informação e com a utilização da tecnologia da informação, desapareceram as distâncias físicas, e a experiência da arquitetura passou a ocorrer de forma desterritorializada. Com relação a nós, espectadores contemporâneos, Manguel (2001, p. 28) cita André Malraux, que afirma sermos

> os primeiros a ouvir aquilo que ele chamou de "canto da metamorfose" – quer dizer, o diálogo que uma pintura ou uma escultura trava com outras pinturas e esculturas, de outras culturas e outros tempos. No passado, diz Malraux, quem contemplava o portal esculpido de uma igreja gótica só poderia fazer comparações com outros portais esculpidos, dentro da mesma área cultural; nós, ao contrário, temos à nossa disposição incontáveis imagens de esculturas do mundo inteiro [...] que falam para nós em uma língua comum, de feitios e formas, o que permite que nossa reação ao portal gótico seja retomada em mil outras obras esculpidas. A esse precioso patrimônio de imagens reproduzidas, que está à nossa disposição na página e na tela, Malraux chamou "museu imaginário".

Nos limites do mundo concreto ocorre a experiência contemporânea dos espaços contidos em um ambiente acessível por meio das tecnologias digitais. A arquitetura perde sua materialidade, seu território, seu lugar, para poder ser abstrata, algo apenas visual e que pode ser tão efêmero quanto o ato de ligar e desligar o computador. É curiosa a observação de Nelson Brissac Peixoto (2013) – professor e pesquisador brasileiro – ao destacar que a expressão *site* se refere a todo local construído para a rede. O autor acrescenta que não "há nada mais paradoxal do que chamar de *site* uma coisa que não tem ubiquação territorial nenhuma" (Peixoto, 2013). A internet propicia uma "uma experiência de tempo que anula o espaço" (Peixoto, 2013).

Portanto, a arquitetura, que é intervenção no espaço e existe em um território, passa a existir mediante uma experiência inusitada: a experiência virtual. Conforme Peixoto (2013), "essa deslocalização do espaço promovida pela intensificação das comunicações está na base da nossa experiência e ela passa inconscientemente".

Síntese

Neste capítulo, apresentamos alguns exemplos da arquitetura dos séculos XVIII, XIX e XX, que sofreu influência de novos direcionamentos políticos – Iluminismo, Revolução Francesa, democracias etc. –, de possibilidades produtivas a partir da industrialização, bem como de visões de mundo e ritmos de vida diversos. Tudo isso impactou diretamente a arquitetura, que acompanhou e absorveu as mudanças.

Em um primeiro momento, houve o ímpeto de reacender estilos históricos de tempos passados, mas o mundo estava em uma nova fase, e o entusiasmo em face das possibilidades do progresso por meio da indústria e da produção de novos materiais e, ainda, as próprias demandas do novo ritmo da sociedade levaram à busca por novos caminhos e novas estéticas.

Sedimentou-se a ideia de progresso, que crescia em paralelo com os avanços da tecnologia industrial, sob a premissa de que o novo seria sempre melhor (Hauser, 2003). Consequentemente, o pensamento de que o "antigo" deveria ser substituído foi permeando as relações das pessoas com seus bens materiais. As cidades passaram a ser lugares que reuniam uma quantidade fascinante de novidades e possibilidades. O meio urbano se tornou o lugar da vida intensa, da cultura, dos encontros, das oportunidades, do acesso a todos os tipos de bens. Nesse contexto, nasceu um espírito de renúncia às antigas práticas do Velho Mundo, e a arquitetura passou a buscar atender às necessidades habitacionais das massas e a voltar-se à exploração de materiais e tecnologias, levando em conta, também, aspectos sociais.

A ideia de "menos é mais" direcionou a arquitetura aos elementos essenciais, sob o preceito do racionalismo e do funcionalismo. Ainda, Le Corbusier estabeleceu o conceito de máquina de morar, e o estilo de uma arquitetura internacional foi assumido em vários países do mundo.

O Brasil também aderiu ao modernismo, tanto na arte como na arquitetura, mas esse movimento não era simplesmente uma cópia. Os artistas, escritores e intelectuais nacionais buscaram, em meio ao movimento que veio de fora, uma conexão com a cultura brasileira e a construção de uma identidade, expressa nas manifestações artísticas e arquitetônicas.

Além disso, neste capítulo, retomamos acontecimentos que resultaram em mudanças importantes nos âmbitos social, econômico, político e cultural do mundo ocidental, que acarretariam tanto alterações concretas de vida quanto novas possibilidades criativas e estéticas para a arte e a arquitetura. Dessa forma, adentramos na análise do que entendemos por *mundo contemporâneo*.

A arquitetura contemporânea tem por característica ser um período de liberdade e experimentação, voltando-se contra a rigidez dos pressupostos modernos. Esse novo panorama levou os arquitetos a criar edifícios ecléticos, buscando referências em períodos anteriores da história, porém sem nenhum compromisso conceitual. Tal movimento pode ser chamado de *pós-moderno*, já que há a intenção de contraposição ao movimento moderno e o desejo de "encerrá-lo".

Atividades de autoavaliação

1. Considerando os temas estudados neste capítulo, relacione as colunas a seguir:

    I) Neoclassicismo
    II) Arquitetura do ferro
    III) Edifícios do século XIX
    IV) Arquitetura historicista
    V) Arquitetura moderna
    VI) Arquitetura contemporânea

    ( ) Levou o funcionalismo às últimas consequências e rejeitou qualquer caráter ornamental, para privilegiar somente o caráter utilitário, em uma sobriedade extrema.

    ( ) O estilo reviveu a linguagem greco-romana da arquitetura, na intenção de expressar valores. A simplicidade e a grandiosidade das construções clássicas, o equilíbrio dos espaços e a simetria das massas arquitetônicas eram elementos extraídos de um grande passado histórico.

    ( ) A partir dos anos 1970 e 1980, apresentou uma reação aos pressupostos modernos, com uma tendência formal eclética, incorporando intensamente os valores da sociedade configurada segundo as regras de mercado.

    ( ) A Torre Eiffel é um dos principais monumentos desse estilo. Declarada a "vergonha de Paris", destinava-se a ser demolida após a exposição mundial para a qual foi construída.

    ( ) Entre 1750 e 1850, sucederam-se vários movimentos, e foi nesse período que surgiram edifícios com estilos inspirados em épocas anteriores.

    ( ) O recondicionamento dos corpos e a invasão do imaginário social pelas novas tecnologias adquirem um papel central nessa experiência, composta sob a presença dominante da máquina.

Agora, assinale a alternativa que apresenta a sequência obtida:

a) III, VI, I, V, VI, II.
b) II, III, VI, IV, V, I.
c) V, II, III, I, VI, IV.
d) V, I, VI, II, IV, III.
e) VI, V, I, III, IV, II.

2. Assinale a alternativa que contém as palavras que completam corretamente o texto a seguir:

No século XIX, em que se formava a base das ideias modernas, sedimentava-se a ideia de progresso, que crescia em paralelo com os avanços da tecnologia industrial, sob a premissa de que _____. Consequentemente, o pensamento de que _____ vai permeando as relações das pessoas com seus bens materiais. As cidades passam a ser lugares que reúnem uma quantidade fascinante de _____. O meio urbano se torna o lugar da vida intensa, da cultura, dos encontros, das oportunidades, do acesso a todos os tipos de bens. Ruas, edifícios, elevadores, produtos industrializados, carros, entre outros elementos, significam uma aproximação cada vez maior com um modo de vida _____.

a) o antigo é sempre melhor / o antigo deve ser preservado / memória / mais artificial.
b) o novo é sempre melhor / o antigo deve ser substituído / novidades e possibilidades / mais artificial.
c) o novo é sempre melhor / o antigo deve ser destruído / relações com o passado / mais próximo da natureza selvagem.
d) o antigo e o novo têm o mesmo valor / o antigo deve conviver harmonicamente com o novo / diversidade / em que tudo tem o mesmo valor.
e) o antigo tem mais valor que o novo / o novo deve ser visto com desconfiança / memórias / conservador.

3. Sobre a arquitetura moderna, assinale com V (verdadeiro) ou F (falso) as assertivas a seguir:
   ( ) Nascia um espírito de renúncia às antigas práticas do Velho Mundo e esperava-se que a arquitetura correspondesse ao compromisso de atender às necessidades habitacionais das massas.
   ( ) A ideia era que a exploração de materiais e tecnologias resultasse em uma arquitetura que levaria em conta aspectos sociais, bem como a crença no poder da forma para transformar o mundo.
   ( ) Rietveld é o arquiteto mais ligado à poética neoplástica e o mais fiel às premissas teóricas e ao rigorismo formal do movimento, o que nos leva a ver na Casa Rietveld a relação com o neoplasticismo de Mondrian.
   ( ) A arquitetura moderna utiliza elementos geométricos – elaborando a ideia do "abstrato" da pintura –, os quais se manifestam em linhas e planos organizados na vertical e na horizontal.
   ( ) A arquitetura moderna levou o funcionalismo às últimas consequências, rejeitando qualquer caráter ornamental, no intuito de privilegiar somente o caráter utilitário, em uma sobriedade extrema.

   Agora, assinale a alternativa que corresponde à sequência obtida:

   a) V, F, V, F V.
   b) V, V, V, V, V.
   c) F, V, V, V, F.
   d) V, F, F, F, V.
   e) F, F, V, V, V.

4. Assinale a alternativa que apresenta somente nomes de arquitetos modernistas:
   a) Mies van der Rohe / Gustave Eiffel / Philip Johnson / Walter Gropius / Lúcio Costa / Mondrian.
   b) Zaha Hadid / Le Corbusier / Philip Johnson / Walter Gropius / Frank Gehry / Oscar Niemeyer.
   c) Mies van der Rohe / Le Corbusier / Philip Johnson / Walter Gropius / Lúcio Costa / Oscar Niemeyer.
   d) Mies van der Rohe / Le Corbusier / Peter Eisenman / Walter Gropius / Lúcio Costa / Andrea Palladio.
   e) Mies van der Rohe / Le Corbusier / Wassily Kandinsky / Walter Gropius / Lúcio Costa / Oscar Niemeyer.

5. Considerando os temas da arquitetura contemporânea e os autores estudados neste capítulo, relacione as colunas a seguir:

I) Contexto inicial da arquitetura contemporânea
II) Pós-modernismo
III) Desconstrutivismo
IV) Arquitetura *high tech*

( ) Movimento de reação às ideias modernas, caracterizado pelo posicionamento individual do arquiteto. Formalmente, observa-se o uso de elementos greco-romanos ou mesmo de outros períodos históricos nos edifícios, com o objetivo de decorá-los.

( ) Esse movimento propõe uma forte desconstrução das formas geométricas puras e uma negação das referências em linhas e planos horizontais, assim como da ordem e do ritmo sequencial, havendo também a desconstrução da perspectiva de ponto de fuga centralizado.

( ) A partir dos anos 1970 e 1980, observou-se uma reação aos pressupostos modernos da arquitetura, que se exprimiu por uma tendência formal eclética e por uma mudança nas relações da arquitetura com o mercado (tomada como um objeto de valor econômico), considerando-se uma nova configuração social, cultural, econômica e tecnológica.

( ) Caracterizada por ter a tecnologia como ornamento, trata-se de um tipo de construção que mostra o "avesso" da obra, expondo, com intenção estética, os elementos que geralmente ficam escondidos nos edifícios – tubulações de ar e água, elementos estruturais, entre outros.

Agora, assinale a alternativa que apresenta a sequência obtida:

a) II, III, I, IV.
b) I, III, II, IV.
c) II, IV, I, III.
d) IV, I, III, II.
e) II, III, IV, I.

Atividades de aprendizagem

Questões para reflexão

1. Leia o trecho a seguir e, em seguida, reflita: De que forma a "renúncia às antigas práticas" se manifestou concretamente nos novos edifícios modernos?

   > Nesse ambiente nascia um espírito de renúncia às antigas práticas do Velho Mundo e esperava-se que a arquitetura, agora, correspondesse ao compromisso de atender às "necessidades habitacionais das massas" e à proposta de exploração de materiais e tecnologias, resultando em uma arquitetura que levaria em conta aspectos sociais, bem como "a crença no poder da forma para transformar o mundo" (Ghirardo, 2009, p. 4).

2. O que significa o lema "a forma segue a função", tão relevante para a arquitetura moderna? Identifique edifícios que mostram concretamente essa ideia.

3. Explique o que significou a Bauhaus, escola alemã importante no período moderno, no que se refere à sua proposta de considerar a cidade como um "sistema de comunicação".

Atividade aplicada: prática

1. Vamos observar nosso país! O Museu de Arte de São Paulo (Masp) é um dos ícones da arquitetura moderna brasileira. Busque informações e imagens desse edifício e crie um pequeno vídeo em que se apresentem suas origens, seu projeto, suas características de edifício moderno, além de curiosidades e de outros aspectos significativos.

2. Assista ao documentário *O corpo e a cidade modernista*, dirigido por Pedro Rodolpho em comemoração ao 60º aniversário da cidade de Brasília. Aprofunde seus conhecimentos sobre o projeto urbanístico de Lúcio Costa, a arquitetura de Oscar Niemeyer, as relações sociais proporcionadas pelas particularidades da cidade, o impacto do espaço na vida dos habitantes. Em seguida, escreva um artigo de opinião com base nos conteúdos apresentados pelo documentário.

O CORPO e a cidade modernista. Direção: Pedro Rodolpho. 2018. Disponível em: <https://www.archdaily.com.br/br/937968/documentario-o-corpo-e-a-cidade-modernista-e-disponibilizado-gratuitamente-online>. Acesso em: 23 jul. 2022.

5

Diálogos e reflexões sobre arte e arquitetura

Mónica Defreitas Smythe

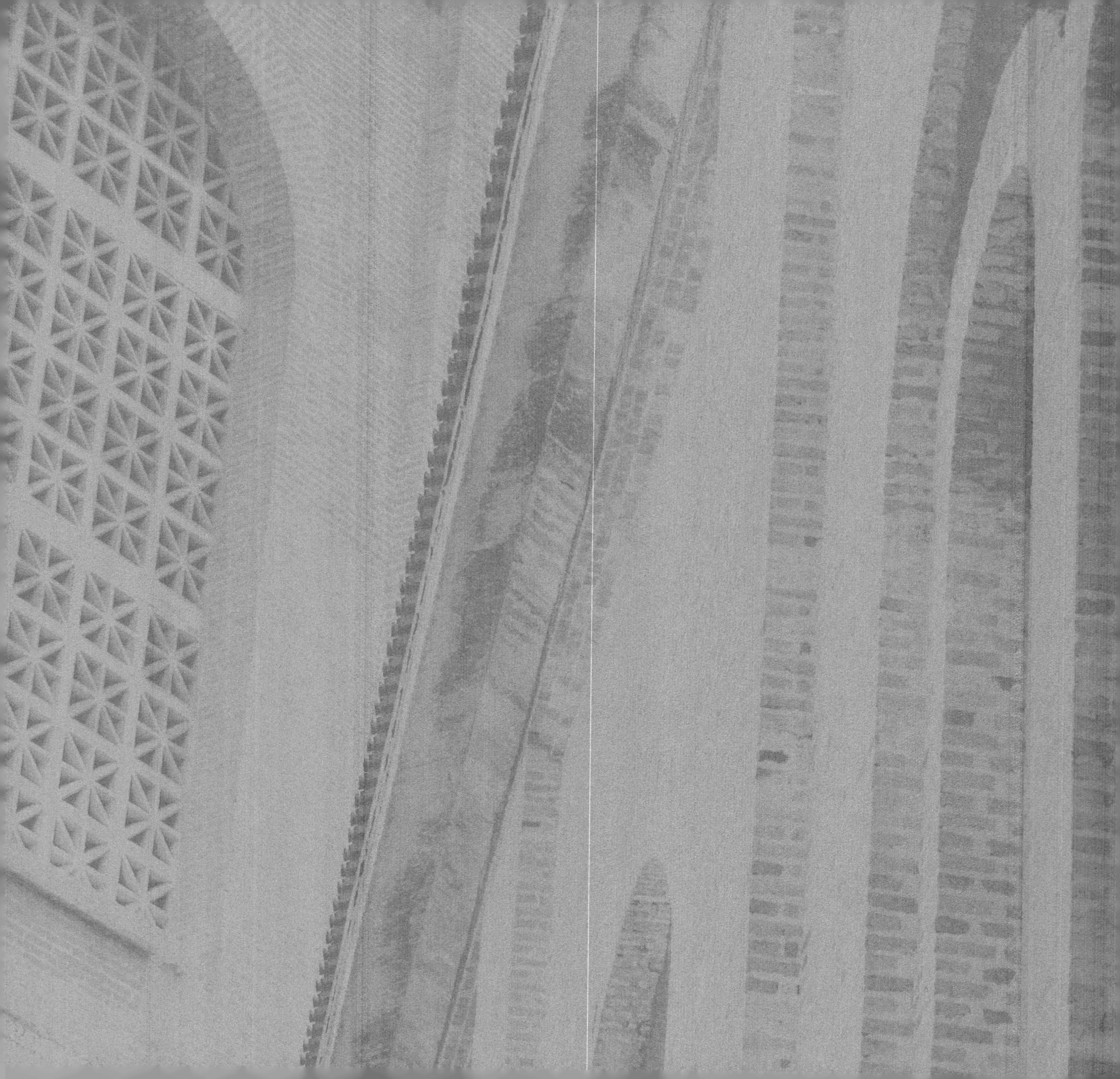

Neste capítulo, vamos refletir sobre a relação entre os museus como espaços expositivos e as artes visuais na contemporaneidade. Como os museus têm se configurado como espaço expositivo? Quais pressupostos os museus de arte, especificamente, têm seguido na tarefa de expor obras de arte? Quais relações são tecidas entre obras de arte, arquitetura e população?

5.1 Arquitetura como espaço expositivo: museus contemporâneos e artes visuais

Museus são espaços de difusão de conhecimento cultural e artístico que expõem tanto obras já consagradas como obras contemporâneas a serem publicizadas. Além disso, agregam as atribuições de pesquisa, preservação, restauro e divulgação de conteúdos culturais. Nas palavras de Heloisa Costa (2012, p. 100): o museu "é uma instituição de pesquisa com caráter público, que se abre ao domínio público e procura difundir e ampliar o conhecimento cultural e científico de um mundo em transformação permanente". Assim, tem um papel fundamental na preservação de bens culturais e artísticos, essenciais na construção da memória coletiva.

Nesse sentido, os museus são espaços em que a memória afetiva se territorializa e se encontra acessível de forma institucionalizada como patrimônio cultural. Heloisa Costa (2012, p. 89) destaca o "papel fundamental da memória coletiva e afetiva na preservação do patrimônio cultural", de modo que, quando a comunidade compreende de forma sensível o quanto determinados objetos estão ligados à sua memória coletiva e afetiva, ocorrem a valorização e a preservação de objetos culturais.

Você frequenta museus? Que tipo de conhecimento os museus de arte podem trazer à população? Qual é a importância da preservação de obras de cunho artístico, histórico ou cultural nesses espaços? Você acredita que existe a compreensão, no Brasil, de que os museus são espaços de conhecimento e colaboram como "contadores de história"?

A respeito do papel dos museus e dos objetos de coleções na sociedade atual, Contardi (citado por Costa, 2012, p. 90) afirma que os "objetos, as obras de arte – numa sociedade cuja estrutura cultural não seja mais a história, como corre o risco de acontecer com a sociedade atual – são fragmentos de um passado não mais relacionável ao presente, são quase ilhas, resíduos de um continente submerso". Observe como esse pensamento é pertinente! O museu é um lugar que torna possível estabelecer essa ponte entre passado e presente. Os objetos, as obras, os edifícios e tudo o que compõe o patrimônio histórico só fazem sentido se existe um diálogo possível com o presente, como parte de uma memória coletiva viva. Para Heloisa Costa (2012, p. 99),

> A partir da compreensão do valor da memória coletiva como instrumento de base para a salvaguarda e a preservação do patrimônio global, os museus e os lugares de memória urbana começam a ter um papel fundamental como contadores da história e das narrativas de vida nas cidades onde se encontram implantados.

Entretanto, com relação ao papel dos museus como contadores de história e de narrativas – assim como lugares em que leituras e percepções de mundo podem ser observadas nas obras de arte –, é importante que, no Brasil, a cultura de ir a museus seja ampliada e incentivada. Antes disso, é essencial incutir na população a cultura de valorização dos museus por meio de políticas públicas de incentivo e divulgação desses espaços de conhecimento e cultura.

Agora, vamos analisar as relações entre arquitetura e arte mediante a atuação do museu, instituição que, como sabemos, propicia conhecimento e informação acerca de temas de áreas variadas que tiveram e têm sua existência relacionada a determinado tempo e espaço. A preservação e a exposição de objetos e materiais da história e da memória de um povo fazem parte da função dos museus em geral. Aqui, porém, versaremos especificamente sobre os museus de arte, em particular sobre os museus contemporâneos de arte, os quais têm características diferentes das apresentadas pelos museus modernos.

De acordo com Meira (2018, p. 207-208),

> A concepção de museus que vigorou durante a primeira etapa do século XX foi marcada, sobretudo, pelo pensamento arquitetônico modernista. Tal proposta concebia os museus como elementos neutros, partindo do conceito de caixa ou contêiner indiferenciado – construído em concreto, aço e vidro – que procurava não intervir nas obras expostas, preservando em seu interior a autonomia da obra de arte. Processo oposto se dará nas décadas seguintes, com o advento dos novos museus que darão ênfase ao aspecto cenográfico de seu invólucro arquitetônico, enfatizando a volumetria e a escala do edifício enquanto elemento icônico e autorreferencial.

Nesse contexto, vale lembrar a exaltação do cubo branco, conceito referente à estrutura espacial isenta de qualquer possibilidade de interferências na obra de arte, que estaria isolada e a salvo de ruídos no momento de sua contemplação. Essa ideia foi desenvolvida por Brian O'Doherty na obra *No interior do cubo branco: a ideologia do espaço da arte*.

O museu que incorporaria um novo conceito de espaço expositivo, rompendo com a ideia de espaço neutro e austero, segundo Meira (2018), é o Centro Georges Pompidou, inaugurado em 1977, em Paris, responsável por inaugurar tendência do "museu espetacular e de grande escala, ligado principalmente à cultura de massa e à sociedade de consumo afluente" (Meira, 2018, p. 208)[1].

---

1   Essa nova tendência alavancada pelo museu francês, segundo o autor, foi identificada pelo filósofo Jean Baudrillard: "Com as suas redes de tubos entrelaçados e seu ar de edifício de exposições ou de feira universal, com sua fragilidade (calculada?), dissuasiva de toda mentalidade ou da monumentalidade tradicional [...]. Em rigor, o único conteúdo do Beaubourg são as próprias massas, que o edifício trata como um conversor [...] ou, exatamente como uma refinaria trata um produto petrolífero" (Baudrillard, citado por Meira, 2018, p. 208).

No que tange às obras de arte, os museus têm como funções principais a salvaguarda, a conservação e a exposição, mas não é só isso. No que diz respeito aos grandes museus contemporâneos, certamente não. Nessa perspectiva, Sperling (2005, p. 2) ressalta que os museus, atualmente, vão além de sua função de espaço expositivo, sendo uma peça-chave para a integração da arte e da arquitetura na esfera cultural, pois são um objeto de destaque "dentro do sistema imagético-espacial de veiculação e consumo cultural".

Meira (2018, p. 209) observa o quanto, na contemporaneidade, os museus passam a ter cada vez mais espaço "na cultura e na experiência cotidiana". De fato, é possível afirmar que "o sucesso rentável de qualquer cidade passou a depender substancialmente dos atrativos dessas instituições" (Meira, 2018, p. 209).

Hoje, os museus abrangem todo um sistema que envolve mídias, comunicação, investidores, artistas, cidades... Isso implica a participação de inúmeros setores, e há toda uma "construção integral do espaço como construção integral do ser humano" (Sperling, 2005, p. 2). Nessa ótica, o uso dos espaços expositivos se conecta ao consumo de massa que vemos em inúmeras das grandes exposições de arte, que ocorrem em sintonia com a globalização e com os novos meios e as novas tecnologias da informação. Assim, "a arquitetura do museu torna-se objeto privilegiado para a reflexão das transformações em curso. Quer por sua condição de agente do sistema da arte, quer como elemento potencialmente sensível ao pensamento e à ação de construção de espaços de domínio público nas cidades" (Sperling, 2005, p. 1-2).

Seus espaços, além de promoverem a exposição de obras, apresentam os aspectos da ordem do espetacular e do icônico, relacionados não apenas ao potencial de expor obras de grandes artistas, mas também a um grande poder econômico envolvido.

> O Museu Contemporâneo pelo seu edifício, sua arquitetura monumental chama a atenção dos passantes. Essa tendência tem sido bastante recorrente nos projetos dos novos museus a partir dos anos 80. Concebido como uma obra de arte total, todo arquiteto almeja assinar um projeto de museu. É como se fosse **esculpir** uma obra a ser vista por todos, visitantes ou não.

> [...] A ideia de assinar o projeto de um museu, como uma obra de arte que se desenha na paisagem, vem de encontro a uma estetização generalizada, operação requerida para o funcionamento da sociedade de consumo a partir dos anos 80. (Freire, 1997, p. 147, grifo do original)

O espetáculo fica por conta da monumentalidade e da forma como são organizadas as exposições nesse espaço, além de todas as ações envolvidas. O caráter de iconicidade diz respeito ao edifício em si, que se torna um monumento representativo por sua estética peculiar (na qualidade de objeto de contemplação), isto é, o edifício como obra de arte. Desse modo, o museu adquire presença atendendo a uma cultura performática:

> Transformam-se em acontecimentos urbanos e midiáticos, criando a ressonância necessária aos investimentos implicados: desde as polêmicas veiculadas pela grande imprensa (formas dos edifícios, inserções urbanas, custos), as análises mais detidas da imprensa especializada e, por fim, sua inserção no circuito do turismo cultural global. Por aí, o próprio espaço urbano torna-se espaço de exposição, dependente da "montagem" constante de obras arquitetônicas assinadas, as quais passam a conferir às cidades uma posição ao sol no competitivo circuito das movimentações globais. (Sperling, 2005, p. 8)

Percebe-se, portanto, que no caso dos museus contemporâneos ocorre uma inversão na forma de o museu se relacionar com a obra de arte e com a cidade. A espetacularização da arquitetura surge por meio de uma estética que se diferencia dos projetos comuns e dos referenciais tradicionais. Assim, o edifício se torna um objeto de contemplação, da mesma forma que uma obra de arte. Como a concepção do edifício faz com que sua aparência externa se converta no espaço interno, naturalmente a exuberância de determinadas obras impacta as obras de arte expostas nesse local.

O Museu Guggenheim Bilbao é um edifício essencial quando se fala da arquitetura contemporânea de museus. Construído a partir de um projeto complexo – traduzido pelo caráter formal no que diz respeito aos cálculos matemáticos e às formas curvas e irregulares, todas diferentes umas das outras –, o resultado é uma obra que se caracteriza por ser desconstrutivista e monumental. Além da arquitetura em si, existe a questão urbanística e toda a reestruturação feita na região:

> Em 1991, o governo basco propôs à Fundação Solomon R. Guggenheim que financiasse um museu Guggenheim a ser construído na zona portuária degradada de Bilbao, que na época constituía-se como a principal fonte de renda da cidade. O museu passou a fazer parte de um plano de desenvolvimento maior, cujo objetivo era renovar e modernizar a cidade industrial. Quase imediatamente após sua abertura em 1997, o Guggenheim de Bilbao tornou-se uma atração turística popular, atraindo visitantes de todo o mundo. (Pagnotta, 2016)

Seu projeto não apenas revigorou uma zona da cidade de Bilbao como também se converteu em um edifício icônico da cidade, transformando a economia graças a seu apelo turístico.

Os grandes museus contemporâneos desenvolvem um processo de espetáculo em sua forma de conduzir as exposições e tudo o que é ligado a tais eventos. Mobiliza-se toda uma comunicação midiática para a divulgação de exposições, chamando as massas por meio de estratégias publicitárias:

> Tais museus, tornando-se atração para as massas, procedem à divulgação da arte em meio a um público nem sempre com grande bagagem de informação. É preciso comunicar a arte do passado ou contemporânea sem truncamentos, com o fim de atrair o público. É nesse contexto que uma nova dimensão para a apresentação da exposição de arte vai aparecer. Acontece uma estetização da arquitetura. (Gonçalves, 2004, p. 71)

Não se trata apenas de uma exposição, mas também de entretenimento e de consumo, por conta da recepção massificada das obras de arte. Costa (2009) destaca a valorização do público como um aspecto fundamental no que tange aos espaços expositivos contemporâneos. Esses novos espaços que surgem no cenário das cidades assumem o valor de museus/monumentos, em virtude do fato de que eles próprios são um objeto de apreciação estética. As cidades, por sua vez, passam a compor um circuito de lugares de modernização urbana, fazendo parte do roteiro internacional de museus e de cidades adquirindo um *status* diferenciado no campo das grandes exposições. Nessa perspectiva, para Otília Arantes (citada por Gonçalves, 2004, p. 71),

> Os próprios museus vão ser reformulados na medida desse novo contingente de visitantes-consumidores, tanto quanto de uma arte que se quer ela própria cada vez mais na escala das massas, na exata medida do consumo de uma sociedade afluente. [...] A massificação da experiência da recepção coletiva da obra de arte [...] não é mais do que apreensão superficial e maximamente interessada da obra de arte enquanto bem de consumo.

Dessa forma, os museus se encontram adequados às necessidades e formas de viver de nosso tempo, adaptados tanto aos novos anseios da sociedade contemporânea, que deseja acessar e consumir obras de arte, como ao modo de viver e ao desejo de obter coisas por meio do consumo. Todos os grandes museus têm, no final do percurso, uma loja com objetos próprios. E, assim, o desejo de se apropriar das coisas do museu, de levar a experiência para fora do espaço vivenciado, é aplacado pela possibilidade de compra de objetos.

O museu de arte tem uma função simbólica, ao se constituir no lugar de guarda da arte e da cultura. Socialmente, fala da expressão de determinado tempo e espaço, no qual as pessoas podem se conectar como sociedade, construindo um sentido que relaciona os objetos artísticos ali dispostos à identidade como coletividade. Segundo Gonçalves (2004, p. 70), o "museu/monumento, ao mesmo tempo que é signo de distinção, constitui-se em signo de memória cultural, dando testemunho da importância do lugar na realidade contemporânea."

Na América Latina, o Museu Soumaya, na Cidade do México (Figura 5.1), também um museu de arte, é um exemplo de arquitetura inovadora, com sua forma monolítica que remete a uma grande escultura. Perceba que o edifício é um objeto de contemplação, sendo a arquitetura, nesse caso, não apenas um edifício que cumpre sua função, mas, fundamentalmente, um objeto estético. Como explica Freitas (2005, p. 4),

> existe uma tendência crescente de valorização do estético moldando a vida urbana na atualidade, que há tempo vem se desenvolvendo, mas hoje consolidou-se nas bases mercadológicas do capitalismo. A "imagem", com seu poder de persuasão estética, tornou-se a ferramenta propagandista da

Figura 5.1 – Museu Soumaya, Cidade do México, México

Luis Alvarado Alvarado/Shutterstock

Figura 5.2 – Museu Oscar Niemeyer

© Niemeyer, Oscar/AUTVIS, Brasil, 2022.
R.M. Nunes/Shutterstock

cultura de consumo. Através das imagens, o fundamento estético é trabalhado para comunicar rapidamente e se tornar convincente, transformando o cotidiano, a vida comum e as manifestações culturais em espetáculo para a grande massa contemplar.

O Museu Oscar Niemeyer (MON), em Curitiba (Figura 5.2), também conhecido como Museu do Olho, projetado pelo arquiteto Oscar Niemeyer, atualmente é um dos museus da cidade que mais recebem exposições temporárias de grandes artistas. Grande parte do público que se dirige até o local o faz para apreciar sua arquitetura, que tem a peculiaridade da estrutura em forma de olho, com um apoio central e laterais que assumem a forma de balanço, o que o torna um edifício que atrai olhares para sua característica formal e, também, pela dificuldade (ou ousadia) da engenharia.

A arquitetura dos museus sofreu transformações, adequando-se esses edifícios a paradigmas da contemporaneidade, tais como o consumo massivo e o grande interesse das pessoas por entretenimento, novidades e objetos de grande impacto, de modo geral.

No que diz respeito às próprias obras de arte, temos de considerar que a arte contemporânea já não utiliza somente as linguagens tradicionais, mas envolve materiais, ferramentas tecnológicas, espaços, escalas, linguagens de outras artes, tecnologias da informação e tudo o mais que seja possível usar para a expressão artística. Segundo Costa (2009, p. 2843),

> Mudanças ocorridas na concepção do conceito de arte do modernismo para a contemporaneidade e as novas formas de manifestação da arte contemporânea, como o *site specific*, *performance*, instalação, *in situ*, intervenção, vídeo instalações, estabeleceram necessidades específicas para a criação de espaços arquitetônicos e/ou sua adaptação, para abrigar ou dialogar com a efemeridade da produção visual atual.

Já não há um espaço específico e contido ou um espaço puro e neutro para as obras de arte, porque existem a sala, o salão, a rua, a calçada, o muro, a parede do prédio, o bairro, a estrada, o lago, as montanhas e tantas outras alternativas que possibilitam as experiências espaço-temporais. Não é só o espaço do museu "como quase exclusivo *container* de obras e trabalhos de arte, o que garante a vida da arte contemporânea. Fruto dessa desterritorialização, as relações da arte multiplicam-se por meio de vinculações: arte/cidade, arte/natureza, arte/vida" (Navas, citado por Costa, 2009, p. 2845). Dessa forma, assim como a arte contemporânea ampliou suas possibilidades expressivas, os espaços contemporâneos expositivos também o fizeram.

Não podemos deixar de citar o Instituto Inhotim[2], grande museu a céu aberto situado na cidade de Brumadinho, em Minas Gerais. Trata-se de um importante espaço expositivo de obras de arte contemporâneas.

---

[2] "O Instituto Inhotim começou a ser idealizado pelo empresário mineiro Bernardo de Mello Paz a partir de meados da década de 1980. A propriedade privada se transformou com o tempo, tornando-se um lugar singular, com um dos mais relevantes acervos de arte contemporânea do mundo e uma coleção botânica que reúne espécies raras e de todos os continentes. Os acervos são mobilizados para o desenvolvimento de atividades educativas e sociais para públicos de faixas etárias distintas. O Inhotim, uma Oscip (Organização da Sociedade Civil de Interesse Público), tem construído ainda diversas áreas de interlocução com a comunidade de seu entorno. Com atuação multidisciplinar, o Inhotim se consolida, a cada dia, como um agente propulsor do desenvolvimento humano sustentável" (Viajando com Toledo, 2022).

> A experiência do Inhotim está em grande parte associada ao desenvolvimento de uma relação espacial entre arte e natureza, que possibilita aos artistas criarem e exibirem suas obras em condições únicas. O espectador é convidado a percorrer jardins, paisagens de florestas e ambientes rurais, perdendo-se entre lagos, trilhas, montanhas e vales, estabelecendo uma vivência ativa do espaço. (Martins, 2016)

Inhotim é, atualmente, um dos espaços mais representativos da arte contemporânea. Contém um acervo permanente, com obras em espaços construídos especificamente para elas, e obras ao ar livre, as quais convidam o espectador a experimentar vivências que vão além de uma postura contemplativa.

5.2 Arquitetura como interlocução: quando as linguagens se complementam

Nesta seção, analisaremos alguns exemplos de diálogos entre a arquitetura e as artes visuais, considerando cada uma das linguagens e suas especificidades. Quando falamos em *arquitetura como interlocução*, a ideia é que existe uma conexão entre o objeto da arquitetura e o objeto das artes visuais, os quais, juntos, constituem um todo de significado. Vamos iniciar nossa discussão com a observação de Melo (2003, p. 121):

> O relacionamento entre a obra de arte e a arquitetura tem variado de diferentes modos, e oscila de acordo com as épocas e os lugares. Podemos afirmar que, em toda a história da Humanidade, existem exemplos que idealizam coordenar todas as artes para alcançar um conjunto harmonioso. No passado a pintura, escultura e arquitetura eram inseparáveis, com seus significados mutuamente enlaçados. Uma unidade de criação entre arquitetos, pintores e escultores, objetivando a construção de algo monumental e simbólico. Recente é a habitual divisão entre arte e arquitetura, produto da especialização do século XVIII, quando o tradicional método das belas-artes isolou cada arte no seu sistema disciplinar.

Há vários exemplares, ao longo da história, de artes visuais que têm uma relação de significação com a arquitetura, ou seja, é no conjunto que acontece o significado artístico ou, usando o termo de Melo, a *harmonia*.

Vamos pensar, por exemplo, na pintura do Teto da Capela Sistina[3] (Figura 5.3), feita por Michelangelo entre os anos de 1508 e 1512. Trata-se de uma das obras mais emblemáticas da história da arte e que traz essa simbiose entre a arquitetura e a pintura. Observe, na parte central, a imagem mais conhecida, intitulada "Criação do homem".

Figura 5.3 – Teto da Capela Sistina (vista parcial), Vaticano

MICHELANGELO. **Teto da Capela Sistina**. 1508–1512. Afresco: ouro e gesso, 40 × 14 m. Museu do Vaticano.

Segundo Gombrich (1999, p. 308), a "capela lembra uma sala de reuniões ampla e alta, com uma abóbada rasa". Porém, tudo se transforma quando o olhar alcança as pinturas – "parece que penetramos num mundo diferente. É um mundo de dimensões sobre-humanas" (Gombrich, 1999, p. 308). A arquitetura da capela é simples, como aponta o historiador, e, de fato, adquire uma nova conotação com as pinturas. Abre-se um universo de imagens que leva o observador a lugares que vão além do espaço da capela, potencializando ambas as linguagens. As pessoas olham para a obra e se emocionam por causa do conjunto, e não apenas pela arquitetura ou pelo afresco isoladamente.

3   Não devemos esquecer que o teto da capela é obra de Michelangelo, mas as paredes também são cobertas de pinturas de autoria de outros artistas reconhecidos. Porém, a pintura do teto é o foco das atenções, por sua intensidade e capacidade expressiva.

Conforme matéria publicada no Portal G1, "durante a alta temporada, cerca de 30.000 pessoas entram diariamente no local, segundo dados divulgados pelo jornal italiano La Repubblica" (France Presse, 2012). Você imaginaria a Capela Sistina sem o afresco de Michelangelo? O que as milhares de pessoas que diariamente entram na capela imaginam que vão encontrar? Ao olharem para o teto, o que acontece? Essas pessoas podem ir à capela motivadas por algum impulso religioso, mas é na relação com o teto, o continente das imagens, que a experiência estética acontece.

Figura 5.4 – Santuário do Bom Jesus de Matosinhos, Congonhas, Minas Gerais

Everson Bueno/Shutterstock

No Brasil, temos o Santuário de Bom Jesus de Matosinhos[4] (Figura 5.4), um conjunto edificado e escultórico situado no município de Congonhas, no Estado de Minas Gerais, construído na segunda metade do século XVIII. É uma obra do barroco brasileiro que contou com o trabalho de Aleijadinho na decoração da fachada e no altar esculpido no interior da igreja, além das figuras dos 12 profetas esculpidos em pedra-sabão, situadas no adro da igreja, a área externa defronte dela. Juntando-se a essas obras, é possível ver, ainda, as obras escultóricas das seis cenas da Paixão de Cristo abrigadas em seis capelas ao longo do caminho que conduz ao santuário.

---

4 "Considerado uma das obras-primas do barroco mundial, o Santuário do Bom Jesus de Matozinhos foi inscrito no Livro do Tombo de Belas Artes, pelo Iphan, em 1939, e reconhecido como Patrimônio Cultural Mundial pela UNESCO, em dezembro de 1985" (Iphan, 2022f).

De acordo com o Instituto do Patrimônio Histórico e Artístico Nacional (Iphan), a inspiração para o Santuário "é fortemente relacionada a exemplares portugueses como a Igreja de Bom Jesus do Monte (Braga) e ao Santuário de Nossa Senhora dos Remédios (Lamego), ambos em Portugal" (Iphan, 2022f). É natural que isso aconteça, porque à época a cultura portuguesa ainda estava muito presente nas terras brasileiras. O conjunto é "um dos mais completos grupos escultóricos de imagens sacras no mundo, sendo, sem dúvida, uma das obras-primas de Francisco Antônio Lisboa, o Aleijadinho" (Iphan, 2022f).

Manguel (2001, p. 234) observa que a contemplação dessa obra obedece a uma linha narrativa que se desenrola no tempo e no espaço, "tanto no tempo da história de Cristo como no tempo que o espectador leva para seguir da primeira até a última cena, como se tivesse vendo uma magnífica procissão".

As relações que envolvem o espaço se desenrolam no percurso seguido pelo observador desde o momento em que está na rua e avista o conjunto da igreja. "Os limites entre a arte e a arquitetura se tornam-se difusos à medida que, tanto uma quanto outra, inspiram-se na experiência física do sujeito determinada pela natureza do lugar" (Cartaxo, 2010, p. 4).

É do início da escadaria que se avistam os profetas, os quais "não parecem estar se dirigindo a um único indivíduo, mas a toda a humanidade. Esse efeito é obtido em parte por causa da tonalidade cinza da pedra que contrasta com o espalhafato das capelas dos passos abaixo, e em parte porque essas figuras não estão representando uma história, mas se apresentam como contadores de histórias, envolvendo-nos no diálogo dramático" (Manguel, 2001, p. 240-241). As figuras em pedra "discursam" por meio de seus gestos e de sua expressividade. O observador é tocado pela expressividade do conjunto, que tem no caráter cenográfico, no contínuo movimento, a potência e a dramaticidade do barroco.

Uma linguagem que também proporciona uma forma de interação entre as artes visuais e a arquitetura diz respeito aos murais – internos ou externos –, presentes em fachadas de edifícios ou muros, como podemos observar na Igreja de São Francisco de Assis[5], na Pampulha, em Belo Horizonte. Essa igreja tem o projeto assinado por Oscar Niemeyer, que contou com a colaboração de vários artistas.

---

5 "A Igreja da Pampulha é tombada pelo Instituto do Patrimônio Histórico e Artístico Nacional (IPHAN), pelo Instituto Estadual do Patrimônio Histórico e Artístico de Minas Gerais (IEPHA/MG) e pela Gerência do Patrimônio Municipal" (Cruz, 2019).

Portinari fez um painel para uma das fachadas externas da edificação[6], configurado em azulejos em tons de azul e branco (Figura 5.5), com representações de São Francisco. A junção das formas arquiteturais com os azulejos é responsável pela grande originalidade da obra. Pelo fato de a arquitetura ser o suporte do mural, existe uma relação de simbiose entre as linguagens, que faz com que as artes visuais e a arquitetura tenham suas identidades atreladas uma à outra.

A Igreja de São Francisco de Assis é uma obra que contrasta com a linguagem moderna da arquitetura. De fato, com sua cobertura marcadamente feita em linhas curvas, contrapõe-se aos princípios modernos da arquitetura de origem europeia, que é constituída basicamente de linhas retas e formas geométricas.

> A igreja, apesar de ser considerada como a obra-prima do conjunto, recebeu muitas críticas dentro do ambiente cultural tradicional da cidade, e especialmente das autoridades eclesiásticas, que por 14 anos não permitiram a consagração da capela, devido, entre outras coisas, a sua forma pouco ortodoxa. Esta forma representa um uso completamente revolucionário do concreto para obras religiosas. (Souza, 2012)

A arquitetura brasileira, baseada em curvas e proporcionada pelo concreto armado, que possibilita toda a plasticidade que vemos nas obras de Niemeyer, foi um diferencial em meio aos outros lugares em que se manifestava o modernismo. Com isso, foi possível ampliar a linguagem moderna da arquitetura.

---

6 "Cândido Portinari – O artista plástico é autor do painel externo em azulejo azul e branco, na fachada posterior da igreja, que retrata cenas da vida de São Francisco. Fez também o mural do altar principal e os 14 pequenos quadros que retratam a Via Sacra. Destaca-se o painel em cerâmica que reveste o púlpito, na parede exterior do batistério e no balcão. Alfredo Ceschiatti – Autor dos painéis em bronze, esculpidos em baixo relevo, no interior do batistério, retratando a expulsão de Adão e Eva do paraíso. Suas esculturas acompanham sempre os grandes trabalhos de Niemeyer e estão presentes no Palácio da Alvorada, na praça dos Três Poderes e na catedral, em Brasília. Burle Marx – Os jardins da igreja são assinados pelo maior paisagista brasileiro, cujos trabalhos também podem ser vistos no Cassino (hoje Museu de Arte da Pampulha) e na Casa do Baile. Nascido em São Paulo, em 1909, Burle Marx também foi desenhista, pintor e ceramista, entre outras atividades. Paulo Werneck – Nas laterais da abóbada da nave, encontram-se os mosaicos em azul e branco do pintor, desenhista e ilustrador, que introduziu a técnica de mosaico no Brasil. Feitos em pastilhas, trazem desenho modernista típico da época" (Blog Mais Brasil, 2014).

O edifício da Fundação Louis Vuitton, que é um museu e um centro cultural, localizado em Paris, é um projeto do arquiteto Frank Gehry. A intervenção artística de Daniel Buren propôs milhares de peças de vidro cobertas por filtros de cores diferentes que, ao receberem a luz do sol, criam "projeções e reflexões caleidoscópicas no edifício e na paisagem da cidade. O trabalho de Buren, conhecido pela manipulação criativa da luz e da cor, interage com a obra de Gehry como se essa fosse uma tela em branco" (Mello, 2016).

O último comentário desta seção fica por conta da escultura da artista Louise Bourgeois (Figura 5.6), uma grande aranha executada em bronze, aço inoxidável e mármore que tem cerca 9 metros de altura. Diferente dos exemplos anteriores, a Maman é uma escultura que tem mobilidade, ou seja, passa um tempo em uma cidade e depois se muda para outra, tendo realizado já um bom número de viagens internacionais. A especificidade dessa escultura é que nas cidades ela

Figura 5.5 – Igreja de São Francisco de Assis, Pampulha, Belo Horizonte, Minas Gerais

PORTINARI, C. **São Francisco de Assis**. FCO: 2474. CR: 2167. 1944. Painel de azulejos, técnica e suporte combinados. 750 × 2120 cm (painel) (irregular), 15 × 15 cm (azulejos).

Figura 5.6 – A aranha "Maman", da artista francesa Louise Bourgeois, no Museu Guggenheim Bilbao, Espanha

BOURGEOIS, L. **Maman**. 1999–2001. Escultura: bronze, mármore e aço inoxidável. 895 × 980 × 1160 cm.

é colocada no espaço aberto, relacionando-se não apenas com um edifício em especial, mas com o lugar no ambiente urbano em que está presente. As pessoas podem ser surpreendidas ao caminharem pela cidade e se depararem com a escultura. Como mencionamos, trata-se de uma obra de exposição temporária, mas não deixa de ter a peculiaridade de transformar a paisagem urbana por determinado período. As pessoas têm a chance de sentir o "estranhamento", no sentido de saírem da zona de conforto e encontrarem um elemento inusitado no percurso já familiar.

5.3 Arte na cidade: vivências no espaço público

A arte contemporânea, com toda a sua pluralidade, proporcionou a saída das obras de arte dos locais consagrados e legitimados como espaços expositivos de arte – museus e galerias –, ampliando os espaços de intervenção e exposição e, consequentemente, as possibilidades estéticas. Aqui, a cidade é o museu. Diferente do espaço institucional, em que é proibido tocar nas obras consagradas, devendo-se manter distância, nas ruas a obra não tem dono, e sim autoria. Porém, ela não está sob proteção institucional ou de alguém. Para vê-la, não é preciso pagar. Tudo está ao alcance. É possível tocar a obra com a retina e com as mãos, intervir sobre ela, bem como transformá-la e até destruí-la.

Para Cartaxo (2009, p. 8), o hibridismo da arte contemporânea "acabou por romper com os espaços tradicionais da arte", destituindo os espaços transcendentais como os espaços por excelência da arte moderna e ampliando o campo de atuação das linguagens de arte contemporâneas. Dessa forma, a arte encontra na arquitetura e na cidade um espaço de liberdade.

Segundo Freire (1997, p. 122, grifo do original), a obra propõe

> o conhecimento do mundo a partir do movimento, isto é, o movimento do corpo no espaço possibilita novas assimilações.
>
> O filósofo Michel de Certeau compara o ato de andar na cidade com a formulação de um discurso. Esse ato, aparentemente corriqueiro e, à primeira vista, desprovido de significados, além dos seus objetivos mais aparentes, como passear ou ir a determinado local, está imbuído de pequenos

> ritos, fantasias, insere-se numa rede simbólica. Portanto, a experiência do movimento do corpo no espaço articula outros tempos, resgata memórias que acompanham o ritmo dos passos. O imaginário se atualiza nos percursos urbanos. É aí que o passo dá o ritmo de **leitura** desse texto simbólico de conteúdo individual e também coletivo.

O espaço da arquitetura é concreto, contudo, nos museus e nas galerias, na intenção de não interferir nas obras expostas, o espaço é tratado de modo a praticamente "desaparecer" para que a obra de arte seja o centro. Furtado e Zanella (2007, p. 311) referem-se à contemplação "organizada e modulada pelas paredes brancas, iluminações precisas dos museus e galerias de arte, consoante os conhecimentos específicos de seus curadores". Os espaços consagrados e preparados para as exposições artísticas fazem parte do circuito artístico e, nesse caso, são seguidos caminhos, critérios e formas de tratamento das obras e do espaço que garantem a condição de arte dos objetos ali expostos.

De acordo com Cartaxo (2009, p. 8), "O espaço asséptico da galeria 'cubo branco', puro e descontaminado, foi substituído pelo espaço impuro e contaminado da vida real. Surgem os espaços alternativos para a arte: as ruas, os hospitais, os cruzamentos de trânsito, os mercados, os cinemas, os prédios abandonados etc.".

Nas grandes cidades, muros, paredes, ruas, calçadas, postes, *outdoors* ou o próprio espaço urbano como cenário são espaços de arte. Uma diversidade de expressões encontra voz: intervenção, *performance*, *site specific*, grafite, *stencil*, lambe-lambe, além de outras manifestações que usufruem da possibilidade de liberdade e diversidade do espaço urbano.

A cidade é um espaço público, em que todas as questões humanas e sociais se manifestam e todas as artes se encontram democraticamente. Nela "encontramos manifestações múltiplas engendradas entre o culto e o popular, o tradicional e o moderno, o artístico e o não artístico, tudo acontecendo simultaneamente, incorporado no tempo e na vivência metropolitana" (Furtado; Zanella, 2007, p. 310). E essa vivência é feita de fluxos, em que os transeuntes não são necessariamente os observadores de obras de arte, nem mesmo das obras públicas.

Figura 5.7 – *Tilted Arc* (Arco Inclinado), intervenção, Federal Plaza, Nova York (1987)

© Serra, Richard/AUTVIS, Brasil, 2022.
Norman Owen Tomalin/Alamy/Fotoarena

Entretanto, é característica das obras públicas que essa relação ocorra de forma não planejada, não roteirizada. Tais "obras-manifestações não possuem o seu valor estético aderente à forma, mas sim à sua condição de acontecimento efêmero, em que a participação do público faz-se, muitas vezes, relevante e, simultaneamente, imperceptível" (Cartaxo, 2009, p. 3). O fator público da obra de arte, com isso, faz do objeto artístico um objeto relacional público. Para Peixoto (2002, p. 12), "toda intervenção na cidade é necessariamente plural. É urbanística, arquitetônica, política, cultural e artística". No espaço público, altera o trânsito de pessoas, as sociabilidades e o uso do espaço, podendo interferir de tal forma que a polêmica se instaura e o governo tem de lidar com o conflito. Foi o que aconteceu com a obra *Tilted Arc*[7], de Richard Serra, instalada em uma praça de Nova York (Figura 5.7).

A obra despertou debates e questionamentos acerca dos limites das ações artísticas no espaço público. Apesar de estar, nesse caso, misturada ao mobiliário urbano e de as pessoas se relacionarem espontaneamente com o novo objeto, existe também a sensibilidade de quem circula pelos espaços. A obra era uma grande placa de aço localizada no meio da praça.

De um lado, os transeuntes reclamavam que a obra interferia no espaço, atrapalhando o seu uso cotidiano, de outro, o artista afirmava que a obra havia sido concebida especificamente para aquele lugar e que sua transferência para outro sítio equivaleria à sua destruição. A obra de *site-specific* substituiu a

---

7 Trata-se de "obra construída por Richard Serra na Federal Plaza em Nova York, que constitui-se em uma chapa de aço curvada de 3,66 m de altura, 375 m de comprimento e 6cm de espessura, instalada no centro da praça" (Freitas, 2005, p. 4).

> prática da inserção de obras caracterizadas como complemento 'decorativo' do espaço urbano, contudo, o interesse pelo contexto ultrapassou o tecido urbano passando a incorporar, também, o público. *Tilted Arc* era uma obra de arte pública que ultrapassava sua constituição formal e material. Apesar de prevalecer, nesta obra de Serra, as referências físicas do lugar, a cidade, em todas as suas dimensões (física, cultural, pública, psicológica, política, social etc.), também fazia parte da obra. Foram estas dimensões que determinaram as reações do público perante a obra. (Cartaxo, 2009, p. 5-6)

Tassinari (2001, p. 75) refere-se à obra que propicia a comunicação entre o "espaço do mundo em comum e o espaço da obra" como algo inteiramente novo, já que a relação com a obra acontecia no próprio espaço da obra e, agora, esta "passa a ser, então, a obra e suas vizinhanças". Isso se torna muito interessante porque o transeunte desavisado, de repente, está se relacionando com a obra porque ela está em seu percurso! E, assim, a "obra contemporânea não transforma o mundo em arte, mas, ao contrário, solicita o espaço do mundo em comum para nele se instaurar como arte" (Tassinari, 2001, p. 76). Sobre a forma como o espaço da praça se relaciona com a obra de arte, Tassinari (2001, p. 76) observa:

> Distante das vizinhanças da obra, ele é o espaço habitual; próximo da obra, porém, ele é, tanto parte dela quanto o espaço do mundo em comum habitual, cotidiano, e em princípio indiferente à dimensão estética. Se a obra o requisita e altera seu aspecto próximo a ela, mesmo aí não o mobiliza de todo. A obra o arrasta para si por meio dos sinais do fazer. Com isso se individua, destacando-se entre as coisas cotidianas. [...] *Arco inclinado*, de Serra, pode ajudar na compreensão desse duplo papel que desempenha o espaço do mundo em comum num espaço em obra. A escultura inclina-se e verga ameaçando desabar. Parece abraçar o espaço da praça. Inerva o espaço do mundo em comum e tende a contê-lo.

O caso foi ao tribunal, e o resultado foi a retirada da obra, após um embate entre os representantes da população, o artista e o Poder Público, que o havia contratado. Quando uma obra é exposta no espaço público da cidade, é feita uma provocação, um estímulo para que o espaço seja utilizado de outra forma, incitando o observador a olhar para o espaço considerando uma vivência não apenas utilitária, mas também estética. Nesse sentido, o sujeito que observa a obra arte no contexto da cidade é convidado a se relacionar e a ter uma experiência sensorial, despertando para outros conteúdos que não aqueles do cotidiano.

O espaço na rua não é idealizado, tampouco o lugar da obra abstrai o entorno para destacá-la isoladamente. Na rua, a obra conta com objetos que fazem parte do contexto urbano – mobiliário, veículos, pessoas ou mesmo intervenções, como pichações ou depredações. Assim, ela sempre está sujeita a interferências, que em grande parte das vezes são desejadas, como já mencionamos.

A instalação de Guga Ferraz em que o artista faz uma espécie de grande beliche junto à parede de uma galeria propõe justamente essa interação.

> Em *Cidade dormitório*, de 2007, do artista carioca Guga Ferraz, instalada na parte exterior da galeria Gentil Carioca, no Rio de Janeiro, faz-se clara a alusão aos problemas habitacionais na cidade. Em meio ao caos do Centro do Rio, na Praça Tiradentes, foi instalada uma torre de camas encimadas umas sobre as outras (uma espécie de beliche de oito andares). A participação do público local (população de rua) foi imediata na ocupação deste *site-dormitório*. Esta obra sinaliza os problemas sociais da cidade, ao eleger o lugar ideal para abordar a questão (o Centro de uma urbe repleta de áreas degradadas). (Cartaxo, 2009, p. 6, grifo do original)

A obra pública tem essa possibilidade de suscitar, de levantar questões que dizem respeito a uma população. O discurso revela, por meio da linguagem contemporânea, questões políticas, como é o caso dessa obra, que toca em assuntos urgentes de uma população em situação de rua e desamparada.

O grafite[8], manifestação surgida nos Estados Unidos em meados do século XX, é caracterizada pela pintura em muros e paredes das cidades e, segundo Cartaxo (2009), como uma forma de expressão com viés político, cultural, social e ideológico. Assim, "a arte do grafite (pública por natureza) foi absorvida pelas artes visuais, tendo em vista sua **vontade** de expressão, de **ser-no-mundo**, de

---

8 "A palavra, do italiano *graffito* ou *sgraffito* (arranhado, rabiscado), é incorporada ao vocabulário estético designando uma arte urbana, extremamente crítica, que intervém na cena pública (nos muros das cidades, metrôs etc.)" (Cartaxo, 2009, p. 7).

presentificação, muito próxima do universo estético" (Cartaxo, 2009, p. 7, grifo do original). Com uma linguagem muito diferente da arte exposta nos espaços tradicionais e reservados, não tinha relação com o circuito oficial artístico.

Desse modo, essa nova realidade pictórica e "marginal", porque feita por artistas anônimos, trazia outro repertório cultural e visual. Segundo Ferrari (2001), manifestava-se nos metrôs e em paredes de bairros degradados, por iniciativa de jovens de Nova York, na maioria vindos da comunidade negra, cujo desejo era deixarem suas marcas. Porém, o fenômeno cresceu e se desenvolveu em outros lugares da cidade, perdendo "sua agressividade inicial, ou, pelo menos, a sua espontaneidade" (Ferrari, 2001, p. 128).

> Todavia, tal facto conduz igualmente a uma reflexão mais consciente e a um vocabulário mais elaborado. É então que se distinguem alguns artistas, dotados de um estilo próprio, partilhando pelo mesmo interesse pelo *mass media*, que os aproxima dos artistas *pop* da geração anterior. No entanto, se a arte *pop* se tinha limitado à reprodução, fiel ou deformada, da sociedade de consumo, os autores de grafitos adaptam a imagem dessa sociedade à sua própria sensibilidade, tingindo-a de raiva, ou de irreverência. (Ferrari, 2001, p. 129)

A arte de rua – que envolve grafite, lambe-lambe, *stencil*, pichação, *sticker* e outros – ocorre em circunstâncias diferentes da que se encontra nos espaços oficiais de exposição ou mesmo da arte popular. Para Prosser (2010, p. 30), esta "é uma arte transitória, não comercial, não oficial, que se dá fora da academia e do museu (e por isso até a pouco não reconhecida). Uma arte às vezes *underground*, subversiva, transgressora, transformadora, mas, sobretudo, livre".

Feita por artistas quase sempre anônimos – pelo menos nos circuitos oficiais de arte –, a arte de rua tem suas peculiaridades. De caráter espontâneo e transgressor, o grafite manifesta temas da vida na cidade com uma linguagem própria, criando imagens que deixam registrado todo tipo de conhecimento e percepção de mundo de artistas geralmente jovens e que querem comunicar seu posicionamento por meio do registro público no meio urbano: "a arte de rua tem revelado, para além do simples picho e do conflito simbólico por territórios urbanos, todo um mundo de inquietações, de ideais e de lutas" (Prosser, 2010, p. 28).

Observando a Figura 5.8, identificamos no grafite uma expressão não apenas visual, mas também do campo das palavras; entretanto, suas características artísticas e visuais se sobrepõem aos aspectos semânticos da escrita, visto que a legibilidade fica totalmente em segundo plano. A escrita tem características da arte de rua, e a leitura é, de certa forma, restrita aos grupos que conhecem esse código. Assim, o conteúdo visual, independentemente do textual, permite que se efetive a comunicação.

Figura 5.8 – Grafite em um muro

Você se lembra de um grafite de que gostou e que depois de um tempo já não estava mais ali? Perceba como a vida das obras de rua é muito mais curta e vulnerável que a das obras preservadas em museus. Existe no grafite uma liquidez característica e que compõe muitas obras contemporâneas: "a transitoriedade da arte contemporânea contrapõe-se à pretensa eternidade dos monumentos" (Freire, 1997, p. 65), que são feitos para durar.

O Beco do Batman[9] é um lugar na cidade de São Paulo conhecido por seus grafites. Artistas como Alex Vallauri e o Grupo Tupinãodá têm trabalhos nesse local, que passou a ser um grande espaço expositivo de arte urbana e está em constante transformação. A arte que tem como palco a cidade pode sofrer intervenções, uma vez que está em um ambiente público. É sabido que há o risco de essas obras sofrerem intervenções, depredações ou transformações.

Dois artistas grafiteiros de renome internacional são os irmãos Otávio e Gustavo, conhecidos como Os Gêmeos. Eles começaram a fazer grafite no bairro do Cambuci, em São Paulo, e suas obras se tornaram importantes no contexto de arte urbana brasileira. Com uma forma peculiar de representação e de abordagem temática, que encerram elementos surreais em seus traços tão característicos, foram convidados para fazer obras em vários outros países e, até mesmo, expô-las em museus e galerias. Para Gustavo, "a partir do momento que nossa arte migra para os museus, não é grafite. A essência do grafite é sem permissão, sem ninguém te dizer o que você faz" (Vermelho, 2009). Já segundo Otávio, "Grafite é toda a atmosfera em volta, não é encomenda. Dentro de uma instituição ou uma galeria de arte, precisamos criar o ambiente. Recebemos uma sala toda branca e construímos um mundo. Na rua já está tudo pronto e colocamos o nosso trabalho" (Vermelho, 2009).

Para finalizar esta seção, cabe mencionar um mural que foi feito em São Paulo, na Avenida 23 de Maio, e que ficou conhecido por ser o maior mural de grafite a céu aberto da América Latina: "Com 15 mil metros quadrados em 70 muros entre a passarela Ciccilio Matarazzo, em frente ao Museu de Arte Contemporânea (MAC) e os arcos da Praça dos Artesões Calabreses, as obras reuniram os trabalhos de 200 artistas" (São Paulo, 2015).

Entretanto, em determinado momento, grande parte desse mural foi pintada de cinza, o que vinha ao encontro de um projeto de tornar a cidade "bonita"; apenas oito obras foram preservadas. A resposta da prefeitura foi que "grafites e murais são sempre bem-vindos quando autorizados" (Doria..., 2017).

---

9 "Sua história começou na década de 1980, quando foi encontrado nas paredes do bairro um desenho do homem-morcego dos quadrinhos. O acontecimento atraiu estudantes de artes plásticas, que começaram a fazer desenhos de influência cubista e psicodélica nas paredes do Beco, formando a galeria de paredes totalmente cobertas" (Jornada do Patrimônio, 2020).

Assim, fica a reflexão sobre a questão da liberdade de expressão no espaço público, que, ao longo do tempo, foi se tornando um espaço para a arte – nesse caso, de forma espontânea. Acreditamos que ainda deve haver muita discussão sobre até onde as autoridades podem ir em relação ao que é feito pelos artistas. Percebemos a necessidade de diálogo, o qual é sempre profícuo para a busca de soluções democráticas.

5.4 O espaço como conceito e a experiência arquitetural: diálogos e perspectivas

Nesta seção, trataremos de obras de arte que colocam em diálogo questões do universo da arquitetura e do universo da arte, de modo que instauram uma vivência artística do espaço por meio de uma constatação física (corporal), além da percepção visual, aproximando e/ou misturando a experiência arquitetônica e a artística.

Segundo Zevi (citado por Castelnou, 2003), existem várias formas de compreender a arquitetura (conteudista, formalista, fisiopsicológica e espacial). Contudo, a forma espacial seria a mais completa, porque "envolveria uma 'vivência'", sugerindo "um movimento real tridimensional e influenciado pelas distâncias, volumes, luzes, cores, projeções e inclusive expectativas do usuário" (Castelnou, 2003, p. 148). Essa experiência com o espaço, entretanto, não propicia apenas uma sensação corporal, mas todas aquelas que o observador, por meio do corpo, já teve como experiências sensoriais e que fazem parte de seu repertório e de sua memória.

> Portanto, a compreensão do espaço arquitetônico – seja este vernáculo ou erudito – passa necessariamente pelas vias subjetivas. É na interação de todos os sentidos humanos que se pode começar a ver; a experimentar a arquitetura. Segundo Rapoport (1977), a percepção ambiental inicia-se através da **captação sensorial**, a qual seria mais ou menos idêntica entre as pessoas e necessária para a sobrevivência do gênero humano. Somente em seguida, ocorreria a **cognição**, ou seja, a descrição de como as pessoas estruturam, apreendem e conhecem seu meio, o que varia culturalmente.

> "A percepção trata de como a imaginação capta e o esforço a organiza" (p. 118), para somente depois ocorrer a **avaliação**, esta baseada nas preferências e na definição dos valores de qualidade do meio,
> (Castelnou, 2003, p. 148, grifo do original)

Com as observações de Castelnou, podemos compreender os aspectos da relação entre o homem e seu espaço e o quanto essa experiência está relacionada à percepção do ambiente vivenciado, do aqui e agora. É por meio de nossos sentidos que, diariamente, nosso corpo percebe os estímulos e as qualidades do espaço em que estamos – por exemplo, a luz, a forma, o ritmo, a escala, os sons, a temperatura, além de todas as percepções relacionadas ao nosso mundo subjetivo e individual. Dessa maneira, quando a arte incorpora tais qualidades espaciais mediante o convite para uma relação com a obra de arte que incorpora esse tipo de percepção, é possível estabelecer esse diálogo entre os universos da arquitetura e da arte.

A partir dos anos 1960, que marcou o início do que é denominado *arte contemporânea*, as experiências artísticas se expandiram para inúmeras possibilidades relacionais. Na sequência, analisaremos obras que tanto se valem da percepção de espaço vivenciada na relação com a arquitetura como se apropriam da estrutura arquitetônica para sua produção ou, ainda, utilizam elementos e conceitos do espaço arquitetônico para a poética artística.

Cartaxo (2009, p. 8, grifo do original) refere-se às práticas arquitetônicas contemporâneas como as que proporcionam um "**lugar** intermediário entre diferentes categorias artísticas (pintura, escultura, arquitetura etc.). O hibridismo da arte contemporânea, fundado na dissolução de tais categorias, acabou por romper com os espaços tradicionais da arte". Essa dissolução leva-nos à compreensão de que os espaços tradicionais das artes visuais (pintura, desenho, gravura, escultura) deixaram, há muito tempo, de ser as linguagens artísticas por excelência, incorporando também a fotografia e o cinema e, posteriormente, a videoarte, a *performance*, a instalação e os demais tipos de intervenções e expressões artísticas híbridas.

A arte contemporânea propõe essa busca da dissolução das categorias tradicionais, buscando uma experiência estética que sai da moldura, da tela, do objeto, do olhar como única forma de fruição, da

Figura 5.9 – Memorial aos Judeus Assassinados na Europa, Berlim, por Peter Eisenman (2005)

atitude passiva. Portanto, constitui-se em uma característica da arte contemporânea o convite ao relacional, à interação, à experiência estética, ao uso do corpo como forma de perceber sensivelmente as propostas artísticas.

A obra *Monumento ao Holocausto*, de Peter Eisenman (Figura 5.9), ocupa uma área central da cidade de Berlim equivalente a dois campos de futebol[10]. Isso significa dizer que tal monumento tem uma presença marcante no tecido urbano pela sua extensão. Mas não é só isso. A obra trabalha com a memória referente às vítimas do Holocausto. E de que maneira esse memorial acontece formalmente, no âmbito da cidade?

O memorial traz para a esfera pública, por meio da monumentalidade e da diferenciação da paisagem urbana, o trauma histórico. A característica de estar incrustado na região central da cidade faz com que as pessoas se deparem diariamente com o fato histórico, sendo esta uma forma de se lidar com as memórias. Com seus blocos de concreto, embora promova a abstração na sequência das formas geométricas, a obra encerra também a metáfora de um cemitério cinzento, frio, cuja monotonia só é interrompida pelas diferenças discretas de altura dos blocos. Contudo, não tem o caráter de um lugar sagrado ou intocável. O que se vê são as pessoas de todas as idades circulando entre os blocos, relacionando-se de diferentes maneiras com esses blocos e com os caminhos, reinventando as possibilidades de relação com a memória.

---

10 "Sendo o monumento mais importante e reconhecido mundialmente da história recente da Alemanha e um dos lugares mais visitados da capital, este 'cemitério' é composto por 2.711 blocos de concreto aparente que medem entre 0,50 e 4,50 metros de altura e estão semienterrados em uma área que equivale a dois campos de futebol" (Yávar, 2014).

Existem obras muito interessantes de artistas brasileiros que propõem essa experiência corporal, como é o caso da obra *Soma dos dias*, de Carlito Carvalhosa. Trata-se de um *site specific*[11] que teve sua estreia no espaço do Solar do Barão, em Curitiba. Feita no espaço interno, é composta de elementos simples, em um espaço conhecido (o da galeria do Solar), mas que se torna uma experiência espacial completamente peculiar. Consiste em grandes pedaços de tecido branco que pendem do teto ao chão, iluminados em alguns pontos por luzes fluorescentes. Assim, o artista produz lugares e caminhos, entradas e saídas, e um espaço a ser percorrido o qual diz respeito apenas ao espaço da obra, já que há um apagamento do espaço concreto da galeria. Vale a leitura da experiência com a obra, segundo Cristiane Silveira (2008, p. 7-8), a curadora da exposição:

> Nesse lugar o artista opera junções e disjunções e nos põe a duelar com nossa própria memória. O atordoamento que nos acomete causa mesmo lampejos de descrença sobre aquilo que acabamos de fazer, afinal, onde foi mesmo que entramos?
>
> De início, experimentamos uma espécie de sobreposição de realidades: o corredor nos parece mais longo do que o espaço que conhecíamos, o assoalho apresenta-se marcadamente desenhado, como jamais percebido, os batentes das portas se mostram em desalinho e um som contínuo, no limiar da abstração, insiste em pertencer àquele lugar. Tudo se passa enquanto o progressivo apagamento do já sabido nos invade. Mas como isso tudo é possível? Que operações permitem que aceitemos esse novo estado de coisas? Aqui não há jogos de câmeras ou efeitos especiais, tudo está – o que é mais desconcertante – à mostra, e tudo é reconhecível: tecido sintético branco, lâmpadas florescentes brancas, abraçadeiras metálicas, reatores elétricos, fios elétricos, soquetes.

---

[11] "O termo sítio específico faz menção a obras criadas de acordo com o ambiente e com um espaço determinado. Trata-se, em geral, de trabalhos planejados – muitas vezes fruto de convites – em local certo, em que os elementos esculturais dialogam com o meio circundante, para o qual a obra é elaborada. Nesse sentido, a noção de site specific liga-se à ideia de arte ambiente, que sinaliza uma tendência da produção contemporânea de se voltar para o espaço – incorporando-o à obra e/ou transformando-o –, seja ele o espaço da galeria, o ambiente natural ou áreas urbanas" (Site..., 2021).

A obra também foi exposta em 2011 no Museu de Arte Moderna (MoMA), em Nova York, devendo-se atentar para o fato de que, por se tratar de um *site specific*, ela foi totalmente repensada para o espaço do museu. "Essa estrutura esconde, ou interrompe, os limites definidos de seu espaço arquitetônico circundante, suspendendo as referências espaciais dos visitantes e permitindo uma experiência de imersão total" (MoMA, 2022, tradução nossa).

O último trabalho que analisaremos nesta seção é do artista Hélio Oiticica, que oferece ao panorama brasileiro de arte contemporânea uma rica contribuição no que tange à renovação da linguagem artística, pela constante busca de meios expressivos. A obra *Invenção da cor, Penetrável Magic Square #5, De Luxe*, de 1977, encontra-se no Instituto Inhotim e é assim descrita:

> Baseados no quadrado, estes espaços se oferecem ao espectador como grandes áreas de permanência e de convívio, colocando-o em contato vivencial com a forma, a cor e os materiais. [...] Assim, os Magic Squares pertencem ao grupo de trabalhos Penetráveis, em que a pesquisa do artista em torno da ocupação do espaço pela cor atinge escala ambiental e se articula com uma ideia de renovação do espaço arquitetônico, aproximando-o ao jardim, à praça, ao labirinto, ao parque de diversão e ao barracão. Construídas postumamente, estas obras constituem uma maneira coerente de fazer jus ao legado de Oiticica, mantendo viva sua ambiciosa proposta de junção entre arte e vida. (Olhar Comum, 2022)

A junção entre arte e vida permeou a obra de Oiticica, e o que observamos nesse caso é o convite ao percurso pelos caminhos proporcionados pelos quadrados, que são objetos tridimensionais de cor, ou seja, planos e molduras que se articulam e que, para a experiência artística, devem ser percorridos, penetrados.

Na obra, é proposto um tipo de comportamento do corpo que pode explorar o espaço. É necessário não apenas vê-la, mas vivenciá-la, circulando pelo objeto e experienciando os fluxos possíveis. É pela ação do corpo no espaço, circulando por entre as formas, que o significado se configura. Tal como acontece com a cidade, a obra se revela ao percorrermos seus espaços.

Não somos mais "espectadores"; somos aqueles que se relacionam com a obra e promovem, por meio das sensações desencadeadas nessa relação, seu sentido de existir. Há participação, comportamento, relação e sentidos, abolindo-se, dessa forma, a ideia de que a obra precisa do espaço oficial, ampliando-se o espaço expositivo da arte para o "mundo". Nas palavras de Oiticica (citado por Freitas, 2004, p. 79):

> Pretendo estender esse sentido de "apropriação" às coisas do mundo com que deparo nas ruas, terrenos baldios, os campos, o mundo ambiente, enfim – coisas que não seriam transportáveis, mas para as quais eu chamaria o público à participação – seria isso um golpe fatal no conceito de museu, galeria de arte etc., e ao próprio conceito de "exposição" – ou nós o modificamos ou continuamos na mesma. Museu é o mundo; a experiência cotidiana (...) Tenho um programa, para já, "apropriações ambientais".

É dessa forma que se passa da ideia do observador para o participante, o usuário, e a experiência artística se aproxima da arquitetônica. Passa-se, assim, da "representação" para a "presentificação", de forma que se vai "além do espaço 'pronto', pois compõe-se de elementos 'transformáveis' e 'para fazer', gradientes de abertura para a continuidade processual" (Sperling, 2015, p. 25).

As obras apresentadas nesta seção propõem que o observador/participante vivencie uma experiência na condição de sujeito que faz a ação, que participa, isto é, que cria o sentido da obra ao traçar o próprio trajeto em sua relação com ela. A pessoa escolhe seu percurso, livremente, o que resulta em uma experiência única, considerando-se que cada indivíduo tem o próprio repertório de imagens e de percepções.

5.5 Reflexões sobre arte, arquitetura e cidade

Agora, convidamos você, leitor, a algumas reflexões a respeito da arquitetura, da arte e dos espaços da cidade, que é constituído pelo conjunto de edifícios e demais espaços de uso coletivo.

Começaremos com a observação de Juhani Pallasmaa (2018, p. 112): "o sentido mais importante na experiência da arquitetura não é a visão, mas nosso senso existencial", o qual o autor define como a experiência existencial corporificada. Tal "senso existencial" estaria relacionado ao fato de termos um corpo. Com ele, existimos tão concretamente quanto os objetos e espaços que nos cercam. Da mesma forma, percebemos cada lugar vivenciado por meio de nossos sentidos:

> Toda experiência comovente com a arquitetura é multissensorial; as características de espaço, matéria e escala são medidas igualmente por nossos olhos, ouvidos, nariz, pele, língua, esqueleto e músculos. A arquitetura reforça a experiência existencial, nossa sensação de pertencer ao mundo, e essa é essencialmente uma experiência de reforço da identidade pessoal. Em vez de mera visão, ou dos sentidos clássicos, a arquitetura envolve diversas esferas da experiência sensorial que interagem e fundem entre si. (Pallasmaa, 2012, p. 39)

Todos os sentidos são colocados em pé de igualdade, de maneira que a visão não é privilegiada, como ocorre em nossa cultura fortemente audiovisual – e muito visual. O autor menciona, nesse contexto, ter conversado com um artista francês que havia ficado cego por conta de um violento atentado que sofrera em Nova York. Sem que isso se tornasse um impedimento, acabara de dirigir um balé e estava de saída para uma viagem, sozinho, à Groenlândia. Pallasmaa (2012) perguntou como o artista fazia tudo isso sem a visão. Ele respondeu que fazia com todo o corpo. O corpo sensível captura os sinais mais sutis do ambiente e os transforma em significados.

O mundo digital, em grande parte do tempo, é mediado por uma tela que, muitas vezes, tem o tamanho da palma da mão e nos coloca em uma relação com o mundo, e no mundo, por meio de nossos olhos. A tela proporciona um acesso infinito a informações e a todo tipo de conhecimento, convidando nosso cérebro e nossa visão a estar em locais nunca antes imaginados. Porém, essa visita a lugares funciona com um distanciamento corporal, limitando a experiência a um passeio que ocorre no plano do olhar e da imaginação.

Passamos horas na frente dessa tela, entre quatro paredes, e ela passa a ser nosso mundo. Mas o que estamos fazendo com nossas experiências sensoriais, que são uma característica da vivência arquitetural? Essa também é a proposta de muitas obras de arte contemporâneas, as quais nos convidam a percorrer, a nos envolver, de forma que só ganham sentido por meio da experiência corporal no espaço.

Como nos conectamos com o espaço que nos circunda? De que maneira nos relacionamos com o mundo físico, com a arquitetura em que podemos tocar – e sentir o cheiro, a temperatura, o som espacial –, quando o mundo virtual se abre em uma janela sedutora e nos leva tão facilmente a maravilhosos lugares distantes? O que acontece, nesse caso, com nossos sentidos?

> A criação de imagens por computador tende a reduzir nossa magnífica capacidade de imaginação multissensorial, simultânea e sincrônica, ao transformar o processo de projeto em uma manipulação visual passiva, em um passeio na retina. O computador cria uma distância entre o criador e o objeto. (Pallasmaa, 2012, p. 12)

Se estamos falando que a arquitetura é vivenciada corporalmente, em um momento em que nossas relações no mundo se encontram profundamente mediadas pela virtualidade da internet, do mundo digital, temos tido oportunidades de colocar em prática nossa capacidade multissensorial?

Por sua vez, as cidades contemporâneas, com os edifícios de fachadas lisas e espelhadas, com o espaço tão intensamente voltado para os carros, não reiteram essa relação de distanciamento de um viver mais intenso e afetivo com o meio urbano e com as pessoas?

Pallasmaa (2012, p. 17) questiona essa falta de humanismo das cidades contemporâneas, criticando o aumento da alienação, do isolamento e da solidão no mundo tecnológico: "a falta de humanismo da arquitetura e das cidades contemporâneas pode ser entendida como consequência da negligência com o corpo e os sentidos e um desequilíbrio de nosso sistema sensorial". Assim, estar em um lugar acaba sendo, muitas vezes, uma experiência distante e negligenciada, no sentido de que é esvaziada de experiências sensoriais e vivenciais.

Partindo do pressuposto de que a arquitetura proporciona o senso existencial por meio da experiência existencial corporificada, Pallasmaa (2012, p. 11) ensina:

meu corpo me faz lembrar quem eu sou e onde me localizo no mundo. Meu corpo é o verdadeiro umbigo de meu mundo, não no sentido do ponto de vista da perspectiva central, mas como o próprio local de referência, memória, imaginação e integração. [...] ela não nos faz habitar mundos de mera artificialidade e fantasia.

Dessa forma, a referência, a memória, a imaginação e a integração ocorrem quando temos contato com determinado contexto espacial, visual, afetivo, tátil. A casa em que passamos a infância, a cidade e os lugares que construíram nossa identidade povoam nossa memória visual e corporal. E tais processos ocorrem tanto individual como coletivamente.

Edificações e cidades fornecem o horizonte para o entendimento e o conforto da condição existencial humana, de modo que a identidade se constrói com base nessas referências. É o encontro e o reencontro com a paisagem que praticamente não mudam. A arquitetura relaciona, medeia e projeta significados (Pallasmaa, 2012). Freire (1997, p. 131) chega a perguntar: "Afinal são os homens que habitam as cidades ou é ela que habita os homens?". Provavelmente, as duas coisas:

> A permanência das coisas, de nosso entorno material, possibilita que nos reconheçamos nele. Se a identidade é o que permanece de idêntico em nós, apesar de todas as modificações pelas quais passamos ao longo da vida, as alterações nos meios em que vivemos dificulta esse processo de reconhecimento que é externo e interno a um só tempo. A identidade se forja nesse processo de interação entre aquele que recorda e o seu meio. (Freire, 1997, p. 129)

Estamos acostumados com a linguagem do mundo virtual e recorremos ao infinito ciberespaço para encontrar relacionamento, diversão, trabalho, educação e informação, entre outros aspectos, mas o mundo material da arquitetura exerce um papel fundamental para a construção de nossa história de vida e a de nossa cultura. Ela é o lugar ao qual se pode voltar, representando, por isso, um importante legado.

Síntese

Neste capítulo, buscamos promover uma aproximação entre arquitetura e artes visuais. Optamos por considerar o elemento *espaço* como o elo entre essas duas linguagens, já que ele é trabalhado de diferentes formas quando se trata do diálogo entre essas áreas.

Abordamos a arquitetura como espaço expositivo, considerando os museus de arte como espaços que abrigam obras de arte. Trata-se de lugares de fundamental importância na preservação da memória coletiva e, consequentemente, na construção da identidade de uma coletividade, o que se relaciona com o patrimônio histórico e a necessidade de sua valorização. Além disso, os museus contemporâneos, diferentemente dos espaços assépticos e neutros dos museus modernos, não são simplesmente espaços expositivos, mas verdadeiros espaços de eventos, muitas vezes transformando as exposições em verdadeiros espetáculos grandiosos, ligados à cultura de massa e cuja arquitetura monumental, por si só, já é um objeto a ser contemplado.

Também enfocamos a arquitetura como interlocução, tendo em vista a conexão entre arquitetura e artes visuais. As duas linguagens estabelecem um diálogo em que uma precisa da outra para se tornar completa e, assim, criar um todo de significado. Apresentamos exemplos de vários períodos da história, como é o caso do teto da Capela Sistina ou do Santuário de Bom Jesus de Matosinhos, em Congonhas, Minas Gerais.

Tratamos igualmente do espaço da cidade como o palco para as artes visuais, como ocorre nos casos de intervenção, *performance*, *site specific*, grafite, *stencil*, lambe-lambe, além de outras manifestações que usufruem da possibilidade de liberdade e diversidade do espaço urbano. A liberdade se dá a partir do momento em que a arte se desvincula dos espaços institucionalizados para ela e se permite existir em qualquer lugar em que possa ser feita, mesmo que de forma clandestina e com o risco de durar apenas um dia. Essa é a apropriação do fazer artístico por artistas que não são consagrados nos circuitos tradicionais de arte, como museus, galerias ou espaços reconhecidos.

Por fim, analisamos o espaço como conceito e a experiência arquitetural, considerando a possibilidade de instaurar diálogos e novas perspectivas. Vimos que, no percurso da arte, o museu era apenas um objeto que se colocava em determinado espaço, mas de forma totalmente separada em termos de linguagem. Posteriormente, foi estabelecida uma aproximação entre linguagens, caso em que a arquitetura e a arte se permitiram (ou precisaram) dialogar uma com a outra, tanto em espaços internos como em espaços externos. Por seu turno, quanto ao espaço da cidade, destacamos que a arte está fora, mas utiliza o espaço externo para existir e, de certa maneira, invade o espaço comum. Nessa perspectiva, a arquitetura e as artes visuais se misturam completamente, de modo que não podemos distingui-las como diferentes linguagens. As características do espaço arquitetural se mesclam com a ideia da obra de arte, e o que faz com que a arquitetura não seja mais vista como tal não é sua aparência ou sua escala, mas seu conceito e, principalmente, sua função.

Atividades de autoavaliação

1. Sobre a arquitetura como espaço expositivo, assinale a alternativa **incorreta**:
    a) Os museus são espaços em que a memória afetiva se territorializa e se encontra acessível de forma institucionalizada como patrimônio cultural.
    b) No modernismo, os museus eram concebidos como elementos neutros, partindo do conceito de caixa ou *container* indiferenciado – construído em concreto, aço e vidro – que procurava não intervir nas obras expostas, preservando em seu interior a autonomia da obra de arte.
    c) Na contemporaneidade, os museus vão além de sua função de espaço expositivo, sendo uma peça-chave para a integração da arte e da arquitetura na esfera cultural, bem como um objeto de destaque dentro do sistema imagético-espacial de veiculação e consumo cultural.
    d) No mundo contemporâneo, o uso dos espaços expositivos se conecta ao consumo de massa que vemos em inúmeras das grandes exposições de arte, as quais ocorrem em sintonia com a globalização e com os novos meios e tecnologias da informação.
    e) O Museu Guggenheim Bilbao é um edifício cuja linguagem pode ser associada à arquitetura moderna.

2. Sobre a questão das linguagens das artes visuais e da arquitetura, de acordo com o que estudamos neste capítulo, assinale a alternativa que indica corretamente as obras que têm em comum o fato de haver uma simbiose entre as duas linguagens, ou seja, quando arquitetura e artes visuais (pintura, escultura, mural) mantêm suas propriedades e, ao mesmo tempo, se complementam:
   a) Museu de Arte de São Paulo (Masp), Capela Sistina (Vaticano), Casario Colonial de Olinda (PE).
   b) Capela Sistina (Vaticano), Santuário de Bom Jesus de Matosinhos (MG), Igreja de São Francisco de Assis (Pampulha, MG).
   c) Santuário de Bom Jesus de Matosinhos (MG), Igreja de São Francisco de Assis (Pampulha, MG), Catedral de São Paulo, Catedral de Notre Dame (França).
   d) Villa Savoye (França), Stonehenge (Inglaterra), Pirâmides do Egito.
   e) Torre Eiffel (França), Capela Sistina (Vaticano), Pelourinho (BA).

3. Assinale com V (verdadeiro) ou F (falso) as assertivas a seguir sobre a arte na cidade e a arte de rua:
   ( ) O hibridismo da arte contemporânea rompeu com os espaços tradicionais da arte, destituindo os espaços transcendentais (a exemplo do cubo branco) – como os espaços por excelência da arte moderna – e ampliando o campo de atuação das linguagens de arte contemporâneas.
   ( ) O espaço asséptico da galeria "cubo branco", puro e descontaminado, foi substituído pelo espaço impuro e contaminado da vida real. Surgiram, assim, os espaços alternativos para a arte: ruas, hospitais, cruzamentos de trânsito, mercados, cinemas, prédios abandonados etc.
   ( ) O fator público da obra de arte faz do objeto artístico um objeto relacional público, de modo que toda intervenção na cidade é necessariamente plural, isto é, urbanística, arquitetônica, política, cultural e artística.
   ( ) Na rua, a obra conta com objetos que fazem parte do contexto urbano – mobiliário urbano, veículos, pessoas –, podendo haver intervenções como pichações e depredações, ou seja, a obra exposta na rua está sempre sujeita a interferências, as quais, por vezes, são até desejadas, já que há uma espécie de "convite" à interação.
   ( ) A arte de rua é transitória, não comercial, não oficial e se dá fora da academia e do museu. Trata-se de uma arte por vezes *underground*, subversiva, transgressora, transformadora, mas, sobretudo, livre.
   ( ) Segundo os grafiteiros Os Gêmeos, a partir do momento em que a arte deles migra para os museus, não é grafite. A essência do grafite é ser "sem permissão", sem ninguém para dizer o que deve ser feito.

Agora, assinale a alternativa que corresponde à sequência obtida:

a) V, F, V, F, F, F.
b) V, F, V, V, V, V.
c) V, V, V, F, V, V.
d) V, V, F, V, F, F.
e) V, V, V, V, V, V.

4. A respeito da arte como conceito e experiência arquitetural, relacione os nomes dos artistas/arquitetos às informações sobre a respectiva obra:

I) James Turrell
II) Peter Eisenman
III) Carlito Carvalhosa
IV) Hélio Oiticica

( ) A junção entre arte e vida permeou a obra desse artista. Sua obra que se encontra em Inhotim se baseia no quadrado, com espaços que se oferecem ao espectador como grandes áreas de permanência e de convívio, colocando-o em contato vivencial com a forma, a cor e os materiais.

( ) Sua obra *Soma dos dias* é um *site specific* e consiste em uma estrutura que esconde, ou interrompe, os limites definidos de seu espaço arquitetônico circundante, suspendendo as referências espaciais dos visitantes e permitindo uma experiência de imersão total.

( ) É autor da obra *Monumento ao Holocausto*, que ocupa uma área central da cidade de Berlim e traz para a esfera pública, por meio da monumentalidade e da diferenciação da paisagem urbana, o trauma histórico, que, nesse caso, corresponde à memória referente às vítimas do Holocausto.

( ) Esse artista trabalha com obras que não se enquadram puramente no conceito de arquitetura – que implica uma função – nem no conceito de obra de arte – que é contemplativa ou interativa em relação a um objeto externo. Nessa perspectiva, a obra *Blue Planet Sky* traz a sensação do corpo no espaço, no qual as pessoas entram e têm uma experiência imersiva que remete tanto ao espaço arquitetônico como à experiência estética de uma obra de arte.

A seguir, assinale a alternativa que apresenta a sequência obtida:

a) I, III, IV, II.
b) IV, III, II, I.
c) III, I, IV, II.
d) IV, I, II, III.
e) I, II, III, IV.

5. A respeito dos museus, assinale com V (verdadeiro) ou F (falso) as assertivas a seguir:
   ( ) Os museus são espaços em que a memória afetiva se territorializa e se encontra acessível de forma institucionalizada como patrimônio cultural.
   ( ) Os museus são instituições de exposição que não têm por objetivo o caráter público, mas visam dar o devido retorno aos investidores, que são os responsáveis pelo conteúdo a ser divulgado e pelo público-alvo a ser atingido.
   ( ) Os museus são espaços de difusão de conhecimento cultural e artístico que expõem tanto obras já consagradas como obras contemporâneas a serem publicizadas. Além disso, agregam o caráter de pesquisa, preservação, restauro e divulgação de conteúdos culturais.
   ( ) Os museus e os lugares de memória urbana têm um papel fundamental como contadores das histórias e narrativas de vida nas cidades onde se encontram.
   ( ) Ao contrário dos museus modernos, tidos como espaços neutros, os museus contemporâneos dão ênfase ao aspecto cenográfico de seu invólucro arquitetônico, enfatizando a volumetria e a escala do edifício como elemento icônico e autorreferencial.
   ( ) Os museus, hoje, vão além de sua função de espaço expositivo. Representam uma peça-chave para a integração da arte e da arquitetura na esfera cultural, sendo um objeto de destaque dentro do sistema imagético-espacial de veiculação e consumo cultural.

Agora, assinale a alternativa que apresenta a sequência obtida:

a) V, F, V, F, F, V.
b) V, F, V, F, F, F.
c) V, F, V, V, V, V.
d) V, F, F, F, F, V.
e) V, V, V, V, V, V.

Atividades de aprendizagem

Questões para reflexão

1. O *Monumento ao Holocausto* – obra edificada em plena área central da cidade de Berlim, Alemanha – possibilita que um tema trágico da história seja exposto para reflexão permanente. Fazendo um paralelo com a nossa própria história, reflita sobre os povos africanos que foram escravizados e trazidos para o Brasil, um tema que nos é caro até os dias de hoje, e relacione a forma como os alemães se propuseram a trabalhar com o seu trauma à maneira como nós, brasileiros, temos trabalhado com o nosso trauma como sociedade.

2. Sobre a arte de rua, propomos a seguinte reflexão: em 2017, o maior mural de grafite a céu aberto da América Latina – localizado na Avenida 23 de Maio e inaugurado no início de 2015, com 15 mil metros e diversos grafites de mais de 200 artistas, entre eles Os Gemeos, Nina Pandolfo, Nunca, Finok e Zefix – foi pintado de cinza. Considerando que, ao longo da história, as formas de expressão artística estão sempre em transformação, pesquise sobre o ocorrido, buscando conhecer as obras que lá se encontravam, e reflita a respeito dessa atitude e da consequente desvalorização dos artistas, muitos deles consagrados.

Atividade aplicada: prática

1. Para aprofundar seu conhecimento sobre Hélio Oiticica, artista brasileiro de grande importância para o cenário cultural brasileiro, assista ao vídeo indicado a seguir. Nele, o filósofo Celso Favaretto fala sobre seu livro *A invenção de Hélio Oiticica*, em que faz uma análise sobre as obras e o percurso do artista a partir de 1950. Em seguida, elabore um artigo de opinião sobre o conteúdo, com foco na experiência artística proporcionada pelas obras de Oiticica.

   UNIVESP. **Livros 112**: A invenção de Hélio Oiticica – Celso Favaretto. 8 maio 2015. Disponível em: <https://youtu.be/3b_i4kgSrSY>. Acesso em: 23 jul. 2022.

6

Bens arquitetônicos como patrimônio histórico

Danielly Dias Sandy

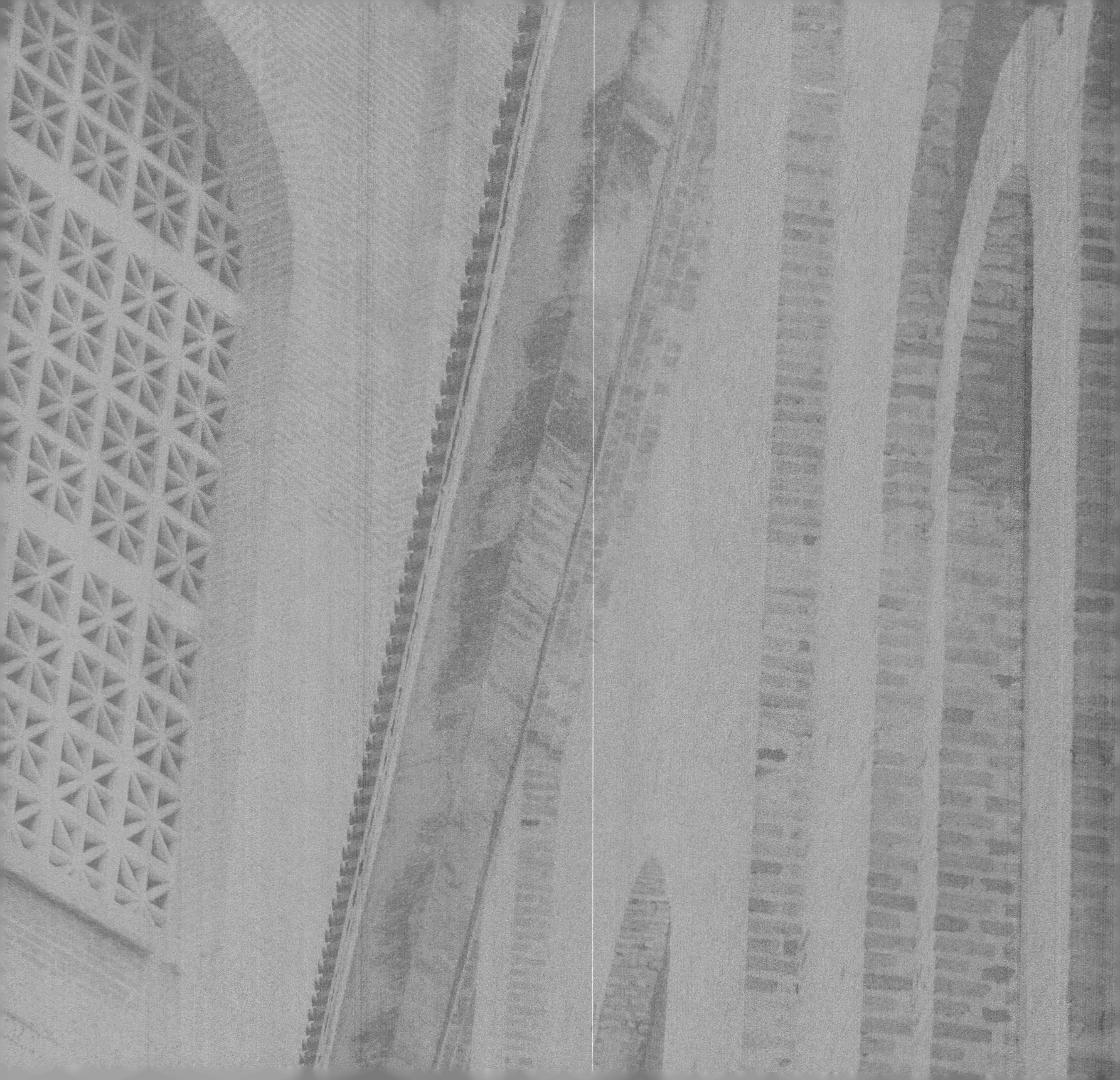

Por onde andamos nos deparamos com referenciais arquitetônicos. Todo local nos mostra a presença da arquitetura – em edificações, construções, monumentos e, até mesmo, na natureza. Na maioria das vezes, não nos damos da relação da arquitetura com nossa vida e seus processos no presente, porque não a associamos com nossas histórias, memórias e identidades.

Assim, afastamos a ideia de arquitetura de nosso cotidiano, embora ela esteja tão presente quanto qualquer outro elemento que nos pareça imprescindível e seja fundamental para a nossa subsistência. A arquitetura é um bem patrimonial histórico, artístico e cultural. Não obstante, "memória e patrimônio cultural são temas que estão na ordem do dia e extrapolam o âmbito acadêmico e cultural propriamente dito. Não só os historiadores e antropólogos, os arquitetos ou sociólogos ocupam-se com o patrimônio" (Santos, 2007, p. 160).

Vale mencionar que a arquitetura é mais que um elemento produzido pelas mãos humanas de nosso tempo. Há exemplares arquitetônicos de gerações passadas, inclusive de tempos remotos, quando o homem se iniciava no desafio de construir suas primeiras moradias – como no caso dos nuragues, construídos pelo homem ainda do período neolítico. Ao reconhecermos essas questões, precisamos nos abrir para o fato de que a arquitetura é nosso bem patrimonial, independentemente de ser nossa propriedade, pois toda construção integra a urbanidade de um espaço, e o ato de construir sempre esteve presente na vida do homem. Dessa forma, abrimo-nos ao sentimento de que a arquitetura de nossa cidade, presente em toda a trama urbana, é nosso bem patrimonial e, sobretudo, parte fundamental de nossa história, de nosso patrimônio histórico.

Nessa ótica, é importante compreendermos a origem e o conceito de patrimônio, além de suas classificações, para mudarmos nosso olhar e aprofundarmos nosso entendimento sobre a arquitetura como patrimônio histórico e cultural, seja em termos de edificação, seja em termos históricos, no que se refere às memórias presentes e marcadas no edifício ou local em questão.

Neste capítulo, portanto, voltaremos nossa atenção aos conceitos de patrimônio para os relacionarmos a aspectos específicos do mundo da arquitetura. Em seguida, discutiremos as categorias e classificações do patrimônio, a educação patrimonial, a salvaguarda e o processo de tombamento.

6.1 Conceito de patrimônio e sua origem

Estamos cercados de coisas. Em todos os lugares há construções diversas e para onde olhamos encontramos algo construído pelas mãos do homem, bem como elementos criados pela própria natureza. Por vezes, observamos essas coisas, mas nem sempre paramos para pensar que nosso entorno tem relação direta com nossa história, cultura e identidade. Sendo esse entorno parte da história, ele se torna patrimônio histórico e cultural e parte fundamental de nós mesmos. Para a museóloga Waldisa Rússio Camargo Guarnieri (2010, p. 148), "a paisagem modificada pelo Homem, o Cenário no qual se desloca e realiza sua trajetória, são também artefatos". E tais artefatos trazem sentido à nossa vida, assim como lhes atribuímos outros.

De acordo com o órgão público responsável pelo patrimônio cultural, no âmbito da Secretaria da Comunicação Social e da Cultura do Estado do Paraná,

> Ao falarmos que algo é um 'bem', entramos nos delicados domínios da axiologia, da estética, da ética, da linguística, da semiologia e, evidentemente, da história. Fundamentando-nos em referenciais e significados culturais consagrados em cada dimensão interativa das sociedade, sacramentalizamos

> publicamente algo como um bem Cultural e/ou Ambiental. [...] Tal fundamentação tem raízes nos vários estudos das experiências passadas, sendo esses produtos ancorados em várias correntes teóricas adotadas pelos peritos em Patrimônio Cultural e Ambiental. Um bem cultural é relativo à identidade de uma dimensão das sociedades. (Revista Brasileira de Estudos Políticos, citada por Lage, 2020, p. 2)

O mesmo ocorre com outras culturas, grupos e etnias. Por isso, precisamos compreender o que é patrimônio para sabermos identificá-lo, respeitá-lo e preservá-lo, tanto para nós como para as próximas gerações. Ademais, quando pensamos em patrimônio, vários são os exemplos que nos vêm à mente – inclusive, patrimônio financeiro. Porém, nossa atenção aqui se volta, sobretudo, ao patrimônio histórico e cultural. O primeiro passo é entender a origem da palavra *patrimônio*, a fim de que poder correlacioná-la a suas aplicações e atribuições ao longo da história e na contemporaneidade.

Patrimônio pode representar múltiplas coisas, abrangendo de objetos a edificações, costumes, conhecimentos, técnicas diversas, tradições e muito mais. A gênese desse termo é latina e vem de *patrimonium*, cujo significado é "bens de família", "legado", "herança", ou seja, algo que vem de uma ou mais gerações anteriores. Essa tradução consta especificamente no *Dicionário básico latino-português*, de Raulino Busarello (2003), e também pode ser encontrada em outros dicionários de latim. Etimologicamente, o termo é composto por *patri* ("pai") + *monium* ("recebido", "condição"), o que nos mostra como seu significado ("herança paterna") pode englobar os bens de família, que incluem o patrimônio financeiro, o qual se refere também ao patrimônio econômico.

Tangenciando a aplicação de tal conceito já na Antiguidade, em Roma, Santos (2007) explica a quem pertencia o patrimônio e como se deu sua passagem para as outras gerações – as mulheres eram excluídas do rol daqueles que podiam herdar os bens. Ao mesmo tempo, assim como os escravos e outras pessoas consideradas submissas, as mulheres eram reconhecidas como bens patrimoniais que podiam, até mesmo, ser deixados como herança. Ainda de acordo com Santos (2007, p. 161), "Os proprietários eram poucos, apenas as famílias da elite romana, que também conformavam o estado, possuíam patrimônio que, portanto, era um valor privado e aristocrático que era passado de pai para filho. A maioria da população somente possuía como patrimônio a própria família".

Destacamos que a palavra *patrimônio* está relacionada a várias representações e símbolos, tangíveis e intangíveis, ou seja, palpáveis ou não. Conforme Varine (2013, p. 20, grifo do original), "o patrimônio está ligado ao **tempo** por sua evolução e por seus ritmos". Essa observação nos leva a refletir sobre o movimento constante do bem patrimonial, longe de ser algo inerte e sem vida, parado no tempo. A expressão do patrimônio vai além disso, pois este, naturalmente, acompanha os movimentos e as transformações da sociedade, assim como seus conceitos, suas interações e formas de reconhecimento.

Considerando o tempo como uma forma de organizar o movimento das coisas, percebemos que o tempo presente no patrimônio também é simbólico e agrega valor histórico ao bem em questão. A materialidade do objeto ou, até mesmo, da edificação pode receber certo valor a partir da passagem do tempo, bem como de sua história, de sua relação com a sociedade etc. Todavia, seu estado de conservação também é levado em conta.

Assim, ao analisarmos com mais atenção o valor temporal de um bem patrimonial, naturalmente devemos observar sua trajetória, documentalidade e testemunhalidade. O valor documental e de testemunho da história garante ao bem patrimonial valores difíceis de mensurar na esfera econômica. Isso porque o valor histórico e cultural é bastante subjetivo, embora possa estar sempre em espantoso destaque na visão de muitos colecionadores.

Vale ressaltar que, desde o início de seu uso até o momento atual, o termo *patrimônio* já recebeu vários sentidos e definições, podendo ser aplicado de diversas maneiras; além disso, segue em constante adaptação às mudanças naturais dos variados grupos. Atualmente, o conceito de patrimônio abrange diversas categorias e classificações, pois se tornou mais amplo no decorrer da história, com a intenção de se proporcionar o devido reconhecimento à notável variedade de riquezas dos diferentes grupos culturais em locais e períodos específicos.

Ao nos referirmos ao patrimônio, precisamos estar cientes de seu valor como documento ou testemunho da história. Entretanto, também devemos ter consciência de que o patrimônio pode ser, ainda, um documento ou testemunho de algo não necessariamente apenas ligado ao passado, ou seja, também revela uma relação com o presente, podendo, até mesmo, ser algo contemporâneo a nós. Para Guarnieri (2010, p. 149, grifo do original),

> Convém lembrar que as palavras Documentalidade e Testemunhalidade têm, aqui, toda a força de sua origem. Assim, Documentalidade pressupõe "documento", cuja raiz é a mesma de *docere* = ensinar. Daí que o "Documento" não apenas diz, mas **ensina** algo de alguém ou alguma coisa; e quem ensina, ensina alguma coisa a alguém. Testemunhalidade pressupõe "testemunho", cuja origem é *testimonium*, ou seja, testificar, atestar algo de alguém, fato, coisa. Da mesma maneira que o documento, o testemunho testifica algo de alguém a outrem. Quem testemunha afirma o que sabe, o que presenciou: isto é, o testemunho tem o sentido de presença, de "estar ali" por ocasião do ato, ou fato, a ser testemunhado.

Esse valor de documentalidade e de testemunhalidade, tal como referencia a autora, é forte e naturalmente vigente no patrimônio, independentemente de seu tempo e de sua origem, além de nos revelar alguma coisa. Isso porque o patrimônio também representa a "**relação do Homem com o seu meio**" (Guarnieri, 2010, p. 150, grifo do original) e seu reconhecimento e preservação dependem de uma consciência histórica, para além da crítica.

Mesmo assim, considera-se que uma definição exata de *patrimônio* ainda está longe de ser alcançada. É mais fácil compreender o termo em suas diferentes classificações, pois tudo o que existe no mundo pode vir a se tornar patrimônio, ainda que seja abstrato – por *abstrato* podemos entender canções, receitas, orações, ritos, hábitos etc.

Desse modo, de acordo com Gob e Drouguet (2019, p. 207-208),

> Definir o que é patrimônio permite antes de mais nada reconhecê-lo e inventar á-lo, providências que constituem as primeiras etapas no sentido de sua proteção. A noção é porém muito complexa, pois abrange domínios variados e realidades diferentes e desafia sensibilidades por vezes opostas. Originalmente, patrimônio é uma noção de direito civil: conjunto dos bens pessoais (ativos, móveis e imóveis) levados em consideração sobretudo no momento das sucessões, das heranças.

O termo *patrimônio*, de forma mais próxima da conhecemos hoje, foi inicialmente empregado na França, a partir do século XVIII, como instrumento dos ideais iluministas. À época, buscava-se trabalhar com bens que pudessem evocar o sentimento patriótico na população de uma maneira bastante intensa, com o objetivo de definir e fortalecer a identidade nacional, fazendo com que indivíduos se sentissem pertencentes a essa mesma identidade. Conforme o historiador da arte Carlo Argan (1992), foi após o evento da Revolução Francesa, no século XVIII, que teve origem o conceito de *patrimônio nacional*, com o intuito de preservar e expor também as glórias da nação.

Assim, tais glórias eram representadas por diferentes objetos e, também, por diversas edificações, como palácios, que mostravam o poderio da França contando fatos heroicos e vitórias ao povo. Essa forma de ensinar, por meio da exposição de testemunhos, permitia ao Estado fomentar seus ideais na população, que podia aprender sobre as histórias que se esperava que fossem contadas, assimiladas e perpetuadas. Com isso, observamos o uso do patrimônio na história até mesmo para direcionar opiniões, mediante a imposição de crenças e de valores nas sociedades.

Alguns séculos após a Revolução Francesa, o mundo se tornou um laboratório do fenômeno da globalização, dando origem ao reconhecimento de bens patrimoniais comuns a toda a humanidade. Isso nos mostra que as culturas estão, de certa forma, sendo preservadas mediante suas produções simbólicas, tangíveis e intangíveis. Nesse contexto, surgiu o conceito de *patrimônio mundial*.

De acordo com o Instituto do Patrimônio Histórico e Artístico Nacional (Iphan, 2022e),

> A Convenção do Patrimônio Mundial Cultural e Natural, adotada em 1972 pela Organização das Nações Unidas para a Ciência e a Cultura (UNESCO), tem como objetivo incentivar a preservação de bens culturais e naturais considerados significativos para a humanidade. Trata-se de um esforço internacional de valorização de bens que, por sua importância como referência e identidade das nações, possam ser considerados patrimônio de todos os povos.

O patrimônio mundial integra a pauta dos governos e das organizações não governamentais (ONGs), tais como a Organização das Nações Unidas (ONU) e a Organização das Nações Unidas para a Educação, a Ciência e a Cultura (Unesco), que surgiram após o término da Segunda Guerra Mundial, em 1945. Os critérios de valoração do bem que pode vir a ser reconhecido como patrimônio mundial foram estabelecidos pela Unesco e passam por constantes revisões e atualizações, exigindo que o bem em questão tenha notável relevância para a humanidade, considerando-se, ainda, as distintas classificações.

Para tanto, foi criado o Comitê do Patrimônio Mundial, com o objetivo de preservar o patrimônio da humanidade, além de realizar reuniões anuais para discutir sobre temas relacionados ao assunto. Ademais, esse comitê contribui, por meio do reconhecimento e tombamento do bem patrimonial, com atividades de preservação e recursos financeiros. Para Peixoto (2001, p. 9), ele significa a "ruptura com os antigos processos de patrimonialização, pois fomenta uma apropriação dos bens pertencentes à humanidade (são de todos e não são de ninguém), o que encerra um potencial contra-hegemônico".

Naturalmente é agregado um valor aos objetos reconhecidos como bens patrimoniais, além de certa carga anímica que ultrapassa a noção de temporalidade. Segundo Gob e Drouguet (2019, p. 208), "Se no final do século XX somente obras prestigiosas da Antiguidade e do Renascimento, salvo raras exceções, pertenciam ao patrimônio, o século XX incorporou as realizações mais modernas e as criações contemporâneas". A força da presença de um bem patrimonial é capaz de influenciar gerações ao promover o respeito pelo passado, fomentando uma postura mais consciente diante do presente e das possibilidades do futuro.

Mais do que isso, o patrimônio está relacionado à história e é um importante documento. Independentemente de sua classificação, trata-se de um forte testemunho do passado e também do presente. O patrimônio é um vetor da memória, e outra força intrínseca a ele diz respeito à ancestralidade, que exerce determinada influência nos indivíduos e grupos a depender de como estes foram educados e assimilaram os valores patrimoniais de sua cultura. Questões associadas à nação, juntamente com objetos que testemunham os fatos, igualmente se tornam poderosas influências nos indivíduos e nas sociedades, inclusive no que se refere a sentimentos como autoestima e respeito às diferenças.

6.2 Reconhecendo os diferentes tipos de bens patrimoniais

Tendo esclarecido a origem do conceito de patrimônio e o que este significa em linhas gerais, faz-se necessário examinarmos suas categorias e classificações, ou seja, suas diferentes tipologias. Destacamos que é viável compreendermos que um bem patrimonial pode perfeitamente, com base em suas características principais, encaixar-se em mais de uma classificação. Na sequência, apresentaremos exemplos que lhe permitirão identificar e classificar o patrimônio de seu entorno. De acordo com Varine (2013, p. 43), "do mais modesto ao mais notável, tudo o que tem um sentido para nós, o que herdamos, criamos, transformamos e transmitimos é o patrimônio tecido de nossa vida, um componente de nossa personalidade".

6.2.1 Categorias do patrimônio

Devemos ter ciência de que um mesmo bem patrimonial pode se enquadrar em diferentes classificações ou ter uma mais representativa para a sua condição, preservação e exposição. Primeiramente, precisamos considerar quatro categorias de patrimônio:

1. **Patrimônio material**: o patrimônio material (ou tangível) é todo bem concreto que pode ser tocado. Naturalmente, depende de processos de preservação próprios conforme sua tipologia: objeto, artefato, obra de arte, construção ou obra arquitetônica etc.

O patrimônio material protegido pelo Iphan é composto por um conjunto de bens culturais classificados segundo sua natureza, conforme os quatro Livros do Tombo: arqueológico, paisagístico e etnográfico; histórico; belas artes; e das artes aplicadas. A Constituição Federal de 1988, em seus artigos 215 e 216, ampliou a noção de patrimônio cultural ao reconhecer a existência de bens culturais de natureza material e imaterial e, também, ao estabelecer outras formas de preservação – como o Registro e o Inventário – além do Tombamento, instituído pelo Decreto-Lei nº. 25, de 30 de novembro de 1937, que é adequado, principalmente, à proteção de edificações, paisagens e conjuntos históricos urbanos. (Iphan, 2022d)

Assim, os bens patrimoniais materiais podem ser também móveis, como pinturas, esculturas, objetos diversos, artefatos, coleções, acervos e documentos, ou imóveis, como obras arquitetônicas, construções diversas, sítios arqueológicos e paisagísticos, cidades históricas e locais diversos. O patrimônio material ainda abrange o patrimônio musealizado, ou seja, todo o conjunto de bens patrimoniais salvaguardados em espaços ou instituições museológicas.

2. **Patrimônio imaterial**: o bem patrimonial imaterial (ou intangível) corresponde a todo o conjunto de saberes e fazeres que compõem a cultura de diferentes grupos, envolvendo também o conhecimento, as práticas, os contos, as histórias etc. Além disso, o patrimônio imaterial pode ser transmitido de maneira oral – por essa razão, muito das diferentes culturas já se perdeu.

Desse modo, o patrimônio oral é parte integrante do conjunto de bens imateriais e pode ser identificado em diversos grupos, inclusive religiosos, nos quais o conhecimento é transmitido sem o auxílio de registros físicos ou materiais. De acordo com o Iphan (2022e),

O Patrimônio Imaterial contempla os saberes, práticas, representações, expressões, conhecimentos e técnicas – com os instrumentos, objetos, artefatos e lugares culturais que lhes são associados – que as comunidades, os grupos e, em alguns casos, os indivíduos reconhecem como parte integrante de seu patrimônio cultural. Uma das formas de proteção dessa porção imaterial da herança cultural é a Convenção para a Salvaguarda do Patrimônio Cultural Imaterial, adotada pela Unesco em 2003.

O conceito de patrimônio imaterial está relacionado ao conceito de patrimônio material no que se refere às políticas públicas de preservação. Todavia, ambos se relacionam com um aspecto bastante antropológico e relativista de cultura, conforme aponta o Iphan. Dessa forma, o imaterial ou intangível representa as crenças diversas de grupos e culturas, bem como danças, receitas, tradições, costumes, referências simbólicas, processos e dinâmicas socioculturais.

A preservação dessa tipologia de patrimônio se dá, também, por meio de registros como escritos, imagens, filmagens e outros, a fim de que esse bem permaneça com sua prática contínua de transmissão e mediação e não se perca com a tradição oral. Em muitos momentos, é apontada a dificuldade da permanência dos saberes e fazeres dos diferentes grupos culturais que não se preocupam em perpetuar sua cultura mediante registros físicos. Entretanto, o registro das múltiplas culturas é fundamental para a continuidade das tradições e dos conhecimentos orais.

No Brasil, o Iphan já registrou 47 bens patrimoniais imateriais, divididos em:

- **Formas de expressão**: tradições como roda de capoeira, ofícios de mestres de capoeira etc.
- **Saberes**: conhecimento acerca de tradições na produção de objetos e artefatos diversos, como panelas de barro e bordados.
- **Celebrações**: festejos religiosos, festas populares, festas de santos, entre outros.
- **Lugares**: locais diversificados, que podem ser sítios históricos ou ambientes culturais diversos.

3. **Patrimônio móvel**: apresenta mobilidade, mas obrigatoriamente tem relação com a categoria de patrimônio tangível.
4. **Patrimônio imóvel**: abarca os bens patrimoniais arquitetônicos e/ou edificados, bem como o patrimônio natural e todos os demais que não apresentam mobilidade, para além de construções produzidas pelas mãos do homem (ou seja, também podem ser formações naturais). Por essa razão, o patrimônio imóvel abrange os sítios arqueológicos e demais espaços reconhecidos como bens patrimoniais.

6.2.2 Classificações do patrimônio

Existe um número realmente significativo de exemplos de classificação do patrimônio: edificado, arquitetônico, histórico, artístico, cultural, religioso, material ou tangível, imaterial ou intangível, natural, arqueológico, etnográfico, patrimônio vivo, financeiro, bruto, líquido, genético, entre outros.

Considerando os exemplos citados, podemos notar que o conceito de patrimônio abrange áreas diversificadas, sendo, assim, interdisciplinar. Entretanto, a relação com outros conceitos, como herança, memória, identidade, documento e testemunho, colocam-no em um patamar muito semelhante, mesmo em áreas distintas. Assim, o que o difere é mais sua categoria, e não necessariamente sua origem, tendo em vista a passagem e transferência às gerações vindouras.

Entre as classificações mencionadas, selecionamos algumas para serem aprofundadas.

- **Patrimônio histórico**: a classificação de patrimônio basicamente pode ser atribuída aos diferentes tipos de patrimônio, inclusive o cultural. Vale destacar que, em dado momento, a maior parte dos bens patrimoniais pode vir a se tornar histórica de alguma forma, em virtude de seu seu tempo, de seu caráter de testemunhalidade e documentalidade etc.
Uma questão importante é que todo bem patrimonial, independentemente de sua classificação, pode se tornar patrimônio histórico. Do mesmo modo, o patrimônio cultural pode abranger toda forma de produção de bens no mundo, pois todas as produções e manifestações humanas estão atreladas à cultura do indivíduo. Nesse sentido, um bem patrimonial pode se enquadrar em várias classificações.

- **Patrimônio cultural**: assim como o termo *histórico*, o adjetivo *cultural* pode ser atribuído aos diferentes tipos de bens patrimoniais, juntamente com outras classificações. Nessa ótica, podemos reconhecer um bem cultural como fruto de uma cultura, um grupo ou uma etnia. Conforme o Iphan (2022e),

> De acordo com a classificação da UNESCO, o Patrimônio Cultural é composto por monumentos, grupos de edifícios ou sítios que tenham valor universal excepcional do ponto de vista histórico, estético,

arqueológico, científico, etnológico ou antropológico. Incluem obras de arquitetura, escultura e pintura monumentais ou de caráter arqueológico, e, ainda, obras isoladas ou conjugadas do homem e da natureza. São denominadas Patrimônio Natural as formações físicas, biológicas e geológicas excepcionais, *habitats* de espécies animais e vegetais ameaçadas e áreas que tenham valor científico, de conservação ou estético excepcional e universal.

O conceito de patrimônio cultural pode ser entendido de maneira bastante ampla, pois, como mencionamos, considera-se que a cultura está presente em todas as produções e manifestação humanas. Isso nos leva a pensar que nossas ações naturalmente são fruto de nossos conjuntos de saberes e fazeres, algo que herdamos de nossa cultura por meio de nossas famílias, grupos e sociedade.
No art. 1º da Recomendação de Paris, de 1972, apresenta-se a descrição dos bens que poderão ser reconhecidos para receberem o título de patrimônio cultural:

Os **monumentos** – Obras arquitetônicas, de escultura ou de pintura monumentais, elementos de estruturas de caráter arqueológico, inscrições, grutas e grupos de elementos com valor universal excepcional do ponto de vista da história, da arte ou da ciência;

Os **conjuntos** – Grupos de construções isoladas ou reunidos que, em virtude da sua arquitetura, unidade ou integração na paisagem têm valor universal excepcional do ponto de vista da história, da arte ou da ciência;

Os **locais de interesse** – Obras do homem, ou obras conjugadas do homem e da natureza, a as zonas, incluindo os locais de interesse arqueológico, com um valor universal excepcional do ponto de vista histórico, estético, etnológico ou antropológico. (Harger; Figueiredo, 2019, grifo do original)

No Brasil, em 30 de novembro de 1937 foi instituído o Decreto-Lei n. 25, assinado por Getúlio Vargas, definindo-se que

Art. 1º Constitue o patrimônio histórico e artístico nacional o conjunto dos bens móveis e imóveis existentes no país e cuja conservação seja de interesse público, quer por sua vinculação a fatos memoráveis da história do Brasil, quer por seu excepcional valor arqueológico ou etnográfico, bibliográfico ou artístico. (Brasil, 1937)

Com a Constituição Federal de 1988, houve uma expansão do conceito de patrimônio no Brasil, conforme indica o art. 216:

Art. 216. Constituem patrimônio cultural brasileiro os bens de natureza material e material, tomados individualmente ou em conjunto, portadores de referência à identidade, à ação, à memória dos diferentes grupos formadores da sociedade brasileira, nos quais se incluem:
    I. as formas de expressão;
    II. os modos de criar, fazer e viver;
    III. as criações científicas, artísticas e tecnológicas;
    IV. as obras, objetos, documentos, edificações e demais espaços destinados às manifestações artístico-culturais;
    V. os conjuntos urbanos e sítios de valor histórico, paisagístico, artístico, arqueológico, paleontológico, ecológico e científico. (Brasil, 1988)

O conceito é uma ampliação da legitimada definição inicial de patrimônio, podendo abranger de maneira mais justa a produção dos diferentes grupos e etnias que integram todo o arcabouço cultural brasileiro.

- **Patrimônio artístico**: o patrimônio artístico tem forte relação com o mercado das artes, bem como com espaços museológicos – também pode ser um patrimônio musealizado. Ainda, pode ser reconhecido como algo de valor regional, local, nacional ou mundial, pois há obras de arte que, em virtude da reprodução e popularização de sua imagem, constituem parte integrante da cultura de grupos sociais de diferentes localidades. O patrimônio artístico pode, além disso, ser histórico ou cultural, ou enquadrar-se em ambas as categorias, a depender da análise que se faz da obra e de suas dimensões, bem como de sua estética.

- **Patrimônio nacional**: o conceito de patrimônio nacional surgiu no período da Revolução Francesa para exemplificar as glórias da nação por meio de objetos conquistados. Ainda hoje, tal classificação é atribuída a muitos bens nacionais, sem excluir seu valor histórico, cultural ou artístico. Geralmente, o patrimônio nacional confere certo orgulho ao país e contribui ativamente para o fortalecimento da identidade nacional.
- **Patrimônio econômico**: esse conceito é ainda bastante utilizado, porém especialmente nas áreas de economia, contabilidade e administração. As áreas de preservação, como a museologia, a arquitetura e as artes, geralmente não abordam essa classificação de maneira tão próxima. Pode-se considerar a divisão entre patrimônio bruto e patrimônio líquido.
- **Patrimônio arqueológico**: tal classificação engloba todo tipo de descoberta arqueológica em diferentes sítios de escavações. Além disso, o patrimônio arqueológico naturalmente encerra uma carga histórica e cultural e pode apresentar, ainda, certo valor artístico, conforme suas características. Segundo o Iphan (2022c),

A proteção dos bens de natureza arqueológica está presente, desde a criação do Iphan, no texto do Decreto-Lei nº 25, de 1937. [...] Reconhecidos como parte integrante do Patrimônio Cultural Brasileiro pela Constituição Federal de 1988, em seu artigo 216 [...].

[...] Com a criação do Centro Nacional de Arqueologia (CNA) o Iphan atendeu à necessidade de fortalecimento institucional da gestão desse patrimônio, normatizada pelo Decreto nº 6.844, de 07 de maio de 2009.

Ainda sobre o patrimônio arqueológico, cabe destacar:

O Brasil possui 18 bens arqueológicos tombados em todo o território, sendo 11 sítios, e seis coleções arqueológicas localizadas em museus. O país reconhece a importância dos bens arqueológicos como elementos representantes dos grupos humanos responsáveis pela formação identitária da sociedade brasileira. Isto está explícito na legislação que protege como bem da União todo achado arqueológico e estabelece que qualquer nova descoberta deve ser imediatamente comunicada às Superintendências do Iphan ou diretamente ao Instituto. Por meio dos bens arqueológicos é possível identificar conhecimentos e tecnologias que indicam anos de adaptação humana ao ambiente, além da produção de saberes tradicionais brasileiros.

O patrimônio arqueológico do Brasil está sob proteção legal desde 1937, com o Decreto-Lei nº 25. No entanto, em 1961, a Lei Federal nº 3.924, de 26 de julho de 1961 estabeleceu proteção específica e, em 1988, a Constituição Brasileira também reconheceu os bens arqueológicos como patrimônios da União, incluindo-os no conjunto do Patrimônio Cultural Brasileiro. Desta forma, a destruição, mutilação e inutilização física do patrimônio cultural são infrações puníveis por lei. (Iphan, 2022a)

- **Patrimônio etnológico**: envolve todos os conjuntos de diferentes culturas e tem forte relação com a área da antropologia, sobretudo a antropologia cultural. O patrimônio etnológico revela muito dos costumes diários dos diversos grupos culturais, sendo possível, também, identificar uma forte relação entre essa classificação de bem patrimonial e o patrimônio arqueológico.
- **Patrimônio arquitetônico**: o patrimônio arquitetônico ou edificado envolve todas as construções. É formado pelas significativas construções que integram a história da humanidade em diferentes períodos e momentos sociais. Assim, todo o nosso entorno estampa um grande conjunto de bens arquitetônicos. Embora o bem patrimonial arquitetônico não seja histórico, sua ideia e apresentação, com as devidas características, o configuram como um resultado da história, isto é, de hábitos e costumes sociais expressos nas obras arquitetônicas ao nosso redor. Isso pode ser aplicado às próprias casas em que vivemos. Por mais simples que possam ser, contam a história de um tempo, da economia, dos materiais disponíveis etc.
- **Patrimônio natural**: a Convenção para a Proteção do Patrimônio Mundial, Cultural e Natural, assinada pela Unesco em Paris, em 1972, estabeleceu o que seria considerado patrimônio cultural e natural no cenário mundial. O já citado documento, conhecido como *Recomendação*

de Paris, integra o conjunto de recomendações, declarações e cartas patrimoniais. Nele os monumentos naturais e as formações geológicas são classificados como patrimônios naturais. Segundo o art. 2º desse documento, são patrimônios naturais:

> Os monumentos naturais constituídos por formações físicas e biológicas ou por grupos de tais formações com valor universal excepcional do ponto de vista estético ou científico;
>
> As formações geológicas e as zonas estritamente delimitadas que constituem *habitat* de espécies animais e vegetais ameaçadas, com valor universal excepcional do ponto de vista da ciência ou da conservação;
>
> Os locais de interesse naturais ou zonas naturais estritamente delimitadas, com valor universal excepcional do ponto de vista da ciência, conservação ou beleza natural. (Unesco, 1972)

Tendo isso em vista, Pelegrini (2006, p. 118) defende:

> A emergência de uma "consciência preservacionista" na esfera ambiental se consolidou na década de 1980, mas essa mobilização não partiu do Estado como ocorreu com o patrimônio histórico durante a Revolução Francesa, no século XVIII. Pelo contrário, o movimento em prol do direito e da proteção ao meio ambiente se irradiou através da comunidade científica e acabou difundido entre organizações não governamentais que passaram a reivindicar melhor "qualidade de vida" no planeta.

A preservação do patrimônio ambiental se fortalece com o amadurecimento da consciência em relação à importância da integração humana com os elementos da natureza. Isso promove a busca constante pelo respeito e pelo cuidado com o meio ambiente, estabelecendo a cultura da preservação ambiental e de um mundo mais sustentável.

No Brasil, há vários locais tombados com essa classificação. Todavia, por enquanto, somente sete são reconhecidos pela Unesco como patrimônios naturais da humanidade:

1. Parque Nacional do Iguaçu, Paraná (tombado em 1986);
2. Mata Atlântica – Reservas do Sudeste, São Paulo e Paraná (tombada em 1999);
3. Costa do Descobrimento – Reservas da Mata Atlântica, da Bahia e do Espírito Santo (tombada em 1999);
4. Complexo de Áreas Protegidas, Amazônia Central (tombado em 2000);
5. Complexo de Áreas Protegidas do Pantanal, Mato Grosso e Mato Grosso do Sul (tombado em 2000);
6. Áreas Protegidas do Cerrado – Chapada dos Veadeiros e Parque Nacional das Emas, Goiás (tombadas em 2001);
7. Ilhas Atlânticas Brasileiras – Reservas de Fernando de Noronha e Atol das Rocas, Pernambuco (tombadas em 2001).

Ao ser tombado como patrimônio natural da humanidade, o bem natural em questão passa a receber cuidados importantes para a sua preservação. Não obstante, ainda se considera a necessidade de maiores cuidados e recursos para tais locais, além do fomento e da aplicação de uma educação mais humanitária que possa mediar o conhecimento, a fim de despertar a consciência patrimonial nos indivíduos de diferentes países.

- **Patrimônio vivo**: o Estado de Alagoas dispõe de uma legislação que reconhece o patrimônio vivo como

> a pessoa que detenha os conhecimentos e técnicas necessárias para a preservação dos aspectos da cultura tradicional ou popular de uma comunidade, estabelecida em Alagoas há mais de 20 anos, repassando às novas gerações os saberes relacionados a danças e folguedos, literatura oral e/ou escrita, gastronomia, música, teatro, (Alagoas, 2022)

Vale destacar que ainda existem diversos outros tipos de patrimônio, como o humano, o genético, o rural e o industrial.

6.3 Patrimônio arquitetônico ou edificado

Ao longo da história da humanidade, o homem sempre procurou buscar abrigo e, com o tempo, conforme já mencionamos, deu início à construção de suas primeiras casas. Naturalmente, isso deu forças para a criação e edificação de outros locais, como templos, por exemplo. Assim, podemos perceber que a arquitetura sempre esteve intrinsecamente ligada à sociedade de sua época, considerando elementos como história, economia e necessidades diversas.

Isso nos mostra que a arquitetura também tem uma função social, a qual permanece evidente, como no caso da arquitetura de Oscar Niemeyer. Sob essa ótica, devemos considerar a importância de as comunidades serem devidamente capacitadas para compreenderem sua cultura, o que inclui as áreas de arquitetura e urbanismo. Tal cuidado implica uma consciência patrimonial necessária para a preservação. Assim, defendemos a forte relação da arquitetura com a cultura. Conforme observa Guarnieri sobre a cultura brasileira (2010, p. 121, grifo do original),

> o que se deve procurar são as raízes e os afluentes sócio-históricos de uma coisa muito complexa, chamada cultura brasileira, que se há de encontrar nas múltiplas formas de vida, nos hábitos e costumes, no saber fazer e nas ideias, nesse corpo etéreo e quase abstrato que, na realidade, anima os resíduos **materiais** do passado, vivifica os testemunhos do presente e questiona a contribuição para o futuro.

Sabendo dessa relação que faz da arquitetura um fruto da cultura, destacamos também o valor da pesquisa para esse conhecimento e todas as ações de preservação de um bem patrimonial, incluindo edificações e construções diversas. Dessa forma, compreendemos um edifício como fonte de pesquisa, considerando que a tarefa de pesquisar está intrinsecamente relacionada à de documentação e a outras, porém de maneira ainda mais aprofundada. Na pesquisa, buscam-se novos conhecimentos acerca de um bem patrimonial e de tudo o que o envolve. Assim, toda informação pode ser útil para um pesquisador, que poderá transformar sua pesquisa em produção, contribuindo direta e indiretamente para a preservação do patrimônio em estudo.

A pesquisa é, nessa perspectiva, a base da transmissão e mediação do conhecimento e não deve, de forma alguma, ser negligenciada, pois sustenta muitas ações, inclusive aquelas que subsidiam o patrimônio histórico e cultural, como é o caso da restauração. Para que um bem patrimonial, material ou imaterial, possa ser preservado, ele precisa estar fortificado por uma pesquisa sólida. Nas palavras de Guarnieri (2010, p. 151): "Daí que a Cultura e a História são indissociáveis: a Cultura é substância da História, e o Histórico se relaciona com o Cultural".

Para a historiadora Françoise Choay (2001, p. 128-129), "a história política e a das instituições voltam toda sua atenção para o documento escrito, sob todas as suas formas, e dão as costas ao mundo abundante dos objetos que desafiavam os eruditos dos séculos XVII e XVIII". A autora faz uma crítica aos historiadores dos séculos citados, defendendo o trabalho com o conceito de monumento histórico em si mesmo. Ainda assim, não há como preservar um bem patrimonial sem que sobre este se faça uma pesquisa mais aprofundada.

Choay (2001, p. 132) acrescenta que "o olhar do artista inscreve o monumento numa ambientação sintética que o dota de um valor pictórico suplementar, sem relação com a qualidade estética que lhe é própria". É sobre tais qualidades próprias, que não seguem do valor do "belo", que o pesquisador pode se ater em uma pesquisa sobre uma obra, um objeto ou um bem patrimonial, pois é justamente aí que reside a essência da cultura que trouxe o objeto ao mundo.

Exemplos de arquitetura como bem patrimonial são os museus, que evidenciam seu impacto na sociedade e no meio urbano. Tal arquitetura sempre nos indica que as obras de arte podem, sim, compor os espaços das cidades, conferindo maior beleza aos diferentes locais urbanos. Os museus têm sua origem na Grécia Antiga, inicialmente com os templos que eram dedicados à deusa Mnemosine, filha de Urano e Gaia, mãe das nove musas, também conhecida como a personificação da memória. Assim, a palavra *museu*, segundo a etimologia clássica, significa "templo das musas".

A mitologia afirma que Mnemosine trouxe ao mundo nove filhas de Zeus, o deus supremo do Olimpo. Cada uma delas representava uma arte ou ciência e eram conhecidas como *musas* – as responsáveis pela inspiração artística e científica dos homens na Terra. Os templos das musas eram voltados à preservação da memória individual, e as pessoas deixavam, principalmente, objetos votivos e ex-votivos como ofertas.

Por muito tempo, os museus realmente estiveram fortemente atrelados à sacralização dos objetos expostos, contudo, a partir da segunda metade do século XX, configurou-se uma nova forma de expor o patrimônio em tais espaços. Outra característica de muitos museus que acabou sendo amenizada a partir do mencionado período é a de acumulação de objetos, tanto os expostos como aqueles sob a guarda de suas reservas técnicas.

No Brasil, o Iphan busca realizar seu trabalho ao longo de décadas de preservação do patrimônio edificado. Nessa ótica, Nascimento (2022) destaca:

> O patrimônio nacional e suas atribuições de valor estão imiscuídos na trama da arquitetura moderna, cujas práticas foram ditadas por parâmetros e visões de mundo do grupo que, com muita engenhosidade, talento profissional e político, logrou realizar seu projeto de arquitetura e urbanismo junto ao Estado.

6.3.1 Educação patrimonial

O patrimônio, tanto material como imaterial, precisa ser adequadamente preservado para que possa existir por muitas gerações. Naturalmente, há meios para isso, como intervenções de restauro, registros fidedignos no caso de bens imateriais, entre outros. No entanto, nenhuma alternativa poderá ser efetiva se a população não conhecer o bem patrimonial e não tiver o entendimento de seu valor. Evidentemente, tal valor pode ser imensurável e abranger esferas distintas, mas é fundamental considerar a importância desse conhecimento para a atribuição de valor ao bem.

Por isso, neste ponto, é necessário adentrarmos o terreno da educação – nesse caso, a educação para o patrimônio ou educação patrimonial. De acordo com Varine (2013, p. 39), "O que importa é que o patrimônio seja reconhecido pela comunidade como seu". Destacamos que tal reconhecimento contribui não somente para a preservação do bem patrimonial em si como também para o fortalecimento da identidade dos diferentes grupos.

Nessa ótica, compreendemos que conhecer é preservar, porque quem conhece, preserva, sobretudo motivado pelo sentimento de pertencimento, pois o valor afetivo é muito sério e precisa ser levado em conta.

A educação patrimonial ajuda a desenvolver uma consciência preservacionista. Assim, os jovens podem ter um contato mais consciente com a própria história e uma relação mais próxima e afetiva com a sua cidade e os respectivos elementos. Naturalmente, isso impõe certos cuidados que afastam problemas de depredação, tornando a cidade mais atrativa e, principalmente, bem cuidada. Com isso, a população passa a zelar pelo bem patrimonial, entendendo que ele faz parte de sua história, e não consegue mais desvencilhar sua vida dessa memória.

No entanto, é necessário considerar que a educação patrimonial é um processo, o qual deve ser de caráter permanente nas sociedades, voltado ao patrimônio histórico e cultural, material e imaterial. Como explica Marchette (2016, p. 89), a "educação patrimonial é um processo de aprendizagem que se realiza mediante a utilização dos bens culturais, de natureza material e imaterial, como recursos educacionais". Nesse sentido, é crucial contar com um plano de governo sólido que permaneça mesmo com as naturais trocas democráticas. É realmente essencial que todo programa de educação patrimonial se perpetue. Nas palavras de Varine (2013, p. 37): "É preciso fazê-lo viver, produzir, transformar-se, para permanecer útil. Isto significa uma profunda tomada de consciência, de geração em geração, não apenas do conteúdo do patrimônio, mas também das exigências de sua gestão".

A educação patrimonial é uma forma eficiente de alfabetização cultural, que torna o indivíduo mais cônscio de sua cultura, de sua história e, consequentemente, de valores como o respeito às diferenças e o reconhecimento do outro. Isso se dá em virtude da discussão de conceitos como o de coletividade e de sentimento de pertença.

O sentimento de pertença ou sentimento de pertencimento é uma noção correntemente aplicada na área da educação patrimonial e está relacionada ao sentimento humano de identificação. Ele faz com que o indivíduo queira preservar por tomar um bem patrimonial como seu, como fundamental para sua história e seu papel na sociedade.

Na Carta Patrimonial de Atenas, de 1931, o papel da educação e o respeito aos monumentos são abordados nos seguintes termos:

> A Conferência, profundamente convencida de que a melhor garantia de conservação de monumentos e obras de arte vem do respeito e do interesse dos próprios povos, considerando que esses sentimentos podem ser grandemente favorecidos por uma ação apropriada dos poderes públicos, emite o voto de que os educadores habituem a infância e a juventude a se absterem de danificar os monumentos, quaisquer que eles sejam, e lhes façam aumentar o interesse, de uma maneira geral, pela proteção dos testemunhos de toda a civilização. (Carta..., 1931)

Assim, é possível perceber que a educação patrimonial deve estar presente no âmbito da preservação do patrimônio, a fim de possibilitar que este possa receber mais que o mero reconhecimento da sociedade. Quando o respeito pela memória presente nos testemunhos históricos é mediado, os valores éticos são fortalecidos.

Considera-se que a educação patrimonial deve ser trabalhada de diferentes formas e por diversos agentes, com crianças e adultos. Não apenas as construções, os museus e as obras de arte, mas também as cantigas de roda, as tradições e todo o arcabouço da cultura imaterial devem ser resgatados das memórias dos mais velhos para se tornarem conhecimentos vivos a serem transmitidos às novas gerações. Como explicita Varine (2013, p. 143),

> Os agentes da educação patrimonial são muito variados. Lembremos inicialmente que são os adultos, em primeiro lugar os pais, mas também em geral as pessoas idosas, depositárias não apenas do patrimônio como também dos conhecimentos sobre o assunto, que têm a responsabilidade e o dever desta educação, sem a qual a simples transmissão não terá sucesso.

Sob essa visão, o papel da escola é evidentemente central, pois ela contribui para a educação do olhar e a interpretação dos signos que denotam o patrimônio, bem como para a consideração em perspectiva histórica de cada componente da paisagem, da construção, das culturas oral e escrita, além da valorização dos saberes dos antigos, entre outros aspectos (Varine, 2013).

Uma base sólida que possibilite ao indivíduo compreender sua história e sua cultura, bem como respeitá-las, é capaz de promover fortes mudanças sociais, agindo não somente na vida particular, mas principalmente em toda a coletividade. Desse modo, as manifestações culturais devem estar constantemente presentes nos diferentes espaços, físicos ou virtuais, formais, não formais e informais: "patrimônio cultural é questão de consciência histórica" (Guarnieri, 2010, p. 121).

Sabe-se que um dos motivos essenciais que estimulam a visita aos museus ou a outros espaços e centros culturais, por parte do grande público, é o anseio pela aquisição de cultura, ou seja, a vontade de fruir e aprender algo novo. Entretanto, é fundamental esclarecer que tipo de aprendizagem se dá nos espaços museológicos, a fim de melhorar a comunicação entre a instituição e seu público. Essa é uma das responsabilidades do setor de ação educativa, mediante programas e propostas.

Mesmo com os cursos e todo o projeto educativo ofertados à sociedade, é importante que a própria instituição e seus colaboradores tenham consciência de que um museu, ou espaço cultural, não substitui a escola ou lhe é equivalente – nesse sentido, trata-se de um espaço configurado como não formal. A aprendizagem realizada dentro de um museu se distingue da promovida nas instituições de ensino, mesmo que os museus, por meio de suas ações de cunho educacional, tenham uma missão educativa já bastante consolidada.

Os adultos nutrem a necessidade de obter referências culturais, principalmente históricas, para constatarem que pertencem a uma comunidade ou, de modo mais amplo, para se sentirem "em sintonia" com a evolução do mundo. Em especial, eles necessitam de referenciais cronológicos e conceituais para perceberem o sentido da criação artística contemporânea.

Por meio de obras, objetos, projetos e documentações, assim como dos espaços propostos, o público que vai ao museu busca ter uma experiência de criatividade: observar, vivenciar, interpretar, apreciar, produzir e fruir. Dessa forma, é preciso trabalhar com a educação não formal, permitindo o máximo de liberdade possível na expressão e na aprendizagem.

Seria contraditório oferecer ao visitante o espetáculo da criatividade do outro (nesse caso, das obras dos artistas) mantendo-o em um procedimento rigoroso de aprendizagem que exige sua passividade em face de todo um universo artístico. Todo museu tem por objetivo tornar seus visitantes ativos e participativos no processo cultural desenvolvido em seus espaços. A arquitetura nos conta, mediante suas características, a história de nossa cidade, e sua preservação nos permite saber quem somos de fato. Aliás, a educação patrimonial está prevista como recomendação para a preservação, conforme consta na Carta dos Jardins Históricos Brasileiros (Carta..., 2010).

Entre as atividades realizadas pelos setores de ação educativa com o intuito de aproximar o público do bem patrimonial, há a atividade de mediação, imprescindível para o aprendizado e a fixação do conhecimento por parte de alguns indivíduos ou grupos.

O público do museu, seja ele formado por adultos, adolescentes ou crianças, está à espera de uma experiência global que, a um só tempo, é intelectual e emocional, vivida individualmente e na relação com a coletividade.

Nessa ótica, um projeto educacional pode ser organizado com base nas seguintes abordagens:
- histórica: relativa à contextualização;
- estética: de análise formal, referente à subjetividade;
- social: relacionada às questões de promoção da cidadania;
- técnica: concernente aos materiais e à técnica pictórica empregados pelo artista.

6.4 Salvaguarda patrimonial

Ao nos referirmos aos valores imensuráveis atribuídos aos diferentes bens culturais, naturalmente nos remetemos à necessidade de preservá-los da maneira mais adequada. Assim, é importante enfocarmos a prática da salvaguarda patrimonial, a qual envolve tantos elementos capazes de assegurar a perpetuação de um bem em questão. Devemos frisar que a salvaguarda patrimonial depende de instrumentos legais, ou seja, de políticas culturais de preservação que constituem conjuntos estratégicos para essa finalidade. Uma das políticas atuais de salvaguarda no país foi instituída ainda na década de

1990 e fomenta a realização de inventários. Tal instrumento contribui, também, com a salvaguarda do patrimônio imaterial e muitos outros bens que podem encaixar-se em diferentes classificações.

De acordo com o Iphan (2022b),

> A salvaguarda considera os modos de vida e representações de mundo de coletividades humanas e o princípio do relativismo cultural de respeito às diferentes configurações culturais e aos valores e referências, que devem ser compreendidos a partir de seus contextos. Por outro lado, também é pautada no reconhecimento da diversidade cultural como definidora da identidade cultural brasileira e procura incluir as referências significativas dessa diversidade.

Quando falamos em patrimônio móvel no país – sob a responsabilidade do Poder Público e também chamado de *patrimônio musealizado* –, imediatamente pensamos nos museus. Entre as instituições dedicadas à salvaguarda do patrimônio, os museus se destacam como responsáveis pela preservação. Além de suas atividades diversas, que envolvem o armazenamento, o acondicionamento e a conservação, tais instituições realizam um imprescindível trabalho educativo e social com a memória, por meio de seu labor com o patrimônio sob sua guarda. Trata-se de uma tarefa contributiva para o fomento à cultura e o desenvolvimento dos diferentes grupos sociais.

Entretanto, aqui vamos nos ater aos bens imóveis, destacando que sua permanência integra os cuidados de urbanismo das cidades e implica a consciência patrimonial que deve ser despertada em toda a população. O tempo é um fenômeno inexorável. Durante sua perpétua passagem, é difícil saber o que deverá ou não permanecer na história. O que fica terá como destino ser preservado e identificado como patrimônio (Sandy, 2012).

6.4.1 Preservação do patrimônio histórico

Desde os primórdios, o homem sempre tentou preservar certos itens e artefatos de seu interesse. A práxis do colecionismo é outro fator que contribuiu, por alguns séculos, para a preservação da memória, o que deu origem à organização de espaços conhecidos como *gabinetes de curiosidades*. As primeiras coleções da história eram disponibilizadas de maneira praticamente caótica – o acúmulo de objetos significava grande poder e *status* social. Tais ambientes representaram um marco para a história do colecionismo, demonstrando a curiosidade do homem em face das descobertas científicas da época, bem como de diferentes culturas e elementos da natureza.

Precisamos destacar, no entanto, que o patrimônio histórico é composto por diversas classificações de bens patrimoniais, as quais envolvem os monumentos e os núcleos históricos englobados pela arquitetura. De acordo com Lourenço (1999, p. 78), "monumento é entendido como a materialização do que deva ser relembrado, cultuado e reverenciado, incluindo-se feitos, datas e fatos pátrios, sendo seus protagonistas identificados na categoria de vultos históricos".

Até o presente, a humanidade vem manifestando seus saberes e fazeres das mais diversas maneiras, cristalizando seus conhecimentos em suportes que se tornam objetos e artefatos. Algumas formas de expressão se destacam por meio de construções arquitetônicas, produção de obras, artefatos e objetos, criação de mitos e outros elementos. Toda essa produção humana é, sobretudo, reflexo da sociedade, de uma época e de um período histórico etc.

Desse modo, todo patrimônio se torna um documento histórico que reflete várias questões que podem estar envolvidas desde o momento de sua criação. Sabemos que não existe a possibilidade de juntar toda essa herança em um único "pacote" e que a preservação do patrimônio requer certa organização, inclusive referente às instituições responsáveis por tal tarefa.

Tendo isso em mente, analisaremos a influência que o patrimônio histórico e cultural, material e imaterial, exerce nas sociedades. Isso abrange a relação entre a memória e o patrimônio, além da forma como este atua para a permanência e continuidade das especificidades, dos saberes e dos fazeres de uma sociedade.

Nesse contexto, destacamos o patrimônio histórico e cultural como uma abundante fonte de pesquisa, atividade essa que inclusive influencia na preservação. Outro tema bastante relevante se refere à educação patrimonial e sua contribuição para o desenvolvimento da consciência cidadã para além da identificação pessoal, tendo como foco o incentivo à compreensão e o respeito às diferenças. Por fim, reconhecemos o patrimônio como parte integrante da sociedade, constituindo-se na origem de disputas entre indivíduos, grupos e até nações.

A memória é, reconhecidamente, uma notável capacidade humana. Mas o que é realmente a memória e de que forma atua em nossa vida? Qual seria, na realidade prática, sua relação com o tempo – passado, presente, futuro? Onde e como se dá a conservação de nossas lembranças? Qual é a relação que a memória guarda com a consciência que temos acerca das coisas?

Essas questões são correntes e podem facilmente resultar em mais de uma resposta, a depender da área na qual o fenômeno está sendo analisado. No que se refere ao patrimônio, a memória tem um papel social imprescindível, mediante a atribuição de valores e a preservação de informações, contribuindo para a construção e a assimilação do conhecimento.

O patrimônio é uma forma de vetor da memória e, conforme sua relevância, pode variar entre as memórias individual e coletiva. Todo bem patrimonial se torna um documento da história e traz, cristalizada em sua existência, a memória de acontecimentos múltiplos – pessoas, datas e períodos inteiros da história.

Logo, quando um bem patrimonial é preservado, imediatamente toda a memória que o circunda também o é. Para se tornar viva, essa memória deverá ser disseminada no campo da educação e da cultura e passada de geração em geração. Esse aspecto é bastante importante ao observarmos que um povo, ao não se conhecer ou não reconhecer sua história, não respeita a si mesmo.

Assim, destacamos que a preservação da memória representa, também, a preservação do patrimônio, o que culmina no fortalecimento da identidade. Nessa ótica, uma identidade fortalecida é essencial para o avanço de um grupo e o desenvolvimento de uma sociedade, em todos os sentidos. Na verdade, isso se aplica à esfera nacional, mas também pode ser verificado no nível individual.

Nesse sentido, a autoconsciência depende da memória do sujeito, isto é, do que este traz em relação à sua cultura, aos seus saberes e fazeres. A memória é vida e produz vida em todas as instâncias, porque implica o aprendizado e o conhecimento sobre as coisas, principalmente da ancestralidade. "Em termos de Cultura, Patrimônio e Preservação, como em geral tudo o que diz respeito ao Homem e à Sociedade, cabe sempre indagar: 'O quê?', 'Por quê?', 'Para quem?' , e, ainda, 'Como?'" (Guarnieri, 2010, p. 153).

Essas questões evidenciam a forte relação do homem com o patrimônio, o qual é um importante símbolo da memória. O patrimônio sempre despertou sentimentos fortes – de pertença, de respeito e devoção ou, mesmo, de desejo e ambição. Possuir um bem patrimonial pode significar muito, tanto para um indivíduo como para um grupo, uma sociedade ou uma nação.

Para Guarnieri (2010, p. 208), "a preservação proporciona a construção de uma 'memória' que permite o reconhecimento de características próprias, ou seja, a 'identificação'. E a identidade cultural é algo extremamente ligado à autodefinição, à soberania, ao fortalecimento de uma consciência histórica".

Desse modo, a preservação é elemento integrante do campo da arquitetura, do urbanismo e, mesmo, da construção civil. Todas essas áreas estão conectadas e mantêm uma forte relação. Portanto, a preservação é tópico de discussão na área da arquitetura, assim como suas necessidades e as consequências de sua atuação em todos os sentidos.

As intervenções de restauro de bens arquitetônicos ocorrem há muitos séculos. No entanto, há uma diferença entre estas e as contemporâneas. A preservação envolve o conhecimento acerca das técnicas construtivas e dos materiais empregados, tanto no passado como no presente. Por isso, no que se refere à arquitetura, o desenvolvimento da preservação se dá, também, por meio do respeito ao desenho do edifício.

As características do terreno devem sempre ser consideradas, ou seja, é preciso perceber se há uma interferência sendo gerada pelo entorno, trazendo consequências negativas à preservação do monumento. Um estudo fotográfico que busca analisar a iconografia sempre contribui para a preservação. Os componentes edificados do território urbano devem ser mapeados e avaliados em todos os sentidos. Não à toa, o estudo do patrimônio arquitetônico prevê um cuidado especial com ações rigorosas, pois estas devem atentar, ainda, para a descaracterização do bem patrimonial.

6.5 Processo de tombamento

O termo *tombar*, relacionado ao patrimônio, significa "inventariar, registrar ou inscrever o bem nos arquivos do reino". Refere-se ao procedimento inicial, necessário e reconhecido por lei, para a salvaguarda patrimonial. O tombamento de um bem patrimonial é, também, uma estratégia de preservação.

Assim, trata-se de uma ação administrativa e de responsabilidade do Poder Público, de acordo com a legislação vigente. O objetivo do tombamento é preservar o bem patrimonial ao máximo, mediante a utilização de leis federais, estaduais e municipais de preservação patrimonial. A população pode contatar o Iphan para questões relacionadas aos processos de tombamento de bens históricos e culturais de representatividade para a memória coletiva. Destacamos, ainda, que a ação de tombar um bem pode ser aplicada tanto ao patrimônio material como ao imaterial, abrangendo, além disso, os patrimônios móvel e imóvel, em suas diferentes classificações.

Muitas pessoas temem o tombamento de seus bens, principalmente imóveis (como obras arquitetônicas de reconhecido valor histórico e cultural), pois acreditam que o Estado os tomará. Contudo, o tombamento de um bem patrimonial não o retira do proprietário, apenas proíbe que este seja derrubado ou, mesmo, descaracterizado, como poderia ocorrer com o passar dos anos.

Souza Filho (1999) reconhece que a legislação brasileira para a preservação do patrimônio cultural precisa de adequações para poder atender mais justamente à diversidade da produção cultural do país. O século XX foi marcado pela inserção de questões relacionadas ao patrimônio na legislação de diversos países, isso logo após a Segunda Guerra Mundial, que instigou o surgimento de ONGs voltadas para essa finalidade, especificamente (Souza Filho, 1999).

Conforme aponta Guarnieri (2010, p. 120), "a política de defesa do patrimônio cultural brasileiro se iniciou e se exauriu em atos formais de 'tombamento', como se o ato jurídico em si fosse o suficiente para a preservação de uma memória que se esgarçava cada vez mais". Isso nos mostra a importância da consciência patrimonial, a qual deve ser fomentada desde cedo nas crianças. Esse trabalho pode ser realizado já nas escolas.

Sob essa perspectiva, precisamos ter todo um cuidado com o que constitui nossa herança cultural edificada. É necessário promover uma relação harmoniosa entre o velho e o novo. Nesse sentido, uma intervenção de restauro visa delinear um projeto consistente para que problemas futuros não venham a ocorrer.

Há diretrizes mundiais de preservação do patrimônio, considerando-se sua categoria, além da legislação específica de cada país. Destacamos, no entanto, o processo de tombamento, que prevê a proteção ao bem patrimonial. A estrutura pública é formada por diversas construções, edifícios, monumentos, sítios urbanos e projetos arquitetônicos, e todos podem ser tombados com base em critérios específicos.

A preocupação com a salvaguarda do patrimônio brasileiro se manifestou inicialmente na década de 1930, sob os auspícios do governo de Getúlio Vargas, no período conhecido como Estado Novo. No ano de 1937, foi criado o Serviço do Patrimônio Histórico e Artístico Nacional (Sphan), com o intuito de realizar ações de preservação.

De acordo com Guarnieri (2010, p. 119-120),

> Estado forte, centralizador e autocrático, assume, em relação ao nosso patrimônio, uma atitude formalmente paternalista e, à falta de outros elementos de convicção (entre os quais o do próprio exercício da liberdade de expressão individual), atende aos reclamos de uma intelectualidade inquieta, naquilo que aparentemente não lhe criaria problemas.

O processo de tombamento contribui para a história da arquitetura, bem como dos edifícios e até mesmo das cidades a serem preservadas. Sobre esse processo, o art. 216 da Constituição Federal Brasileira de 1988 determina: "O poder público, com a colaboração da comunidade, promoverá e protegerá o patrimônio cultural brasileiro, por meio de inventários, registros, vigilância, tombamento, desapropriação e de outras formas de acautelamento e preservação" (Brasil, 1988).

No Brasil, o já citado Decreto-Lei n. 25, de 30 de novembro de 1937, conhecido nacionalmente como *Lei do Tombamento*, organizou a "proteção do Patrimônio histórico e artístico nacional" (Brasil, 1937). Assim, estabelece:

> Art. 1º Constitue o patrimônio histórico e artístico nacional o conjunto dos bens móveis e imóveis existentes no país e cuja conservação seja de interêsse público, quer por sua vinculação a fatos memoráveis da história do Brasil, quer por seu excepcional valor arqueológico ou etnográfico, bibliográfico ou artístico.
>
> § 1º Os bens a que se refere o presente artigo só serão considerados parte integrante do patrimônio histórico o artístico nacional, depois de inscritos separada ou agrupadamente num dos quatro Livros do Tombo, de que trata o art. 4º desta lei.
>
> § 2º Equiparam-se aos bens a que se refere o presente artigo e são também sujeitos a tombamento os monumentos naturais, bem como os sítios e paisagens que importe conservar e proteger pela feição notável com que tenham sido dotados pelo natureza ou agenciados pelo indústria humana. (Brasil, 1937)

Os quatro Livros do Tombo aos quais a lei se refere estão identificados em seu art. 4º:

> Art. 4º O Serviço do Patrimônio Histórico e Artístico Nacional possuirá quatro Livros do Tombo, nos quais serão inscritas as obras a que se refere o art. 1º desta lei, a saber:
>
> 1) no Livro do Tombo Arqueológico, Etnográfico e Paisagístico, as coisas pertencentes às categorias de arte arqueológica, etnográfica, ameríndia e popular, e bem assim as mencionadas no § 2º do citado art. 1º.
>
> 2) no Livro do Tombo Histórico, as coisas de interêsse histórico e as obras de arte histórica;
>
> 3) no Livro do Tombo das Belas Artes, as coisas de arte erudita, nacional ou estrangeira;
>
> 4) no Livro do Tombo das Artes Aplicadas, as obras que se incluírem na categoria das artes aplicadas, nacionais ou estrangeiras. (Brasil, 1937)

Essa lei indica, ainda, que cada um dos Livros do Tombo pode ter vários volumes. Além disso, determina que o processo de tombamento é de responsabilidade da União, apontando o Sphan como órgão responsável por essa tarefa (Brasil, 1937).

Além dessa lei, destacamos que cada Estado, bem como cada município brasileiro, pode ter legislação própria no que se refere à preservação de seu patrimônio histórico e cultural. Mesmo assim, vale ressaltar que toda legislação deve estar em consonância com a lei federal de tombamento e demais legislações correlatas. Destacamos como exemplo a legislação do Estado de São Paulo, que inclui a Lei n. 10.247, de 22 de outubro de 1968, e a Resolução n. 17, de 2007, do Conselho Municipal de Preservação do Patrimônio Histórico, Cultural e Ambiental da Cidade de São Paulo (Conpresp), a qual considera:

> os valores histórico, simbólico e afetivo da área central da cidade de São Paulo conhecida como Centro Velho, que abriga o marco de fundação (Pátio do Colégio) e espaço original de ocupação (o Triângulo) da cidade;
> [...] a importância do seu traçado urbanístico estruturador para a história do desenvolvimento urbano de nossa cidade;
> [...] o valor arquitetônico e ambiental dessa área urbana, que reúne relevantes exemplares de edificações, muitos já reconhecidos como patrimônio arquitetônico através de tombamentos anteriores;
> [...] o valor histórico e paisagístico, bem como a importância sociocultural e o caráter metropolitano de suas praças e largos, além do valor artístico das obras de arte situadas em seus logradouros públicos; [...]. (São Paulo, 2007)

Essa resolução prevê, no primeiro artigo, a preservação de elementos que constituem o espaço urbano da cidade de São Paulo, dando maior atenção às edificações, às praças, às obras de arte e aos viadutos. O Conpresp especifica os níveis de tombamento do patrimônio urbano, os quais também são considerados para a declaração de tombamento inclusive de outros estados:

> **NÍVEL DE PRESERVAÇÃO 1 (NP-1)** – *"Preservação **integral** do bem tombado. Quando se tratar de imóvel, todas as características arquitetônicas da edificação, externas e internas, deverão ser preservadas".* [...]
>
> **NÍVEL DE PRESERVAÇÃO 2 (NP-2)** – *"Preservação **parcial** do bem tombado. Quando se tratar de imóvel todas as características arquitetônicas externas da edificação deverão se preservadas, existindo a possibilidade de preservação de algumas partes internas, a serem definidas nesta resolução".* [...]

NÍVEL DE PRESERVAÇÃO 3 (NP-3) – *"Preservação **parcial** do bem tombado. Quando se tratar de imóvel, deverão ser mantidas as características externas, a ambiência e a coerência com o imóvel vizinho classificado como NP1 e NP2, bem como deverá estar prevista a possibilidade de recuperação das características arquitetônicas originais". [...]*

NÍVEL DE PROTEÇÃO 1 (NP-1) – *"Corresponde a bens de excepcional interesse histórico, arquitetônico ou paisagístico, determinando sua preservação integral". [...]*

NÍVEL DE PROTEÇÃO 2 (NP-2) – *"Corresponde a bens de grande interesse histórico, arquitetônico ou paisagístico, determinando a preservação de suas características externas e de alguns elementos internos que integram o processo". [...]*

NÍVEL DE PROTEÇÃO 3 (NP-3) – *"Corresponde a bens de interesse histórico, arquitetônico, paisagístico ou ambiental, determinando a preservação de suas características externas" [...]*

NÍVEL DE PROTEÇÃO 4 (NP-4) – *"Determina o controle da volumetria do bem tombado". [...]*

NÍVEL DE PROTEÇÃO 1 (P-1) – *"Corresponde a bens de excepcional interesse histórico, arquitetônico ou paisagístico, determinando sua preservação integral". [...]*

NÍVEL DE PROTEÇÃO 2 (P-2) – *"Corresponde a bens de grande interesse histórico, arquitetônico ou paisagístico, determinando a preservação integral de todos os elementos arquitetônicos e construtivos externos, bem como de elementos arquitetônicos e construtivos internos discriminados nas fichas cadastrais constantes do processo de tombamento, ou identificados através de diagnósticos e pesquisas".* (Berezovsky, 2018, grifo do original)

Assim, para que um bem patrimonial possa receber alguns cuidados para a sua preservação, ele deve, primeiramente, estar registrado e ser tombado pelas autoridades responsáveis do país de origem. No Brasil, o órgão responsável pelo tombamento do patrimônio cultural é, como informado, o Iphan, e os cuidados podem variar conforme o nível de proteção do bem em questão.

6.5.1 Órgãos e organizações não governamentais de proteção patrimonial no âmbito mundial

Além da legislação e dos órgãos governamentais de cada país, responsáveis pela preservação do patrimônio, ainda foram criadas, no contexto mundial, organizações não governamentais (ONGs) que trabalham em benefício da preservação do patrimônio.

Para a preservação de cada classificação de bem patrimonial, conta-se com as devidas diretrizes estabelecidas por especialistas da área que atuam nessas organizações. As propostas são lançadas geralmente em reuniões formais, nas quais as discussões e as conclusões passam a ser documentadas com vistas à resolução dos problemas de preservação observados nas distintas realidades dos diferentes países.

Entre as referidas organizações, destacamos:

- Co-ordinating Council of Audiovisual Archives Associations (CCAAA) – Conselho de Coordenação das Associações de Arquivos Audiovisuais;
- International Federation of Film Archives (Fiaf) – Federação Internacional de Arquivos de Filmes;
- International Federation of Television Archives (IFTA) – Federação Internacional de Arquivos de Televisão;
- International Association of Sound and Audiovisual Archives (Iasa) – Associação Internacional de Arquivos Sonoros e Audiovisuais;
- International Council on Archives (ICA) – Conselho Internacional de Arquivos;
- International Committee of the Blue Shield (ICBS) – Comitê Internacional do Escudo Azul;
- International Centre for the Study of the Preservation and Restoration of Cultural Property (Iccrom) – Centro Internacional de Estudos para a Conservação e Restauro de Bens Patrimoniais;
- International Council of Museums (Icom) – Conselho Internacional de Museus;

- International Council on Monuments and Sites (Icomos) – Conselho Internacional de Monumentos e Sítios;
- International Federation os Library Associations and Institutions (IFLA) – Federação Internacional de Associações e Instituições Bibliotecárias.

Cada uma das atividades dessas organizações é desenvolvida de maneira adequada, destacando-se que, para cada classificação de bem patrimonial, pode haver um conjunto de ações principais que devem ser tomadas para a sua preservação. Outra questão a ser mencionada é que, conforme as cartas e os documentos formais nos quais são apresentadas tais diretrizes, os processos e as ações de preservação podem não ocorrer de modo linear, o que permite que o bem em questão possa ser trabalhado de diferentes formas concomitantemente.

O aconselhado é que todo bem patrimonial seja devidamente registrado e que a pesquisa e coleta de dados se tornem uma prática constante, sempre com o objetivo de obter o maior número possível de informações. Tal levantamento de dados implica a análise do todo da situação da obra (móvel ou imóvel), bem como das possibilidades de intervenção.

Os dados técnicos contribuem para a compreensão mais científica da obra arquitetônica. Assim, devem ser analisados os elementos que compõem a construção, tais como fundação, piso, paredes, telhados, revestimentos e outros. Os efeitos espaciais em uma construção arquitetônica devem sempre ser preservados, pois isso integra sua identidade. Uma construção arquitetônica é parte do que chamamos de *mobiliário urbano*. A esse respeito, podemos destacar as cartas patrimoniais, que justamente tratam da preservação. Algumas delas são voltadas, principalmente, à preservação do patrimônio arquitetônico, além de monumentos e de sítios urbanos.

Ainda, as organizações vêm debatendo a respeito dos inúmeros casos de bens patrimoniais de reconhecido valor histórico, artístico ou cultural que pertencem a uma nação, mas que, por motivos variados, se encontram em museus ou coleções de outro país.

O tema da repatriação vem sendo abordado desde o término da Primeira Guerra Mundial (1918) e envolve organizações como a ONU, a Unesco, o Icom, entre outras. Dessa forma, a repatriação do patrimônio compreende, além de países, diferentes agentes, sendo o centro de grandes disputas.

Há nações que ainda lutam pela repatriação de seus bens patrimoniais retirados em épocas passadas, tais como a Grécia, o Egito, o Brasil e muitos outros. No caso brasileiro, podemos citar o manto tupinambá de penas vermelhas que se encontra atualmente no Museu Nacional da Dinamarca. Existem apenas seis exemplares desse manto no mundo inteiro, e o Brasil já tentou recuperá-lo algumas vezes. Além desse exemplo, há inúmeros outros que vão de arte indígena brasileira a fósseis e espécimes retirados do país sem uma documentação formal.

No Egito, o arqueólogo Zahi Hawass, que foi ministro das Antiguidades, trabalha de maneira insistente na tentativa de recuperar bens retirados de seu país. Atualmente, há um expressivo acervo de peças da cultura egípcia que se encontram no Museu Britânico, em Londres, e no Louvre, em Paris.

6.5.2 Patrimônio e desenvolvimento sustentável

Quando falamos em desenvolvimento, é comum pensarmos logo de imediato em desenvolvimento econômico. Porém, devemos transcender essa visão para abrirmos nossa mente ao que, de fato, tem relação com o desenvolvimento sustentável. O usual é ainda considerarmos o desenvolvimento local também em termos econômicos, considerando-se investimentos, formação de mão de obra, empregos e empresas (Varine, 2013). No entanto, devemos mudar nossa posição sobre isso. Basta nos darmos conta de que o desenvolvimento local pode ser atingido também mediante a preservação de nosso patrimônio e o bom uso dele.

Tudo isso pode ser realizado por meio de uma forma mais afetiva de se trabalhar com o turismo, o que ainda envolve toda a trama urbana e seus elementos constitutivos também caracterizados pela arquitetura. Segundo Varine (2013, p. 18), "Um desenvolvimento urbano que ignore os patrimônios materiais ou imateriais dos habitantes não tem muito futuro, como demonstra bem a trajetória das cidades".

O tema do desenvolvimento sustentável por meio da preservação do patrimônio é bastante abordado por Varine (2013, p. 19), que encara o patrimônio como uma forma de "moldura para o desenvolvimento", além de um recurso.

O reconhecimento e a preservação do patrimônio imóvel contribuem para o desenvolvimento das sociedades e dos respectivos territórios. Naturalmente, o patrimônio imóvel está associado a toda uma história, a qual também representa a vivência das pessoas de determinado local. Assim, o patrimônio tem valor em si mesmo, como bem aponta Varine (2013, p. 20):

> O patrimônio está ligado ao tempo por sua evolução e por seus ritmos. Ele tem um passado, um presente e um futuro. Se o desenvolvimento se efetua no presente, portanto a partir de um patrimônio constatado a um dado momento, ele não pode ignorar suas origens e não pode igualmente se limitar a consumi-lo sem nada criar de novo. Quanto aos ritmos, ou ao menos aos ritmos endógenos, eles são produto e resultado do patrimônio. Não se pode fazer nenhum desenvolvimento sem levar em conta os ritmos da vida local, que fazem parte itinerante da cultura viva da população.

A Unesco reconhece a importância do patrimônio também para o desenvolvimento e a sustentabilidade, compreendendo a capacidade dos bens patrimoniais de trazer benefícios às economias nacionais e locais. Na obra *As raízes do futuro: o patrimônio a serviço do desenvolvimento local*, Varine (2013, p. 207) defende o patrimônio como uma "riqueza que traz em si mesma seus próprios meios, que é preciso fazer frutificar", tratando-o como essencialmente um recurso, não somente financeiro. Atualmente, o bem patrimonial está intrinsecamente ligado às noções de sustentabilidade e desenvolvimento, em termos de recursos econômicos e naturais.

O patrimônio, independentemente de sua classificação, é um importante recurso para a sociedade e pode ser abordado de diferentes formas. Tendo isso em vista, a Unesco destaca os benefícios que o patrimônio histórico e cultural pode trazer em termos financeiros a diferentes grupos. Além disso, é reconhecida a importância do patrimônio para o desenvolvimento sustentável. Nessa ótica, de acordo com Varine (2013, p. 7), "A gestão do patrimônio natural e cultural, em um território e no seio de uma comunidade humana, é sempre um problema particular, que não encontra soluções em nenhum manual".

Todo bem patrimonial está vinculado, direta ou indiretamente, à identidade local. Por isso, representa um forte ativo, em todos os sentidos, para ser trabalhado com a população. Sob essa perspectiva, um fator que contribui com a utilização do patrimônio para o desenvolvimento sustentável diz respeito à educação patrimonial, que permite ao indivíduo conhecer sua cultura, história, memória e identidade, de modo que ações mais conscientes sejam tomadas em benefício da preservação do bem patrimonial e de seu meio.

Além disso, cabe considerar que o turismo é outro fator importante que garante a sustentabilidade financeira (não só ela, mas principalmente), pois proporciona a movimentação da economia local. Para tanto, há possibilidades de se trabalhar com o patrimônio por meio de recursos disponibilizados pelo Poder Público, os quais, embora não sejam suficientes para atender a todas as demandas relacionadas ao patrimônio no país, contribuem de diversas formas nesse campo.

Síntese

Neste capítulo, abordamos o conceito de patrimônio e sua origem, bem como suas categorias e classificações. Com o aprendizado dessa temática, podemos aplicar nossos conhecimentos analisando o patrimônio de nosso entorno. Além disso, enfocamos o patrimônio arquitetônico ou edificado e a importância da educação patrimonial para seu reconhecimento e sua efetiva preservação, afastando-se, inclusive, problemas de depredação e abandono.

Ainda, tratamos da salvaguarda patrimonial e das intervenções de restauro, além do processo de tombamento e da relação do patrimônio com o desenvolvimento sustentável.

Por fim, vale destacar que o envolvimento com o patrimônio torna o indivíduo muito mais cônscio de sua história, memória e cultura. Assim, todo o esforço na tarefa de proteger os diferentes tipos de bens patrimoniais no presente reverbera no pensamento da sociedade sobre seu passado. O resultado desse fenômeno pode ser observado no fortalecimento da identidade dos grupos que têm sua memória preservada por meio do cuidado e do conhecimento de seu patrimônio histórico e cultural, entre outras classificações.

Atividades de autoavaliação

1. Assinale a alternativa correta sobre patrimônio:
   a) Os bens patrimoniais não possuem valor histórico, apenas de mercado.
   b) Em cada momento da humanidade, foi dado um tipo de reconhecimento ao bem patrimonial, o qual, atualmente, não tem nenhuma relevância.
   c) A palavra *patrimônio* refere-se a um número infindável de coisas que podem ser amontoadas.
   d) A palavra *patrimônio* pode representar muitas coisas, tem origem latina e vem de *patrimonium*, cujo significado é "bens de família", "herança".
   e) Cada bem patrimonial representa algo para uma cultura, porém isso se aplica somente ao patrimônio material.

2. Relacione a primeira coluna com a segunda:

   I) Patrimônio imaterial
   II) *Patrimonium*
   III) Conceito de patrimônio da nação
   IV) Patrimônio material
   V) Patrimônio imóvel

   ( ) Despontou com força após a difusão das ideias do Iluminismo e com o advento da Revolução Francesa, no século XVIII.
   ( ) Refere-se a edificações.
   ( ) É o bem intangível.
   ( ) Diz respeito à herança paterna, aos bens de família.
   ( ) É o bem tangível.

   Agora, assinale a alternativa que apresenta a sequência obtida:

   a) I, II, III, V, IV.
   b) III, V, I, II, IV.
   c) IV, V, I, II, III.
   d) III, I, V, IV, II.
   e) V, I, II, III, IV.

3. Indique se as afirmações a seguir são verdadeiras (V) ou falsas (F):

    ( ) O patrimônio histórico jamais poderá ser considerado cultural.

    ( ) O Instituto do Patrimônio Histórico e Artístico Nacional (Iphan) tem como missão promover e coordenar os processos de preservação do patrimônio cultural brasileiro, com vistas a fortalecer suas múltiplas identidades.

    ( ) O Instituto do Patrimônio Histórico e Artístico Nacional (Iphan) não representa todo o patrimônio brasileiro, pois está atrelado a apenas algumas questões de poder.

    ( ) Cada bem patrimonial tem um sentido cultural para algum grupo ou etnia e, por isso, precisa ser preservado.

    ( ) Não há a necessidade de preservação de patrimônio imóvel, pois isso depende exclusivamente das ações e especulações do mercado imobiliário.

    ( ) O bem patrimonial tem um sentido bastante amplo, mas que não se aplica mais nos dias atuais.

    Agora, assinale a alternativa que corresponde à sequência obtida:

    a) F, F, F, V, V, V.
    b) V, F, V, F, F, F.
    c) V, V, F, F, F, F.
    d) V, V, F, V, F, F.
    e) F, V, F, V, F, F.

4. Preencha as lacunas com os termos corretos e, depois, assinale a alternativa correspondente:

    O _____, independentemente de sua classificação, é um importante _____ para a sociedade e pode ser trabalhado de diferentes formas. A Organização das Nações Unidas para a Educação, a Ciência e a _____ (Unesco), organização não _____, destaca os _____ que o patrimônio histórico e cultural pode trazer em termos financeiros aos diferentes _____.

a) bem / recurso / História / governamental / benefícios / grupos.
b) patrimônio / recurso / Cultura / reconhecida / benefícios / grupos.
c) patrimônio / recurso / Cultura / governamental / benefícios / grupos.
d) patrimônio / recurso / Cultura / governamental / artifícios / grupos.
e) patrimônio / meio / Cultura / governamental / malefícios / sujeitos.

5. Assinale a alternativa **incorreta**:
   a) Há várias classificações de patrimônio.
   b) O patrimônio arquitetônico é imóvel.
   c) Os bens arquitetônicos são apenas reconhecidos como patrimônio econômico.
   d) Os patrimônios histórico e artístico requerem cuidados especiais para a sua efetiva preservação.
   e) Todo bem patrimonial pode vir a ser histórico.

Atividades de aprendizagem

Questões para reflexão

1. Com base no que estudamos neste capítulo, reflita sobre as diferentes classificações dos bens patrimoniais. Como você pode aplicar esse conhecimento para contribuir para a preservação do patrimônio de sua cidade?

2. Identifique qual bem patrimonial de sua cidade conta um pouco de sua própria história de vida e de que forma você pode acessar essas memórias.

3. De que maneira você poderia contribuir para o fomento e a difusão do patrimônio arquitetônico de sua cidade?

Atividades aplicadas: prática

1. Realize um passeio pelo entorno de sua casa ou por toda a sua cidade (esse passeio também pode ser feito virtualmente). Procure observar com atenção a arquitetura local, buscando reconhecer o que é patrimônio histórico, qual é seu estilo, seu impacto social etc. Escolha um bem patrimonial edificado. Ao retornar (ou finalizar o passeio virtual), faça uma pesquisa para verificar se o bem patrimonial observado por você foi tombado pelo Instituto do Patrimônio Histórico e Artístico Nacional (Iphan) ou não e se há outros bens tombados em sua cidade.

2. Depois, realize uma pesquisa acerca do bem patrimonial escolhido com vistas a conhecer sua história e tantos outros detalhes que podem ser descobertos. Elabore, também, uma justificativa que apresente de maneira clara a relevância do tombamento do bem em questão.

3. Caso o bem patrimonial ainda não tenha sido tombado, crie um dossiê com todas as informações levantadas e pesquise no *site* do Iphan os caminhos para propor o tombamento desse bem, com o auxílio dos órgãos responsáveis de sua cidade.

Considerações finais

Ao realizarmos toda esta reflexão sobre alguns tópicos especiais da arquitetura e do patrimônio histórico, iluminamos nosso olhar para a realidade edificada ao redor. Percebemos o quanto a arquitetura é importante para nossa vida, já que atua como um instrumento de nossa relação com o mundo. Vale aqui retomar as ideias de Pallasmaa (2012), que chama a atenção para o fato de que, assim como as artes, a arquitetura é profundamente envolvida com questões que dizem respeito à existência humana no espaço e no tempo.

Em cada momento da história, a humanidade materializou ideias, pensamentos, formas de ver e de estar no mundo; deixou vestígios de como vivia, do tipo de espaço que envolvia sua vida, de como se relacionava; expressou, por meio das mais variadas construções, desde suas atividades mais corriqueiras (como no caso das moradias) até as mais grandiosas e específicas (como no caso das construções religiosas), os aspectos que eram importantes para sua individualidade e as questões metafísicas que povoavam seus pensamentos.

Consequentemente, a expressão material do que foi deixado ao longo da história, desde tempos muito remotos, constitui um acervo vívido e fundamental de nossa história. Fica evidente, então, o quanto a arquitetura é uma parte essencial da vida, modificando e deixando marcas em cada lugar. Com isso, ganham destaque o valor da arquitetura e a importância de sua preservação, de modo a reconhecê-la como patrimônio histórico e assegurar nossa identidade cultural como seres humanos.

Nesta obra, vimos que a arquitetura a ser valorizada não é apenas a que foi edificada com os maiores esforços e recursos, tampouco apenas as incríveis construções monumentais da humanidade ou as que encontramos nos livros de história da arte. Em se tratando de registro histórico e de cultura, tanto as manifestações das elites econômicas e intelectuais quanto as populares são igualmente genuínas e valorosas. O patrimônio histórico é o que representa a identidade de um povo e garante a preservação de suas expressões materiais. Tanto as pirâmides maias e astecas como as casas brasileiras de pau a pique, tanto a Torre Eiffel como o casario antigo do bairro de Alfama, em Lisboa, tanto Stonehenge, na Inglaterra, como as igrejas de Ouro Preto, entre tantas outras construções, constituem o patrimônio edificado da humanidade.

Abordamos a arquitetura segundo os materiais de que é feita, sem os quais ela não existe. Qualquer que seja o material – pedra, barro, palha, gelo, concreto ou titânio –, é ele que dá estrutura a uma edificação. Mas não é só isso. Ele também dá forma aos espaços para o desenvolvimento de determinada atividade. O material torna possível que se construa de uma maneira e não de outra, dando origem a formas, cores, texturas, curvaturas ou linhas retas. Tais elementos, conforme sua organização, criam uma linguagem. Com nossa sensibilidade – com os olhos, a pele ou todo o corpo –, percebemos a arquitetura esteticamente. Logo, ela não é algo que apenas supre nossas necessidades de viver; ela nutre nossa percepção de estímulos, levando-nos à experiência estética. O valor de nossos edifícios é determinado por todas essas características.

Apresentamos, também, alguns exemplos de edificações importantes para a história da arquitetura. Devemos destacar, porém, que se trata apenas de exemplos pinçados de um universo gigantesco. Sugerimos que você o explore com mais atenção e profundidade. Os livros de história da arquitetura seguem, por um motivo claro de organização, uma trajetória linear, que enfoca o contexto histórico e a história da arte, muitas vezes, de forma conjunta. No entanto, é preciso levar em conta que aquilo que se produz em termos de arquitetura, em relação ao que há registrado, é infinitamente maior. Por isso, observe ao seu redor, no bairro ou na cidade em que você vive, nos locais mais ou menos abastados, de que forma as pessoas vivem, como são suas casas ou o conjunto delas, como são os caminhos que os indivíduos percorrem, quais são as cores e os materiais presentes nesses locais, que construções se diferenciam de simples moradias... Enfim, observe como a vida se organiza em tais espaços e o que confere identidade a essa coletividade.

Outra possibilidade de olhar que destacamos foi o encontro entre a arquitetura e as artes visuais. Quando se encontra em diálogo com outras áreas, principalmente com a arte, a arquitetura proporciona que sua qualidade de objeto estético suscite uma experiência sensorial híbrida e muito rica.

Além disso, refletimos sobre os museus de arte e demais espaços nos quais as obras de arte são expostas. O que ocorre atualmente com os museus de arte? No Brasil, especificamente, é preciso promover um olhar muito atento por parte de todos os profissionais da arte, da arquitetura, da museologia, da cultura, do meio acadêmico e do Poder Público. O que estamos fazendo com nossos museus? Estamos, como país, valorizando esses espaços e investindo neles o mínimo necessário? Como o Brasil cuida de seu patrimônio histórico? O que nos revela o terrível incêndio do Museu Nacional? E o estado de conservação dos outros museus brasileiros?

Outro tema que analisamos diz respeito às relações entre arte e arquitetura. Cada uma das duas linguagens mantém suas características, mas de forma conectada para que encontrem no diálogo a construção de um sentido. Indo além da função de atender a determinada necessidade humana, o conjunto da arquitetura se constitui em cidade e, como tal, é um organismo vivo e palco de inúmeras manifestações artísticas. Seus muros ganham novos significados, assim como paredes, ruas, edifícios, parques, praças, pontes, viadutos e todos os locais onde a criatividade possa ser expressada! Não podemos deixar de refletir, entretanto, se estamos considerando e respeitando as formas de arte não oficiais, as quais também necessitam de espaço e têm algo a nos dizer!

Com relação ao diálogo entre arte e arquitetura, vimos que elas podem se estabelecer separadamente, mas também podem existir tão intimamente que acabam por formar um único objeto, como é o caso de obras de arte em que a experiência corporal é a da arquitetura, mas a relação criada é a de obra de arte.

Enfim, tudo o que nos rodeia tem relação com nossa cultura e nossa história, sendo parte de nós mesmos e do que foram nossos ancestrais. Portanto, todo bem cultural se refere à identidade de determinada dimensão de uma sociedade.

O patrimônio encerra representações e símbolos, tangíveis e intangíveis, os quais nos foram deixados de herança cultural, estando ligados ao tempo e ao reconhecimento de partes importantes de uma cultura. Não somos uma tábula rasa, pois, como seres sociais, constituímo-nos em uma coletividade. Como sociedade, precisamos saber o que é patrimônio para identificá-lo, reconhecê-lo, respeitá-lo e preservá-lo – tanto para nós como para as futuras gerações. O patrimônio histórico nutre culturalmente um povo, confere-lhe sentido e identidade.

O que percebemos ao percorrer a história da humanidade representada em suas construções é que as páginas deste livro poderão ainda dar muitos frutos, incentivando a leitura e a pesquisa de mais materiais relacionados ao tema.

Esperamos, assim, que você tenha ampliado seu conhecimento acerca do patrimônio edificado da humanidade e de sua história, educando seu olhar para a arquitetura como um notável bem patrimonial, com destaque para sua origem e os impactos atemporais em diferentes sociedades.

Referências

ALAGOAS. Secretaria de Estado da Cultura. **Registro do patrimônio vivo**. Disponível em: <http://www.cultura.al.gov.br/politicas-e-acoes/patrimonio-vivo>. Acesso em: 23 jul. 2022.

ALBERT, B. Yanomami. **Povos Indígenas no Brasil**, 13 set. 2018. Disponível em: <https://pib.socioambiental.org/pt/Povo:Yanomami>. Acesso em: 23 jul. 2022.

ALONSO PEREIRA, J. R. **Introdução à história da arquitetura**. Porto Alegre: Bookman, 2010.

ALVES, A. A. de A. Um projeto para o Brasil: arquitetura e política na trajetória de Lina Bo Bardi no Brasil, 1946-1977. **Risco: Revista de Pesquisa em Arquitetura e Urbanismo**, v. 20, p. 35-48, 2014. Disponível em: <https://www.revistas.usp.br/risco/article/view/117439/115209>. Acesso em: 23 jul. 2022.

AMARAL, A. O modernismo brasileiro e o contexto cultural dos anos 20. **Revista USP**, São Paulo, n. 94, p. 9-18, 2012. Disponível em: <https://www.revistas.usp.br/revusp/article/view/45021/48633>. Acesso em: 23 jul. 2022.

ANDRÉ, G. M. Os materiais da "arquitetura vegetariana". **((o))eco**, 23 nov. 2012. Disponível em: <https://oeco.org.br/reportagens/26668-os-materiais-da-qarquitetura-vegetarianaq>. Acesso em: 23 jul. 2022.

ANELLI, R. L. S. Da integração à autonomia: arte, arquitetura e cultura no Brasil (1950-1980). In: SEMINÁRIO DOCOMOMO BRASIL, 8., 2009, Rio de Janeiro. **Anais**... Rio de Janeiro: UFRJ, 2009. Disponível em: <https://docomomo.org.br/wp-content/uploads/2016/01/086.pdf>. Acesso em: 23 jul. 2022.

ARANTES, P. F. O grau zero da arquitetura na era financeira. **Novos Estudos**, n. 80, p. 175-195, 2008. Disponível em: <https://www.scielo.br/j/nec/a/SSDxhbfTntX4ZTWzdnHGVNP/?format=pdf&lang=pt>. Acesso em: 23 jul. 2022.

ARGAN, G. C. **Arte moderna**. São Paulo: Companhia das Letras, 1992.

ARGAN, G. C. **História da arte como história da cidade**. São Paulo: M. Fontes, 1998.

ARTE QUE ACONTECE. **James Turrell**: imaterial. 31 mar. 2020. Disponível em: <https://www.artequeacontece.com.br/james-turrell-imaterial/>. Acesso em: 23 jul. 2022.

ÁVILA, A. **O lúdico e as projeções do mundo barroco**. São Paulo: Perspectiva, 1994.

BELMONTE, A. Reflexões sobre a antiguidade da América: o altiplano andino como caso paradigmático. **Revista Eletrônica de Antiguidade e Medievo**, v. X, n. 1, p. 22-56, 2018. Disponível em: <https://www.e-publicacoes.uerj.br/index.php/nearco/article/view/35346/pdf>. Acesso em: 23 jul. 2022.

BENEVOLO, L.; ALBRECHT, B. **As origens da arquitetura**. Lisboa: Edições 70, 2002.

BEREZOVSKY, R. S. Obras e serviços em prédio ou em região tombada, como proceder? **Revista Direcional Condomínios**, ed. 240, 2018. Disponível em: <https://www.direcionalcondominios.com.br/sindicos/materias/item/3578-obras-e-servicos-em-predio-ou-em-regiao-tombada-como-proceder.html>. Acesso em: 23 jul. 2022.

BERNARDES, A. G. M. **Urbanismo mesoamericano pré-colombiano**: Teotihuacán. 169 f. Dissertação (Mestrado em Arquitetura e Urbanismo) – Universidade Federal de Brasília, Brasília, 2008. Disponível em: <https://repositorio.unb.br/bitstream/10482/11291/1/2008_AndreaGoncalvesMoreiraBernardes.pdf>. Acesso em: 23 jul. 2022.

BITTAR, W. Formação da arquitetura moderna no Brasil (1920-1940). In: SEMINÁRIO DOCOMOMO BRASIL, 6., 2005, Niterói. **Anais**... Niterói: UFF, 2005. Disponível em: <https://docomomo.org.br/wp-content/uploads/2016/01/William-Bittar.pdf>. Acesso em: 22 nov. 2021.

BLOG MAIS BRASIL. **Belo Horizonte**. 4 abr. 2014. Disponível em: <https://blogmaisbrasil.alliahotels.com.br/tag/belo-horizonte/page/4>. Acesso em: 23 jul. 2022.

BRANDÃO, C. A. L. **A formação do homem moderno vista através da arquitetura**. Belo Horizonte: Ed. da UFMG, 1999.

BRASIL. Constituição (1988). **Diário Oficial da União**, Brasília, DF, 5 out. 1988. Disponível em: <http://www.planalto.gov.br/ccivil_03/constituicao/constituicao.htm>. Acesso em: 23 jul. 2022.

BRASIL. Decreto-Lei n. 25, de 30 de novembro de 1937. **Diário Oficial da União**, Poder Executivo, Brasília, DF, 6 dez. 1937. Disponível em: <http://www.planalto.gov.br/ccivil_03/decreto-lei/del0025.htm>. Acesso em: 23 jul. 2022.

BUSARELLO, R. **Dicionário Básico Latino-Português**. Florianópolis: EdUFSC, 2003.

CÁCERES, F. **História da América**. São Paulo: Moderna, 1992.

CARTA de Atenas. out. 1931. Disponível em: <http://portal.iphan.gov.br/uploads/ckfinder/arquivos/Carta%20de%20Atenas%201931.pdf>. Acesso em: 23 jul. 2022.

CARTA dos Jardins Históricos Brasileiros. 2010. Disponível em: <http://portal.iphan.gov.br/uploads/ckfinder/arquivos/Carta%20dos%20Jardins%20Historicos.pdf>. Acesso em: 23 jul. 2022.

CARTAXO, Z. **Ações performáticas na cidade**: o corpo coletivo. 2010. Disponível em: <http://webartes.dominiotemporario.com/performancecorpopolitica/textosespacoperformance/zalinda.pdf>. Acesso em: 16 fev. 2022.

CARTAXO, Z. Arte nos espaços públicos: a cidade como realidade. **O Percevejo**, v. 1, n. 1, p. 1-16, 2009. Disponível em: <http://www.seer.unirio.br/opercevejoonline/article/view/431/380>. Acesso em: 23 jul. 2022.

CARVALHO, R. de. **Conjunto da Pampulha é Patrimônio da Humanidade**. 18 jul. 2016. Disponível em: <http://www.raqueldecarvalho.com.br/conjunto-da-pampulha-e-patrimonio-da-humanidade>. Acesso em: 23 jul. 2022.

CASTELNOU, A. M. N. Sentindo o espaço arquitetônico. **Desenvolvimento e Meio Ambiente**, n. 7, p. 145-154, jan./jun. 2003. Disponível em: <https://revistas.ufpr.br/made/article/view/3050/2441>. Acesso em: 23 jul. 2022.

CATRACA LIVRE. **Beco do Batman**: o museu a céu aberto de São Paulo. 31 jan. 2020. Disponível em: <https://catracalivre.com.br/agenda/beco-do-batman-vila-madalena-pinheiros-sp/>. Acesso em: 23 jul. 2022.

CAYMMY, D. Você já foi à Bahia? Intérprete: Dorival Caymmi. In: ANJOS DO INFERNO. **Você já foi à Bahia?** São Paulo: Musicolor/Continental, 1968. Faixa 5.

CHAUI, M. **Convite à filosofia**. São Paulo: Ática, 2005.

CHOAY, F. **A alegoria do patrimônio**. São Paulo: Estação da Liberdade; Edunesp, 2001.

CIMENTO.ORG. **Concreto**. Disponível em: <https://cimento.org/concreto/>. Acesso em: 23 jul. 2022.

COLIN, S. **Uma introdução à arquitetura**. Rio de Janeiro: Uapê, 2000.

COSTA, B. O pastiche em Bastardos Inglórios. **Galáxia**, v. 24, p. 141-152, dez. 2012. Disponível em: <https://revistas.pucsp.br/index.php/galaxia/article/download/10038/9432/31003>. Acesso em: 23 jul. 2022.

COSTA, E. B. da. Ativação popular do patrimônio-territorial na América Latina: teoria e metodologia. **Cuadernos de Geografía**, Bogotá, v. 26, n. 2, p. 53-75, 2017. Disponível em: <http://www.scielo.org.co/pdf/rcdg/v26n2/0121-215X-rcdg-26-02-00053.pdf>. Acesso em: 23 jul. 2022.

COSTA, H. H. F. G. da. Museologia e patrimônio nas cidades contemporâneas: uma tese sobre gestão de cidades sob a ótica da preservação da cultura e da memória. **Boletim do Museu Paraense Emílio Goeldi**, Belém, v. 7, n. 1, p. 87-101, jan.-abr. 2012. Disponível em: <https://www.scielo.br/j/bgoeldi/a/cZddh8N4NwsM4Wx3XQTRySC/?format=pdf&lang=pt>. Acesso em: 23 jul. 2022.

COSTA, R. X. da. Interfaces do espaço na arquitetura e na arte contemporânea: o museu em debate. In: ENCONTRO DA ASSOCIAÇÃO NACIONAL DE PESQUISADORES EM ARTES PLÁSTICAS – TRANSVERSALIDADES NAS ARTES VISUAIS, 18., 2009, Salvador. **Anais**... Salvador: UFBA, 2009. Disponível em: <http://anpap.org.br/anais/2009/pdf/cc/robson_xavier_da_costa.pdf>. Acesso em: 23 jul. 2022.

CRUZ, T. **Descubra 4 curiosidades sobre a Igreja da Pampulha**: o primeiro projeto famoso de Oscar Niemeyer. 25 nov. 2019. Disponível em: <https://www.vivadecora.com.br/pro/igreja-da-pampulha>. Acesso em: 23 jul. 2022.

DOIG, F. K. Machu Picchu: portento de la arquitectura inca. **Lex – Revista de la Facultad de Derecho y Ciencia Política**, v. 12, n. 13, p. 319-332, 2014. Disponível em: <http://revistas.uap.edu.pe/ojs/index.php/LEX/article/view/48/870>. Acesso em: 23 jul. 2022.

DORIA passa tinta cinza e apaga grafites da avenida 23 de Maio. **Folha de S. Paulo**, 22 jan. 2017. Disponível em: <https://www1.folha.uol.com.br/cotidiano/2017/01/1852162-doria-passa-tinta-cinza-e-apaga-grafites-da-avenida-23-de-maio.shtml>. Acesso em: 23 jul. 2022.

D'ORNELAS, S. Com números superlativos, biblioteca em formato de olho gigante é inaugurada na China. **Gazeta do Povo**, 16 nov. 2017. Disponível em: <https://www.gazetadopovo.com.br/haus/arquitetura/biblioteca-em-formato-de-olho-gigante-e-inaugurada-na-china-confira-fotos/>. Acesso em: 23 jul. 2022.

ESTILOS ARQUITETÔNICOS. **Arquitetura clássica**. Disponível em: <http://www.estilosarquitetonicos.com.br/arquitetura-classica>. Acesso em: 23 jul. 2022.

FAZIO, M.; MOFFETT, M.; WODEHOUSE, L. **A história da arquitetura mundial**. Porto Alegre: AMGH, 2011.

FERRARI, S. **Guia de história da arte contemporânea**. Lisboa: Presença, 2001.

FLEURI, R. M. Aprender com os povos indígenas. **Revista de Educação Pública**, Cuiabá, v. 26, n. 62/1, p. 277-294, maio/ago. 2017. Disponível em: <https://periodicoscientificos.ufmt.br/ojs/index.php/educacaopublica/article/view/4995/3367>. Acesso em: 23 jul. 2022.

FRANCE PRESSE. Vaticano examina limitar número de visitantes da Capela Sistina. **G1**, 30 out. 2012. Disponível em: <http://g1.globo.com/mundo/noticia/2012/10/vaticano-examina-limitar-numero-de-visitantes-da-capela-sistina.html>. Acesso em: 23 jul. 2022.

FRANCHETTO, B. Kuikuro. **Povos Indígenas no Brasil**, 20 jan. 2021. Disponível em: <https://pib.socioambiental.org/pt/Povo:Kuikuro>. Acesso em: 23 jul. 2022.

FREIRE, C. **Além dos mapas**: os monumentos no imaginário urbano contemporâneo. São Paulo: Sesc/Annablume, 1997.

FREITAS, A. Poéticas políticas: as artes plásticas entre o golpe de 64 e o AI-5. **História: Questões & Debates**, Curitiba, n. 40, p. 59-90, 2004. Disponível em: <https://revistas.ufpr.br/historia/article/view/2737/2274>. Acesso em: 23 jul. 2022.

FREITAS, S. C. Arte, cidade e espaço público: perspectivas estéticas e sociais. In: ENECULT, 1., 2005. Disponível em: <http://www.cult.ufba.br/enecul2005/SiciliaCaladoFreitas.pdf>. Acesso em: 23 jul. 2022.

FURTADO, J. R. R.; ZANELLA, A. V. Artes visuais na cidade: relações estéticas e constituição dos sujeitos. **Psicologia em Revista**, Belo Horizonte, v. 13, n. 2, p. 309-324, dez. 2007. Disponível em: <http://periodicos.pucminas.br/index.php/psicologiaemrevista/article/view/277/287>. Acesso em: 23 jul. 2022.

GHIRARDO, D. Y. **Arquitetura contemporânea**: uma história concisa. São Paulo: M. Fontes, 2009.

GOB, A.; DROUGUET, N. **A museologia**: história, evolução, questões atuais. Rio de Janeiro: Ed. da FGV, 2019.

GOMBRICH, E. H. **A história da arte**. 16. ed. Rio de Janeiro: LTC, 1999.

GOMES, G. Arquitetura do ferro: resenha da pesquisa "Arquitetura do Ferro Fundido na América Latina, Caribe e Antilhas". **Revista de Arquitetura e Urbanismo**, n. 90, jun. 2000. Disponível em: <http://au17.pini.com.br/arquitetura-urbanismo/90/arquitetura-do-ferro-24331-1.aspx>. Acesso em: 30 nov. 2018.

GONÇALVES, L. R. **Entre cenografias**: o museu e a exposição de arte no século XX. São Paulo: Edusp/Fapesp, 2004.

GRAÇA PROENÇA, M. G. V. **História da arte**. São Paulo: Ática, 2001.

GUARNIERI, W. R. C. **Textos e contextos de uma trajetória profissional**. São Paulo: Pinacoteca do Estado de São Paulo; Governo do Estado de São Paulo, 2010. v. 1.

GYMPEL, J. **História da arquitetura**: da Antiguidade aos nossos dias. Colónia: Könemann, 2000.

HÁ 60 anos, Lúcio Costa vencia concurso para escolha do projeto de Brasília. **Jornal de Brasília**, 19 mar. 2017. Disponível em: <https://jornaldebrasilia.com.br/brasilia/ha-60-anos-lucio-costa-vencia-concurso-para-escolha-do-projeto-de-brasilia>. Acesso em: 23 jul. 2022.

HAGIHARA, M. **Brasília e a invenção da arquitetura-arte**: transformações estéticas na noção espacial da obra de arte. 299 f. Tese (Doutorado em Sociologia) – Universidade de Brasília, Brasília, 2011. Disponível em: <https://repositorio.unb.br/handle/10482/9989>. Acesso em: 23 jul. 2022.

HARGER, S.; FIGUEIREDO, D. Patrimônio cultural e seu significado. **Politize!**, 24 abr. 2019. Disponível em: <https://www.politize.com.br/patrimonio-cultural/>. Acesso em: 23 jul. 2022.

HAUS. Conheça cinco materiais novos e revolucionários para construção. **Gazeta do Povo**, 5 maio 2017. Disponível em: <https://www.gazetadopovo.com.br/haus/arquitetura/conheca-cinco-materiais-novos-e-revolucionarios-para-construcao/>. Acesso em: 23 jul. 2022.

HAUSER, A. **História social da arte e da literatura**. São Paulo: M. Fontes, 2003.

HOLANDA, F. de. Brasília: utopia ou segregação à brasileira? **Le Monde Diplomatique Brasil**, 26 abr. 2016. Disponível em: <https://diplomatique.org.br/brasilia-utopia-ou-segregacao-a-brasileira/>. Acesso em: 23 jul. 2022.

HUMPHREY, C.; VITEBSKY, P. **Arquitectura sagrada**: modelos do cosmo, forma simbólica e ornamento, tradições do Leste e do Oeste. Colónia: Taschen, 2002.

INFANTE, M. O Parque Modernista. **Verde SP**, 7 set. 2020. Disponível em: <http://verdesp.com.br/o-parque-modernista/>. Acesso em: 23 jul. 2022.

INHOTIM. **Como chegar**. Disponível em: <https://www.inhotim.org.br/visite/como-chegar/>. Acesso em: 23 jul. 2022.

IPHAN – Instituto do Patrimônio Histórico e Artístico Nacional. **Bens arqueológicos tombados**. Disponível em: <http://portal.iphan.gov.br/cna/pagina/detalhes/895>. Acesso em: 23 jul. 2022a.

IPHAN – Instituto do Patrimônio Histórico e Artístico Nacional. **Instrumentos de salvaguarda**. Disponível em: <http://portal.iphan.gov.br/pagina/detalhes/418>. Acesso em: 23 jul. 2022b.

IPHAN – Instituto do Patrimônio Histórico e Artístico Nacional. **Patrimônio arqueológico**. Disponível em: <http://portal.iphan.gov.br/pagina/detalhes/1376/>. Acesso em: 23 jul. 2022c.

IPHAN – Instituto do Patrimônio Histórico e Artístico Nacional. **Patrimônio material**. Disponível em: <http://portal.iphan.gov.br/pagina/detalhes/276>. Acesso em: 23 jul. 2022d.

IPHAN – Instituto do Patrimônio Histórico e Artístico Nacional. **Patrimônio mundial**. Disponível em: <http://portal.iphan.gov.br/pagina/detalhes/24>. Acesso em: 23 jul. 2022e.

IPHAN – Instituto do Patrimônio Histórico e Artístico Nacional. Santuário do Bom Jesus de Matozinhos – Congonhas (MG). Disponível em: <http://portal.iphan.gov.br/pagina/detalhes/46>. Acesso em: 23 jul. 2022f.

IRAZÁBAL, C. Da Carta de Atenas à Carta do Novo Urbanismo: qual seu significado para a América Latina? **Vitruvius**, ano 2, dez. 2001. Disponível em: <https://vitruvius.com.br/revistas/read/arquitextos/02.019/821>. Acesso em: 23 jul. 2022.

JANSON, H. W. **História da arte**. Lisboa: Fundação Calouste Gulbenkian, 1989.

JONES, D. **Tudo sobre arquitetura**. Rio de Janeiro: Sextante, 2014.

JORNADA DO PATRIMÔNIO. **Beco do Batman**. 2020. Disponível em: <https://www.jornadadopatrimonio.prefeitura.sp.gov.br/2020/events/beco-do-batman/>. Acesso em: 26 nov. 2021.

KRENAK, A. "Somos índios, resistimos há 500 anos. Fico preocupado é se os brancos vão resistir". **Expresso**, 18 out. 2018. Entrevista. Disponível em: <https://leitor.expresso.pt/diario/quinta-1303/html/caderno1/temas-principais/03_entrevista-indio-brasileiro christiana->. Acesso em: 23 jul. 2022.

LABIT. Intervenções Temporárias no Rio de Janeiro. **Cidade dormitório**. Disponível em: <https://intervencoestemporarias.com.br/intervencao/cidade-dormitorio>. Acesso em: 23 jul. 2022.

LAGE, F. B. **Consultoria pública**: há possibilidade de indenização no ato do tombamento? 2020. Disponível em: <http://www.slconsultoriapublica.com.br/site/artigos/artigo20.pdf>. Acesso em: 23 jul. 2022.

LARA, R. População brasileira chega a 213,3 milhões de pessoas em 2021, diz IBGE. **CNN Brasil**, 27. ago. 2021. Disponível em: <https://www.cnnbrasil.com.br/nacional/populacao-brasileira-chega-a-2133-milhoes-de-pessoas-em-2021-diz-ibge>. Acesso em: 23 jul. 2022.

LARAIA, R. B. **Cultura**: um conceito antropológico. Rio de Janeiro: Zahar, 2005.

LEMOS, A. I. G. de. Cidades, território e memória na América Latina: um olhar através das suas metrópoles. **PatryTer**, v. 1, n. 2, p. 13-28, 2018. Disponível em: <https://periodicos.unb.br/index.php/patryter/article/view/9281/11360>. Acesso em 23 jul. 2022.

LIRA, J. T. C. de. Ruptura e construção: Gregori Warchavchik, 1917-1927. **Novos Estudos**, n. 78, p. 145-167, jul. 2007. Disponível em: <https://www.scielo.br/j/nec/a/8tTcTvZKnrgZqSmkJNStwtv/?format=pdf&lang=pt>. Acesso em: 23 jul. 2022.

LOURENÇO, M. C. F. **Museus acolhem o moderno**. São Paulo: Edusp, 1999.

LUCENA, F. História do Edifício Gustavo Capanema. **Diário do Rio**, 28 set. 2015. Disponível em: <https://diariodorio.com/histria-do-edifcio-gustavo-capanema>. Acesso em: 16 fev. 2022.

MANGUEL, A. **Lendo imagens**: uma história de amor e ódio. São Paulo: Companhia das Letras, 2001.

MARCHETTE, T. D. **Educação patrimonial e políticas públicas de preservação no Brasil**. Curitiba: InterSaberes, 2016.

MARRIOT, E. **A história do mundo para quem tem pressa**. Rio de Janeiro: Valentina, 2015.

MARTINS, S. **Instituto Inhotim**. 19 jul. 2016. Disponível em: <https://www.historiadasartes.com/sala-dos-professores/instituto-inhotim/>. Acesso em: 23 jul. 2022.

MEIRA, M. R. M. de. Os novos museus e a estética na pós-modernidade. **Museologia & Interdisciplinaridade**, v. 7, n. 4, p. 207-217, 2018. Disponível em: <https://periodicos.unb.br/index.php/museologia/article/view/18396/26767>. Acesso em: 23 jul. 2022.

MELATTI, J. **Capítulo N1**: Mesoamérica. Brasília, 2017. Disponível em: <http://www.juliomelatti.pro.br/areas/n1meso.pdf>. Acesso em: 23 jul. 2022.

MELLO, J. Daniel Buren transforma a Fondation Lous Vitton. **Casa Vogue**, 11 maio 2016. Disponível em: <https://casavogue.globo.com/LazerCultura/Arte/noticia/2016/05/daniel-buren-transforma-fondation-louis-vuitton.html>. Acesso em: 23 jul. 2022.

MELO, M. M. Síntese das artes na arquitetura de Oscar Niemeyer. **Semina: Ciências Socias e Humanas**, Londrina, v. 24, p. 121-130, set. 2003. Disponível em: <http://www.uel.br/revistas/uel/index.php/seminasoc/article/viewFile/3841/3085>. Acesso em: 23 jul. 2022.

MÉXICO. Instituto Nacional de Antropología e Historia. **Zona arqueológica de Teotihuacan**. 25 marzo 2022. Disponível em: <https://www.inah.gob.mx/zonas/23-zona-arqueologica-de-teotihuacan>. Acesso em: 23 jul. 2022.

MOMA. **Carlito Carvalhosa**: Sum of Days. Disponível em: <https://www.moma.org/calendar/exhibitions/1151?locale=pt>. Acesso em: 23 jul. 2022.

MORAES, A. C. R. A afirmação da territorialidade estatal no Brasil: uma introdução. In: LEMOS, A. I. G.; SILVEIRA, M. L.; ARROYO, M. (Org.). **Questões territoriais na América Latina**. São Paulo: Clacso; Universidade de São Paulo, 2006. p. 43-53.

MUMFORD, L. **A cidade na história**. São Paulo: M. Fontes, 1982.

MUSEU NACIONAL. **O Museu Nacional, orgulho e desafio do Brasil**: plano resumido de expansão predial e recuperação do Paço de São Cristóvão. Disponível em: <https://www.museunacional.ufrj.br/200_anos/projeto_atual.html>. Acesso em: 23 jul. 2022.

NASCIMENTO, F. B. do. **Dicionário do patrimônio cultural**: arquitetos modernistas – verbete. Disponível em: <http://portal.iphan.gov.br/dicionarioPatrimonioCultural/detalhes/21/arquitetos-modernistas>. Acesso em: 23 jul. 2022.

OLHAR COMUM. **Visita ao Instituto Inhotim**. Disponível em: <https://olharcomum.wordpress.com/2020/04/11/visita-ao-instituto-inhotim-brumadinho-mg>. Acesso em: 23 jul. 2022.

ONU – Organização das Nações Unidas. ONU prevê que cidades abriguem 70% da população mundial até 2050. **ONU News**, 19 fev. 2019. Disponível em: <https://news.un.org/pt/story/2019/02/1660701>. Acesso em: 23 jul. 2022.

ONU – Organização das Nações Unidas. Unesco celebra 100 anos da descoberta de Machu Picchu. **ONU News**, 19 maio 2011. Disponível em: <https://news.un.org/pt/story/2011/05/1375311-unesco-celebra-100-anos-da-descoberta-de-machu-picchu>. Acesso em: 23 jul. 2022.

OSTROWER, F. **A sensibilidade do intelecto**. Rio de Janeiro: Campus, 1998.

OSTROWER, F. **Universos da arte**. 2. ed. Rio de Janeiro: Campus, 1989.

PACHECO, D. G. **Peças que se movem, narrativas que se criam**: a história da oferenda da Plataforma das Águias e Jaguares de Chichén Itzá, México. 272 f. Dissertação (Mestrado em História) – Universidade Estadual de Campinas, Campinas, 2017. Disponível em: <http://paineira.usp.br/cema/images/ProducaoCEMA/DanielGreccoPacheco/Pecasquesemovemnarrativasquesecriamahistoriadaoferenda.pdf>. Acesso em: 23 jul. 2022.

PAGNOTTA, B. Clássicos da arquitetura: Museu Guggenheim de Bilbao/Gehry Partners. Tradução de Eduardo Souza. **ArchDaily**, 25 abr. 2016. Disponível em: <https://www.archdaily.com.br/br/786175/classicos-da-arquitetura-museu-guggenheim-de-bilbao-gehry-partners>. Acesso em: 23 jul. 2022.

PALLASMAA, J. **A imagem corporificada**: imaginação e imaginário na arquitetura. Porto Alegre: Bookman, 2013.

PALLASMAA, J. **Essências**. São Paulo: Gustavo Gili, 2018.

PALLASMAA, J. **Os olhos da pele**: a arquitetura e os sentidos. Porto Alegre: Bookman, 2012.

PEDROSA, M. **Mundo, homem, arte em crise**. São Paulo: Perspectiva, 1986.

PEIXOTO, N. B. **Intervenções urbanas**: arte/cidade. São Paulo: Senac, 2002.

PEIXOTO, N. B. **Paisagens urbanas**. São Paulo: Senac, 2004.

PEIXOTO, N. B. **Tempo nas redes digitais**. 2013. Disponível em: <https://vimeo.com/65423139>. Acesso em: 23 jul. 2022.

PEIXOTO, P. As cidades e os processos de patrimonialização. In: PINHEIRO, M.; BAPTISTA, L. V.; VAZ, M. J. (Org.). **Cidade e metrópole**: centralidades e marginalidades. Oeiras: Celta, 2001. p. 171-179.

PELEGRINI, S. Cultura e natureza: os desafios das práticas preservacionistas na esfera do patrimônio cultural e ambiental. **Revista Brasileira de História**, São Paulo, v. 26, n. 51, p. 115-140, 2006. Disponível em: <https://www.scielo.br/j/rbh/a/PVLJ6HmX7hxYDD9bkdFqYLD/?format=pdf&lang=pt>. Acesso em: 23 jul. 2022.

PIETRARÓIA, V. M. N. **Arquitetura do espetáculo em cena**. 328 f. Dissertação (Mestrado em Arquitetura e Urbanismo) – Universidade de São Paulo, São Paulo: 2014. Disponível em: <https://www.teses.usp.br/teses/disponiveis/16/16138/tde-30052014-111054/publico/DIS_V_PIETRA_REV.pdf>. Acesso em: 23 jul. 2022.

POVOS INDÍGENAS NO BRASIL MIRIM. **Casas**. Disponível em: <https://mirim.org/pt-br/como-vivem/casas>. Acesso em: 23 jul. 2022.

PRETTE, M. C. **Para entender a arte**: história, linguagem, época, estilo. São Paulo: Globo, 2008.

PROBST, M. **História da América**: da era pré-colombiana às independências. Curitiba: InterSaberes, 2016.

PROENÇA, G. **Descobrindo a história da arte**. São Paulo: Ática, 2005.

PROENÇA, G. **História da arte**. São Paulo: Ática, 2001.

PROSSER, E. S. **Graffiti Curitiba**. Curitiba: Kairós, 2010.

RASMUSSEN, S. E. **Arquitetura vivenciada**. 2. ed. São Paulo: M. Fontes, 1998.

REINHARD, J. **Machu Picchu**: Exploring an Ancient Sacred Center. Los Angeles: Cotsen Institute of Archaeology; University of California, 2007.

REIS FILHO, N. G. **Quadro da arquitetura no Brasil**. São Paulo: Perspectiva, 1987.

ROBERTS, J. M. **O livro de ouro da história do mundo**: da Pré-História à Idade Contemporânea. Rio de Janeiro: Ediouro, 2001.

ROQUE, M. I. **O mundo impossível de Escher**. 27 nov. 2017. Disponível em: <https://amusearte.hypotheses.org/2072>. Acesso em: 23 jul. 2022.

ROTH, L. M. **Entender a arquitetura**: seus elementos, história e significado. São Paulo: G. Gili, 2017.

SABBAG, J. A. A. **Brasília 50 anos**: do urbanismo moderno ao planejamento estratégico. 207 f. Dissertação (Mestrado em Arquitetura e Urbanismo) – Universidade de Brasília, Brasília, 2012. Disponível em: <https://repositorio.unb.br/handle/10482/10730?mode=simple>. Acesso em: 23 jul. 2022.

SANDY, D. D. Os olhos que escolhem. In: ENCONTRO INTERNACIONAL INTERDISCIPLINAR EM PATRIMÔNIO CULTURAL. 1., 2012, Joinville. **Anais**... Joinville: Univille, 2012. Disponível em: <https://www.univille.edu.br/account/mpcs/VirtualDisk.html/downloadDirect/670100/Anais_ENIPAC.pdf>. Acesso em: 23 jul. 2022.

SANTOS, C. R. dos. Revisitando a sede do Ministério da Educação de Saúde no Rio de Janeiro. **Vitruvirus**, ano 13, 2014. Disponível em: <https://vitruvius.com.br/index.php/revistas/read/resenhasonline/13.147/4942>. Acesso em: 23 jul. 2022.

SANTOS, J. L. dos. **O que é cultura**. São Paulo: Brasiliense, 2006.

SANTOS, N. F. Da Roma Antiga à globalização: patrimônio urbano para quem? **Ágora**, Santa Cruz do Sul, v. 13, n. 2, p. 159-179, 2007. Disponível em: <https://online.unisc.br/seer/index.php/agora/article/viewFile/193/256>. Acesso em: 23 jul. 2022.

SÃO PAULO (Estado). Secretaria Especial de Comunicação. **Maior mural de grafite a céu aberto da América Latina é inaugurado na avenida 23 de Maio**. 1º fev. 2015. Disponível em: <http://www.capital.sp.gov.br/noticia/maior-mural-de-grafite-a-ceu-aberto-da-america>. Acesso em: 23 jul. 2022.

SÃO PAULO (Estado). Secretaria Geral Parlamentar. Lei n. 10.247, de 22 de outubro de 1968. **Diário Oficial do Estado de São Paulo**, São Paulo, 22 out. 1968. Disponível em: <https://www.al.sp.gov.br/repositorio/legislacao/lei/1968/lei-10247-22.10.1968.html>. Acesso em: 23 jul. 2022.

SÃO PAULO (Município). **Beco do Batman**. Disponível em: <https://cidadedesaopaulo.com/atrativos/beco-do-batman/?lang=pt>. Acesso em: 23 jul. 2022.

SÃO PAULO (Município). Prefeitura do Município. Secretaria Municipal de Cultura. CONPRESP – Conselho Municipal de Preservação do Patrimônio Histórico, Cultural e Ambiental da Cidade de São Paulo. Resolução n. 17, 2007. **Diário Oficial da Cidade de São Paulo**, 31 ago. 2017. Disponível em: <http://www.ipatrimonio.org/wp-content/uploads/2017/03/2ffeb_17_T_Centro_Velho.pdf>. Acesso em: 23 jul. 2022.

SÊGA, C. M. P. O kitsch está cult. In: ENCONTRO DE ESTUDOS MULTIDISCIPLINARES EM CULTURA, 4., 2008, Salvador. **Anais**... Salvador: UFBA, 2008. p. 1-13. Disponível em: <http://www.cult.ufba.br/enecult2008/14159.pdf>. Acesso em: 23 jul. 2022.

SEVCENKO, N. **Orfeu extático na metrópole**. São Paulo: Companhia das Letras, 1992.

SILVEIRA, C. **Catálogo da exposição Meus Olhos, de Carlito Carvalhosa**. Curitiba: Centro Cultural Solar do Barão, 2008.

SIMIONI, A. P. C. Modernismo brasileiro: entre a consagração e a contestação. **Perspective**, n. 2, p. 1-17, 2013. Disponível em: <https://journals.openedition.org/perspective/pdf/5539>. Acesso em: 23 jul. 2022.

SITE Specific. In: **Enciclopédia Itaú Cultural de Arte e Cultura Brasileira**. São Paulo: Itaú Cultural, 2021. Disponível em: <http://enciclopedia.itaucultural.org.br/termo5419/site-specific>. Acesso em: 23 jul. 2022.

SORDI, C. Estelas da memória: o lugar do Memorial aos Judeus Assassinados da Europa em Berlim [Alemanha]. **Revista Todavia**, ano 1, n. 1, p. 7-22, jul. 2010. Disponível em: <https://www.ufrgs.br/revistatodavia/Artigo1%20-%20Revista%20Todavia.pdf>. Acesso em: 23 jul. 2022.

SOUZA FILHO, C. F. **Bens culturais e proteção jurídica**. 2. ed. Porto Alegre: Unidade Editorial, 1999.

SOUZA, M. H. **Clássicos da arquitetura**: Igreja da Pampulha/Oscar Niemeyer. 29 nov. 2012. Disponível em: <https://www.archdaily.com.br/br/01-83469/classicos-da-arquitetura-igreja-da-pampulha-slash-oscar-niemeyer>. Acesso em: 23 jul. 2022.

SPERLING, D. M. Corpo + arte = arquitetura. Proposições de Hélio Oiticica e Lygia Clark. **Concinnitas**, ano 16, v. 1, n. 26, p. 18-35, 2015. Disponível em: <https://www.e-publicacoes.uerj.br/index.php/concinnitas/article/viewFile/20096/14392>. Acesso em: 23 jul. 2022.

SPERLING, D. M. Museu contemporâneo: o espaço do evento como não-lugar. In: SEMINÁRIO INTERNACIONAL MUSEOGRAFIA E ARQUITETURA DE MUSEUS, 2005, Rio de Janeiro. **Anais**... Rio de Jane ro: [s.n.], 2005.

STRICKLAND, C. **Arquitetura comentada**: uma breve viagem pela história da arquitetura. Rio de Janeiro: Ediouro, 2003.

TASSINARI, A. **O espaço moderno**. São Paulo: Cosac Naify, 2001.

TIWANAKU. Disponível em: <https://tiwanaku.gob.bo/>. Acesso em: 23 jul. 2022.

UNESCO – United Nations Educational, Scientific and Cultural Organization. **Tiwanaku**: Spiritual and Political Centre of the Tiwanaku Centre. Disponível em: <https://whc.unesco.org/en/list/567/>. Acesso em: 23 jul. 2022.

UNESCO – Organização das Nações Unidas para a Educação, a Ciência e a Cultura. **Convenção para a Proteção do Patrimônio Mundial, Cultural e Natural**. 16 nov. 1972. Disponível em: <http://www.nepp-dh.ufrj.br/naoces_unidas_10.html>. Acesso em: 23 jul. 2022.

VARINE, H. de. **As raízes do futuro**: o patrimônio a serviço do desenvolvimento local. Porto Alegre: Medianiz, 2013.

VERMELHO. **Arte do grafite não existe nos museus, dizem osgemeos**. 15 dez. 2009. Disponível em: <https://vermelho.org.br/2009/12/15/arte-do-grafite-nao-existe-nos-museus-dizem-osgemeos/>. Acesso em: 23 jul. 2022.

VIAJANDO COM TOLEDO. **Inhotim**. Disponível em: <https://www.viajandocomtoledo.com.br/cidades/inhotim>. Acesso em: 23 jul. 2022.

WEIMER, G. **Arquitetura popular brasileira**. 2. ed. São Paulo: WMF Martins Fontes, 2012.

WISNIK, G. **Dentro do nevoeiro**: diálogos cruzados entre arte e arquitetura contemporânea. 262 f. Tese (Doutorado em Arquitetura e Urbanismo) – Universidade de São Paulo, São Paulo, 2012. Disponível em: <https://teses.usp.br/teses/disponiveis/16/16133/tde-03072012-142241/publico/tese_completa_revisada_Wisnik.pdf>. Acesso em: 23 jul. 2022.

WÖLFFLIN, H. **Conceitos fundamentais de história da arte**. São Paulo: M. Fontes, 2000.

YÁVAR, J. Memorial do Holocausto em Berlim: monumento ou ruína. Tradução de Romullo Baratto. **Archdaily**, 25 jan. 2014. Disponível em: <https://www.archdaily.com.br/br/01-170221/memorial-do-holocausto-em-berlim-monumento-ou-ruina>. Acesso em: 23 jul. 2022.

ZEIN, R. V. **Arquitetura brasileira, Escola Paulista e as Casas de Paulo Mendes da Rocha**. 267 f. Dissertação (Mestrado em Arquitetura) – Universidade Federal do Rio Grande do Sul, Porto Alegre, 2000. Disponível em: <https://www.lume.ufrgs.br/bitstream/handle/10183/141857/000291957.pdf>. Acesso em: 23 jul. 2022.

ZEVALLOS, E. A. A América Indígena. **Paiaguás**, v. 1, n. 2, p. 3-20, jul./dez. 2015. Disponível em: <https://periodicos.ufms.br/index.php/revpaiaguas/article/view/1442>. Acesso em: 23 jul. 2022.

ZEVI, B. **A linguagem moderna da arquitetura**. Lisboa: Dom Quixote, 1974.

ZEVI, B. **Saber ver a arquitetura**. São Paulo: M. Fontes, 2002.

ZUCON, O.; BRAGA, G. G. B. **Introdução às culturas populares no Brasil**. Curitiba: InterSaberes, 2013.

Bibliografia comentada

LEMOS, C. **O que é patrimônio histórico**. São Paulo: Brasiliense, 1981.

Nesse livro, o autor Carlos Lemos explica o que é patrimônio histórico, deixando claro que a definição para o conceito abrange não só construções arquitetônicas como também obras de arte, livros e outros documentos da história. Todos os exemplos citados requerem cuidados para sua preservação, independentemente da esfera, o que pode partir de ações de colecionadores, do mercado da arte e, sobretudo, do Poder Público por meio de entidades governamentais.

GUEDES, T. **O lado doutor e o gavião de penacho**: movimento modernista e patrimônio cultural no Brasil – o Serviço do Patrimônio Histórico (SPHAN). São Paulo: Annablume, 2000.

Esse livro apresenta uma pesquisa que se tornou fundamental para quem tem interesse em compreender os meandros da preservação do patrimônio no Brasil, desde o seu início, a partir da criação do Serviço do Patrimônio Histórico e Artístico Nacional (Sphan), em 1937. A autora aborda desde as intenções dos envolvidos no movimento modernista no Brasil em relação à preservação do patrimônio nacional até a história desse órgão.

CHOAY, F. **A alegoria do patrimônio**. São Paulo: Estação Liberdade; Edunesp, 2001.

Esse livro é leitura obrigatória para quem quer trabalhar com o patrimônio histórico, arquitetônico e urbano e pesquisar sobre o assunto. Trata-se de uma obra repleta de conceitos fundamentais relacionados à área. O autor investiga a relação entre a arquitetura, o patrimônio histórico (como herança cultural) e sua preservação, resgatando informações acerca de nossas origens por meio do levantamento de pesquisas e descobertas arqueológicas.

CURY, I. **Cartas patrimoniais**. 3. ed. Brasília: Iphan, 2004.

As cartas patrimoniais são documentos formais, elaborados por profissionais das áreas de proteção do patrimônio, museologia, restauração e outras, com base em discussões realizadas em reuniões formais promovidas pela Organização das Nações Unidas para a Educação, a Ciência e a Cultura (Unesco) e por outras entidades não governamentais envolvidas com a preservação do patrimônio em âmbito mundial. Essa terceira edição apresenta um trabalho revisto e ampliado com o apoio do Instituto do Patrimônio Histórico e Artístico Nacional (Iphan).

SIMÃO, M. C. R. **Preservação do patrimônio cultural em cidades**. Belo Horizonte: Autêntica, 2001.

Nessa obra, com base em sua experiência e em seu domínio teórico na área do patrimônio, a autora destaca a importância de um turismo consciente, pautado em ações de planejamento turístico, para o conhecimento e a preservação das atrações históricas das cidades. Um dos exemplos apresentados é a cidade de Ouro Preto, em Minas Gerais, classificada Patrimônio da Humanidade pela Unesco, sendo analisadas questões urbanas e as políticas públicas para sua preservação.

FONSECA, M. C. L. **O patrimônio em processo**: trajetória da política federal de preservação no Brasil. Rio de Janeiro: Ed. da UFRJ, 2005.

Esse livro é fundamental para quem pretende se aprofundar no estudo das políticas públicas culturais voltadas à preservação do patrimônio no Brasil. Para explicar os processos legais, políticos e burocráticos envolvidos, a autora realiza uma análise de processos de tombamento, buscando evidenciar as mudanças na legislação brasileira no que se refere à preservação patrimonial a partir da década de 1980.

MURTA, S. **Interpretar o patrimônio**: um exercício do olhar. Belo Horizonte: Ed. da UFMG, 2002.

Em todos os lugares, estamos rodeados por bens patrimoniais de diferentes classificações, e interpretar o patrimônio parte de um exercício do olhar. Dessa forma, esse livro provoca a curiosidade do leitor sobre a importância de educar o olhar para a interpretação do bem patrimonial, evidenciando o turismo como agente estimulante dessa prática. Além disso, o turismo contribui para o desenvolvimento das comunidades locais e as torna conscientes dos benefícios que podem obter por meio do conhecimento e da preservação de seu próprio patrimônio histórico e cultural.

PALLASMAA, J. **Os olhos da pele**: a arquitetura e os sentidos. Porto Alegre: Bookman, 2011.

Você já percebeu a importância que nossa cultura ocidental dá ao sentido da visão? Será que se trata realmente de um sentido superior em relação aos demais? Em um primeiro momento, esse é o questionamento de Juhani Pallasmaa, mas logo a seguir ele discorre sobre a exacerbação do sentido da visão em relação aos outros, que são igualmente ricos. Como a arquitetura está relacionada à existência humana no espaço e no tempo, a contribuição desse autor é importante para a discussão sobre a experiência com a arquitetura para além da percepção visual. Afinal, quando estamos em um espaço, este é percebido de muitas formas para além do que os olhos podem captar. Nesse sentido, o autor discorre sobre a ideia de "ver com o tato" e revela possibilidades de experienciar o espaço com o corpo, considerando que o tato é essencial para a vivência de mundo de nossa individualidade.

WEIMER, G. **Arquitetura popular brasileira**. 2. ed. São Paulo: WMF Martins Fontes, 2012.

Esse é um livro muito rico sobre a arquitetura popular brasileira. O autor apresenta um panorama de construções de todo o território nacional, com ilustrações próprias, e analisa detalhadamente essas "obras de autores desconhecidos". Começando por um prólogo sobre a formação étnica no Brasil e considerando as várias formas de expressão artística, Weimer passa por inúmeros tipos de moradia do povo brasileiro – moradias em tocas, na caatinga, em areais, mangues, pântanos, casas flutuantes, florestas, campos, favelas urbanas. Além disso, aborda as várias influências de povos de outros países que hoje constituem nossa miscigenada cultura e, consequentemente, a configuração, os materiais e as técnicas das construções brasileiras.

PRYSTHON, A. (Org.). **Imagens da cidade**: espaços urbanos na comunicação e cultura contemporâneas. Porto Alegre: Sulina, 2006.

> Esse livro reúne 14 artigos de diferentes autores, apresentados no I Simpósio Espaços Urbanos na Comunicação Contemporânea, e apresenta discussões intermediadas pelos meios de comunicação, as quais são atuais e de interesse de todos os pesquisadores, estudiosos e entusiastas das questões do mundo contemporâneo. A imagem da cidade é o tema principal dessa obra, e as reflexões propostas têm como base a literatura, a televisão, o cinema, o ciberespaço, a música, entre outros veículos. Os autores analisam aspectos variados da cidade, como as identidades sociais, a representação visual da memória e os cenários urbanos inscritos nas várias linguagens que comunicam e informam, criando uma imagem de cidade.

GHIRARDO, D. **Arquitetura contemporânea**: uma história concisa. São Paulo: M. Fontes, 2009.

> Esse livro é reflexivo e atual no que tange aos estudos da arquitetura contemporânea. Invocando questões sociais e políticas, a autora observa vários exemplares da arquitetura do final do século XX, em uma perspectiva crítica. Os temas giram em torno da arquitetura de espaços públicos, como a Disney, *shoppings* e museus, bem como de edifícios particulares, como as habitações. Por fim, Diane Ghirardo analisa a reconfiguração da esfera urbana por meio de regiões industriais, intervenções urbanas e aspectos das edificações que se relacionam ao mundo de trabalho.

REIS FILHO, N. G. **Quadro da arquitetura no Brasil**. São Paulo: Perspectiva, 2015.

> Trata-se de um livro cuja primeira publicação data de 1970, mas que continua sendo utilizado como fonte até os dias de hoje, ou seja, segue atual porque traz um estudo sobre aspectos gerais da arquitetura brasileira, de forma ilustrada e didática. Mantendo um diálogo com o contexto histórico do país, Nestor Goulart Reis Filho permite compreendermos facilmente as peculiaridades da arquitetura colonial e daquela produzida nos séculos XIX e XX, cuja configuração é explicada com base nos acontecimentos da sociedade da época. Essa é uma obra basilar para o entendimento da feição de nossa arquitetura e de nossas cidades, principalmente do período colonial até o ecletismo do século XIX, incluindo a cidade de Brasília, criada com um conceito totalmente diverso do que existia no Brasil até 1960.

Respostas

Capítulo 1

Atividades de autoavaliação
1. a
2. c
3. b
4. e
5. c

Capítulo 2

Atividades de autoavaliação
1. d
2. a
3. d
4. c
5. b

Capítulo 3

Atividades de autoavaliação
1. c
2. b
3. e
4. c
5. a

Capítulo 4

Atividades de autoavaliação
1. d
2. b
3. b
4. c
5. a

Capítulo 5

Atividades de autoavaliação
1. e
2. b
3. e
4. b
5. c

Capítulo 6

Atividades de autoavaliação
1. d
2. b
3. e
4. c
5. c

Sobre as autoras

Mónica Santos Pereira Defreitas Smythe é graduada em Arquitetura pela Universidade Técnica de Lisboa, especialista em Metodologia do Ensino da Arte pelo Instituto Brasileiro de Pós-Graduação e Extensão (Ibpex) e mestre em Comunicação e Linguagens pela Universidade Tuiuti do Paraná (UTP). Trabalha com a técnica de pintura em aquarela, tendo dois livros publicados em que atuou como ilustradora. Foi professora da Faculdade Internacional de Curitiba (Facinter) de 2001 a 2013 nos cursos presenciais de Turismo, Comunicação Social, Administração. Elaborou e implantou os projetos Centro Cultural Uninter, do qual foi coordenadora de 2002 a 2007, e Programa de Iniciação Científica (PIC), do qual foi coordenadora de 2008 a 2011. Foi coeditora da revista científica *Intersaberes*. Entre 2009 e 2011 e em 2014, foi organizadora do Encontro de Iniciação Científica e Fórum Científico Uninter (Enfoc). Também atuou como editora técnica de revistas científicas da Uninter. De 2014 a 2017, fez parte da equipe da Coordenação de Pesquisa e Publicações Acadêmicas do Centro Universitário Internacional Uninter, instituição na qual foi, ainda, professora-tutora do curso de Artes Visuais da Escola Superior de Educação até julho de 2020.

Danielly Dias Sandy é museóloga, bacharel em Pintura pela Escola de Música e Belas Artes do Paraná (Embap), especialista em Museologia pela mesma instituição e mestre em Museologia pela Universidade Federal da Bahia (UFBA). Como formação complementar, participou de cursos diversos no Brasil e na Inglaterra. Trabalhou no Museu Oscar Niemeyer (MON), em Curitiba (PR), nos setores de Ação Educativa e Planejamento Cultural, e na Universidade Livre da Cultura (Unicultura), com a elaboração de projetos culturais para editais e leis de incentivo. Também ministrou cursos de História da Arte, Desenho e Técnicas de Pintura no Centro Estadual de Capacitação em Artes Guido Viaro, em Curitiba, na Galeria de Artes Mirtillo Trombini, em Morretes (PR), e no Mosteiro do Salvador, em Salvador (BA). Membro do Conselho Federal de Museologia (Cofem), é pesquisadora e autora do livro *Iniciação à técnica de conservação e restauro: fundamentos teóricos*. Realiza trabalhos de consultoria na área museológica para museus e instituições culturais e, atualmente, é professora do curso de Artes Visuais do Centro Universitário Internacional Uninter.

Impressão:
Agosto/2022

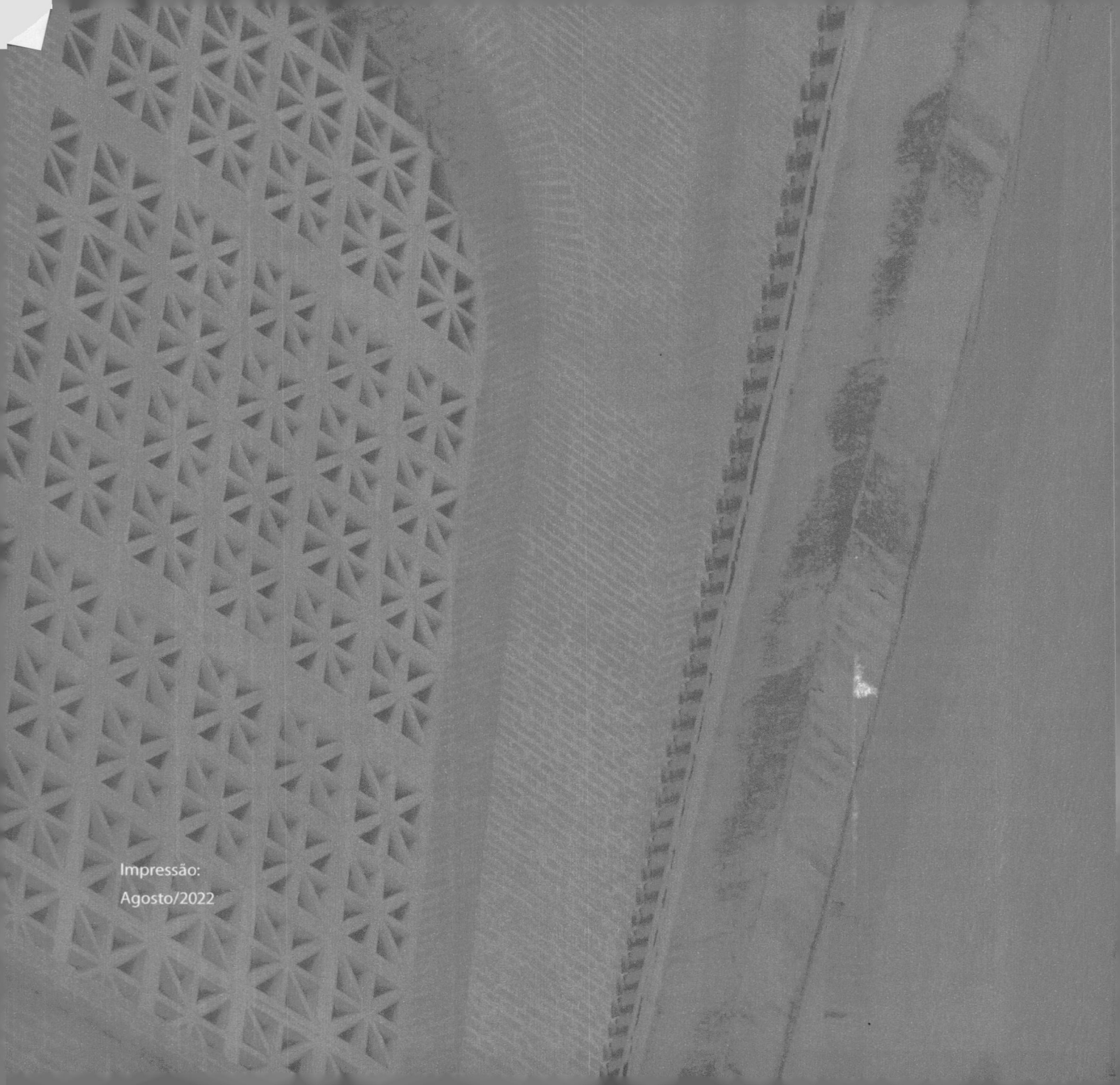